U0596699

Political Style

The Artistry of
Power

权力与风格

西方政治文化的
修辞研究

[美] 罗伯特·哈里曼 —— 著
Robert Hariman

中国出版集团
东方出版中心

覃万历 —— 译

图书在版编目（CIP）数据

权力与风格：西方政治文化的修辞研究 /（美）罗伯特·哈里曼著；覃万历译. －上海：东方出版中心，2023.6
ISBN 978-7-5473-2201-7

Ⅰ.①权… Ⅱ.①罗… ②覃… Ⅲ.①政治文化－研究－西文国家 Ⅳ.①D0-05

中国国家版本馆CIP数据核字（2023）第164258号

Political Style: The Artistry of Power
By Robert Hariman
Licensed by The University of Chicago Press, Chicago,Illinois, U. S. A.
© 1995 by The University of Chicago. All rights reserved.
Simplified Chinese translation copyright © 2023 by Orient Publishing Center.

上海市版权局著作权合同登记：图字09-2023-0166号

权力与风格：西方政治文化的修辞研究

著　　　者	[美]罗伯特·哈里曼
译　　　者	覃万历
责任编辑	陈哲泓　时方圆
装帧设计	陈绿竞

出　版　人	陈义望
出版发行	东方出版中心
地　　　址	上海市仙霞路345号
邮政编码	200336
电　　　话	021-62417400
印　刷　者	上海万卷印刷股份有限公司

开　　　本	890mm×1240mm　1/32
印　　　张	12.375
字　　　数	224千字
版　　　次	2023年10月第1版
印　　　次	2023年10月第1次印刷
定　　　价	68.00元

献给我的父母

一个人仅仅知道应该说什么是不够的，他还必须知道怎样去说。

——亚里士多德（Aristotle）

风格通常是普遍的。它把个人生活和活动的内容放入一种形式当中，这种形式为许多人共有并很容易形成。

——格奥尔格·西美尔（Georg Simmel）

所有的礼貌都是一种恳求。我们根据诉求的方式、条件以及目标受众作出判断；简言之，与其如何上演有关。

——休·达尔齐尔·邓肯（Hugh Dalziel Duncan）

嘿，伙计，你的风格是什么？你怎样获得生活的动力？

——卢·里德（Lou Reed）[①]

① ［译注］这四段引文表明风格在历史上的含义变化：从话语到更广泛的表现，再到举止代替语言，最后是把风格定义为生活方式并突出其情感能量。

目　录

中文版前言

　　理想情况下，一本书会持续再现它的语境。经典作品可能做到这一点。大多数书随时间推移而褪色，或者几个月或者几十年。有些书则可能具有一种更加不确定的时间性：永远无法融入时代，但仍然存在。与其说它们是经典，不如说它们是"孤儿"。它们必须被领养——并且能适应——才能茁壮成长。它们可以超越原初语境，因为它们从未有过家，但若要完全实现，一定需要被陌生人重新阅读。

　　《权力与风格》可能就是这样一个孤儿，因此我特别感谢它现在有了中文版。希望这本书不仅对阅读它的人有益，也能在应用上产生意想不到的效果。本书从未打算提出一套政治学说，而是为理论认识和公民决断阐明社会经验的隐性维度。每一章都是分析性的，但这种分析可能更多是一种视角而非方法；它关注表象，但也关联人类交流和社会解释的深层问题；它是形式主义的，但也考虑集体

— i —

交往的必然性和政治表现的悖论。即使这本书没有定义它的读者，但它大概也能找到。

时间的推移可以说明为什么这本书一开始就是"孤儿"，它缺乏稳定的解释语境。首先它的写作并不局限在传播学。正如几位学科同事所言，它是一部出人意料之作，无法将其视为先前研究项目的拓展。尽管在该学科内对这本书的认可是直接而慷慨的，但应用上还存在很大挑战。这些尝试强调个人技巧而不是勾画全部技艺，或专注于特定的劝说效果而不是处理复杂的关系，所以它表达的是一种简化的修辞艺术概念。同样，它还可能没有注意每种风格特有的问题或在当代话语和媒体环境中的反响。这些疏忽可能是由于理论上的阻滞：政治风格研究没有充分考虑支撑学科性学术的传统假设。

这应该不足为奇，因为这本书完全是在与其他学科的对话中——介于它们之间——写成的。分析古典、早期现代、当代的不同体裁的文本，代表了一种从微小互动扩至经典作品的批评实践。它借鉴了思想史、哲学解释学、政治或社会理论、文学研究，但显然又不单独属于它们中的任何一种。而且，它直接针对现代主义知识中的一个重要边界状况开展工作：学院学术中美学与政治之间的边界。在古典和早期现代修辞学中，人类经验的这些基本模式的相互交织是一种程式，但现代性的推进和现代学科的发展打破了这一传统，将其分散到整个系统中。修辞学被降格为不关心真理的胡言乱语或言语操控——并在多个领域被用作学科自我定义时的便利陪衬，美学和政治则被划归为不同门类。二者的这种分离似乎是有道理的，因为它们在法西斯的宣传中被融为一体。人们假定，自由民主和学科学术的合法性取决于把"政治"和"风格"分开，以免它们的融合在世界上释放危险的能量。

幸运的是，这个框架正在崩溃，它的崩溃表明《权力与风格》是"孤儿"的另一原因。本书写作之时，美国人文科学正经历范式转换，之后速度越来越快。许多相对独立的学科项目被批判性文化研究中全面的跨学科运动取代。例如取代了政治学的政治研究和语言系的文学研究，或者哲学中知识论、伦理学、美学之间的区别（和地位差异），或高等与低等艺术以及西方与非西方的等级划分。学术研究得以改造，包括伯明翰学派的文化研究，欧洲大陆尤其是法国的作家，女权主义、黑人和后殖民主义的学者，以及许多相关的倡议在范围和水平上不断扩展。现在这种转换已经定型，尽管它永远不会彻底，而且引起自身的诸多问题，但关于融合的顾虑多少已经消除。

因为是在转换期间出现的，《权力与风格》在任何一边都缺乏稳定的基础。这本书是朝向过去的，也是朝向未来的，它无法被任一时代定义。说它朝向未来，因为它挑战了旧秩序的构成边界——或者尝试阐明旧秩序的一个重要盲点。说它朝向过去，因为它试图从旧秩序中挣脱出来，恢复被压制的分析资源。有人可能会说，这本书是写给老一辈读者的，它旨在阐述一些最终被后来的读者视为理所当然的观点。同时它还挑战了有关政治和研究的主流假定，但其重点仍然是后来被忽视的思想和行动的诸多维度。它坚持认为，社会表现和审美反应是政治思想和行动的核心，但它并不关注大众文化，而是以独特的文学成就为特色。它并不关注社会等级对物质财富和主体性的不同影响，而是提出一种可以流通的关于劝说技艺的构想，因为它们具有形式上的连贯性和意识形态上的不确定性。由于浓厚的形式主义，它与历史主义和意识形态批判背道而驰，既不与之合作，也不与之对立，同时还把行为表现和审美反应用作批判和想象的资源。它感兴趣的更多是理解，而不是揭露，它超越实现启蒙主义价值观的计划，提出一种可以在现代性解体时温和地发挥作用的人文主义。

但那是以前。今天的问题是，如何重新阅读这本书。可能要进行的一个调整是，区分核心项目和当时为建构项目所用的不那么重要的材料。核心部分主要由第二至五章组成，每一章就一标志性文本来阐述一种特定的风格。这一实质性项目还包括导论中有关认识论和规范性假设的一些关键理论主张，以及最后一章关于持续的挑战和可能的发展路径的一些提议。

那么，什么是不重要的？这当然取决于读者，但我的回应也许具有指示性。在我看来，可能不需要摆脱美学与政治的二元对立、艺术性具有内在危险而非理性和道德真理所谓的纯真等标准假定。或者，那些反对意见可能会继续存在，现在则处于不同的地方或进入研究的不同阶段。人们也许发现，我们会不自觉地寻找某种风格，因为它在各种各样的媒体上到处传播，但随后，一旦在离我们较近的地方找到它，就会搬出常规性怀疑和遏制性策略。即便如此，思考艺术、设计、展示、表现或吸引力等概念现在何以出乎意料地得到发展，仍然是有益的。

因此，政治风格研究的初始设定更多的不是敌对，而是靠近，这同样适用于考虑如何在理论和方法上对项目进行跨学科调整。坦率来讲，最后一章概述的一些研究项目现在看来是不重要的。它们已经过时，或者更准确一点来说，大多数研究日渐式微。有些项目如今可视为后续其他项目的候补，这些项目可能更加精密。无论如何，我不会用最后一章概述的一些观点来衡量政治风格研究的性质和范围。这是一次尝试，即使不能说是为这项工作找到一个"家"，至少也是找到一个邻里，从那以后，这座城市已经发生了变化和成长。

类似的视角也适用于现代主义与后现代主义的区分。关于建筑、艺术、媒体、社会、文化和研究的"后现代"观念在《权力与风格》写作之时非常突出，它为该书的架构和展开提供了最佳立足点。最显著的是，原本认为是普遍真理条件的艺术与政治的二元区分本身被揭示为一个时期的研究风格。此外，后现代主义还提供了许多额外的便利：历史不再是一种严格的线性叙事，不再能够超越形式主义的比较，也不能掩盖令人难堪的重复与混合，机构制度与宏大叙事的大厦逐渐倒塌，暴露出一个更加充满活力且不受控制的世界——包括话语、表现、亚文化、挪用以及其他既是政治的又是非政治的实践，并总是陷入有关欲望、影响和流通的动态过程。最重要的是，后现代主义为恢复现代性所抛弃、取代或压制的思想资源在理论上提供了开放性。修辞艺术是这种转换过程的典型例子——它作为一种智识传统几乎已经灭绝，却广泛分布且贯穿于现代生活实践中，就算如此，也只能将这看作一种试用。因此，《权力与风格》是一个助力恢复的项目——不是要把修辞学提升为一门具有自身独立性、问题域和术语的学科，而是把它作为一种思想资源，用于丰富但仅部分显露的社会经验层面的研究，并反思由与他人交流的必然性所定义的人类境况。

这些仍适用于我对本书的理解，尽管如此，最好还是避开关于后现代主义的争论。因为这些术语本身已经变得混乱、含义广泛且不同，可能无意中导致这些术语成为同义词。同样，随着建筑及其他艺术超出最初的争议，这些术语当前不再具有太多的指涉，许多文化实践在审美的两极之间摇摆。最重要的是，由全球范围的资本主义、帝国主义和工业化所驱动的现代文明的代价之前还难以看见，现在人们对它的认识已发生了改变。在这方面，最重要的考量是，现代性的灾难潜能正在成为社会现实，而现在可能为时已晚。因此，我们确实"踱步于现代性的边缘"（本书第23页），但并不是想象一种不受现代主义常规约束的新生活前景。由于现代性可能会在一个发展过热的星球上崩溃，这个星球由从圈地、安全化和风险管理中获利的政权统治。因此，无论是生活在光彩夺目的国际都市，还是失败国家的废墟，我们都需要一种代表自然可持续和人类繁荣的强大政治想象，以及能够让人们平等生活且有助于良好治理的政治实践。

这一挑战需要我们考虑应该坚持什么，无论是在书本中还是文明生活中。就本书来说，其中的四个关键章节依然重要。可以想象今天我大概还会以同样的方式去写，并且有些个人见解可能值得进一步深入。但要完全实现这一点，就有赖于其他人了，因为他们必定会从这个就我自身情况而首先阐明的项目之外增添背景和洞见。即便如此，仅从技术应用的角度出发可能会导致平庸。无论是否了解修辞传统，通过工具性知识达致实践对象的渴望似乎无处不在。我们很容易满足于简单而不是复杂，满足于知识而不是解释，满足于经由运算获得的影响而不是猜测、冒险和想象。然而，在实用性的另一端，现代性的哲学机制因疏远于其他话语、抽象和禁欲，以及无休止地追问而不是探索在世之道等传统而受到怀疑。哲学是不够的，但若缺少哲学视野必然落入纯粹的技术。

本书在这一点上可以打包票，它清晰地表达了一种介于技术说明与哲学反思之间的中间话语。这部作品确实尝试对各种类型的风格进行编纂。它利用修辞分析的词汇来展示言语、行为、互动、礼节和文化是如何通过创作形式、规则及其他技巧建立起来的。这些技巧是客观的、可替换的，且在使用上既是无意识的也是策略性的；它们运行且能被识别于媒体、意识形态、背景以及意图之中；它们可以被模仿或教授而无需考虑伦理原则。然而，对政治或理论工作的所需来说，它们并不足够。因此，一种更为哲学的方法加入，这始于通过两个理论视角来解码：第一，重视"审美的"和"政治的"都是对同一现象的部分描述这一观点；第二，思考"成功的"表演策略是如何演变而来的，部分原因是它为自我与他人、个别与类型、控制与偶然、自由与冷淡以及其他人类（超越人类）处境的深层问题提供了临时解决方案。这是一种固有的复杂状况，"政治""美学""哲学""修辞""结构""表演""理论""实践"以及其他许多术语都是对同一现象的局部描述。

标示这一研究处在中间维度的是"镜子文本"概念——解释学的启示。镜子文本把技术贮备投射到理论空间，"反映了其周遭世界中文本构成的一般过程，且其本身并不必然与它们所映照的设计具有同样的效果"（本书第9页）。就像修辞手册，它强调说服技巧，人们可用以达到实践目的，但其主要目标是为批判性反思配备一套技艺（以及建构一种可以在其中有效地进行批判反思的文化）。

没有哪个镜子文本需要像其他文本那样发挥作用，但它们都是判断的桥接域，否则就会各自为政。马基雅维利的《君主论》连接得最紧实协调，它使用现实主义风格进行劝说的同时也作为一种风格可用于评估其他事物。然而，它的协调性实在太好，以致很多读者认为这本书只是一本操控手册。另一种极端是卡普钦斯基关于埃塞俄比亚宫廷的记述，它显然是一部杰作，以致很少有人会把它看作技术手册。它由局外人所写，介于纪实与虚构之间，带有寓言色彩，有关政治瘫痪和死亡的叙事似乎只是一种反思的方式。然而，宫廷主义的技艺蕴含其中并被突出，正如许多名人和演员每天都在无意识地利用和模仿。西塞罗的主要作品是供模仿而写，但那些书信与演说、其他公开发表的文本相去甚远。它们写给私人，却是对公共事务的关心，因而成了劝说与反思劝说方式的中间地带。从西塞罗共和主义的视角来看，具有讽刺意味的不是它们被曝光并被用于思考他的生活与时代，而是它们几乎毫无影响。我对卡夫卡《城堡》的使用具有相反的讽刺意味。因为我用它来思考其他许多的官僚主义设置，其中工作、管理与被管理如今随处可见。我还把对官僚主义的批判从悲剧形式（或至少是命运）转换为一部有关行为举止的喜剧，以致有些读者认为我相信城堡是一种典型的或尚可接受的政体。再次，他们在其中寻找手册。这要好过认为这本书与日常生活毫无关联——例如，把它看作神学冥想，但这忽视了它是如何反映而非模拟官僚主义生活的。这种反映是哈哈镜式的，会失真，但也是反思的方式。

镜子文本不是一种体裁，而是一种可以在许多体裁和媒介中找到的创作和解释模式。无论在哪里，雄辩本身都可能是言语何以占据这种中间领域的例子，在其中我们可以说服或被说服，同时反思我们的思想状况以及与他人的关系。寓言性的创作和批评同样可以构成这种中间领域，这样的例子既广且多。总之，正如我在书中指出，使用镜子文本的目的是"让读者能够理解运作于多元且通常碎片化的现代政治情景中有关认同的一般模式"（本书第9页）。

本书的重点是研究世界，而不只是研究镜子文本，但这不应降低对文本具体特征的关注，或对二手文献的关注，因为这些文献提供了什么已经存在而什么尚待说明的必要背景。尽管如此，还存在一种跨章节的分析方法。对此我不想说太多，但几点评论或许会有帮助。例如，可以看到几个反复出现的主题：当风格涉及身体、举止、品格等概念，隐喻和转喻等言语技巧的不同使用，交流模式（言语、书写、其他艺术形式、沉默）的地位等级，应对表现的复杂性和问题时注意矛盾和焦虑，以及思考每种风格在哪里常见或在哪里会发生摩擦时，就可以被辨别和充实。这一纲要是在我依次研究每种风格时产生的，但现在它则表明此研究的局限和进一步发展的可能性。

这种分析最重要的特征是，它致力于阐明一套技艺。这种对"星丛式"技巧的强调包含的不只是全面的学术价值。首先，许多单独的技巧几乎可以在任何地方被使用，而不具有特定风格的典型效果。修辞的许多"问题"都源于一个简单事实，最早由柏拉图的《高尔吉亚篇》指出：与其他技艺一样，话语技巧本质上是不道德的，并不完全符合任何伦理的或政治的甚或工具性的立场。（任何技艺——例如手术或仪式，可以进一步规范化，但这是另外的问题。）因此，辨明几种技巧可能没有多大意义。

其次，一种政治风格就是一套技艺。还不止于此，作为一套连贯的技巧，它要优先于有关制度、意识形态或其他现实的附加实例。技艺是必要的，它可以让最初独立的技巧相互转换，从而达到一物降一物的效果，并协调运作。它也是完成话语工作所必需的：应对复杂的互动、分配利好，或者在特定环境或场合充当"架构性"的话语。作为一种"星丛式"技巧，风格创造出一个所有事物可以在其中无意识运动的力场。

再次，并不需要整套技艺出现风格才会有效，风格通常以片段形式起作用，所以我们需要整套技艺才能看到还有什么是隐含的、默会的或可能发生的，不同的表达何以可能产生不同的反应，以及看似不同的文本何以可能是同一风格的不同变体。同样，由于影响是通过适合的表演产生的，因此表演者需要具备相应的技艺才能适应并达到预期的或特定的结果。表演者知道，我们需要剧本化，但不能太过剧本化，而即兴表演包括在特定的叙事中利用适合的但又尚不明确的技巧。剧本与表演之间的这种富有成效的张力，对政治行动者及分析者来说是极重要的考虑因素，尽管我很少提到这一点。不管怎样，对这套技艺及其不同使用的关注才是根本的。

这也是为什么我认为关于政治风格的有些主张可能过于简化。风格分析不能是单变量分析。这些风格旨在应对政治的复杂性——美学的和修辞的术语被用于标示集体决策如何完全是社会性的、临时性的、有缺陷的以及根本性的。它们作为一套相对静态的技艺被提出，然后思考它们如何作为动态的、不断再现的互动过程（我们称其为社会现实）的一部分来运作。事实上，它们明显已经凝固并融入主要的机构和媒体，但还不能说明它们是稳定的、自然的或普遍的。这是邀请我们思考，人类世界如何通过单纯的举止姿势来建构和解构，以及如何通过重视实践艺术的观念来改善政治和研究。

最后这一点也许是这本书被翻译成中文的一个原因。翻译是一种语境再构，最理想的是作者与读者"视域融合"（伽达默尔）。不宜猜测在当今中国的理论语境下什么是可能的或可取的，但我认为"一切皆有可能"，就是说，这一理论可以得到突出的应用和扩展,而远远超出西方所接受的有限的东西。这种乐观无须解释,可以从过去、现在和未来获得启示。艺术性生活的观念能够在许多文化中找到,但它在中国的艺术和文化中得到了广泛发展。相比之下,在西方,希腊世界的民主化使它一开始就成了一种贵族理想,因而变得复杂。它十分隐晦地融入修辞艺术,并在文艺复兴时期的修辞文化中蓬勃发展,但从那时起不得不与商品化和层级化的资本主义经济中的许多其他观念竞争。

现在,中国已经崛起,现代性的承诺和矛盾也随之而来。看看风格如何出现在本土的公务环境中,如何通过媒体和网络传播而增殖变异,这将是意味深长的。展望未来,与其他国家一样,中国将不得不面对这一难题:现代社会如何才能在一个充满技术、经济和生态变化的世界里实现繁荣、公正与和平。也许中国会发现,自己的一些文本可能就是镜子文本,以代表政治艺术的反思过程。

由此我们来到这版《权力与风格》的最后一个问题,即如何改写这本书以应对当前考验现代性及令人讶异的政治决策的深刻挑战。本质上,这些都是关于全球变暖时代环境可持续的问题。政治、美学、哲学和修辞都卷入现代性与自然的关系、工业化消费经济的灾难性后果、全球化与普遍繁荣的困境之中,似乎没有哪个政体可以充分解决这些问题,更不用说实现全球和谐的方针。

我不会推荐任何一种风格来解决这些复杂问题，但我确信，要充分解决人类世的这些问题，尤其是设想并进入更可持续和公正的集体交往模式，唯一的办法是认真对待美学。对形式、吸引力及反应的研究适用于人类和非人类世界，而忽视这些规则、关系及承受力是我们陷入混乱的一个原因。同样，基于剥削和异化的政治体制现在无异于自戕。取而代之的是，我们需要一种政治艺术，这种政治艺术在与其他人、其他民族、其他物种和生态系统和睦相处方面具有良好的适应性和可再生性。可持续发展需要物质能力、多元沟通、公正、和平等，但不管它涉及什么，代价和效益都深植于事物的结构中。一种有技巧又公平的政治可能是实现方式之一。

因此，我的第二个建议是，关注政治风格可能属于重思超越治理之政治这一更大项目的一部分。该书的一个假定是，政治无处不在，并由我们生活于其中且到处流传的话语旋涡塑造。在许多社会，无论是民主的还是非民主的，目前不满和失常的原因之一可能是过度倾向于国家。这种倾向的标志之一是把一切交给市场的反向运动，随后市场变成一个总体性的生物政治机器。市场和国家治理对生态发展繁荣可能至关重要，但持久的解决方案也需要共同工作、娱乐和生活的本土实践，它并不总是由国家规制和市场逻辑定义。这些中间实践是风格化的，也许有些风格会成为迷人的、有益的以及与全面可持续相协调的在世之道。

　　我已讲过，有些风格没有在书中指出：它们或者正活跃在世界上，或者曾经活跃，现在则可能恢复，或者尚未出现。还可能存在需要辨别的变体。有些风格在伦理上是有害的，而有些可能在环境上也是如此；或许我们可以看到另一个例子，即风格何以在不与某种政治文化的许多其他因素构成固定关系的情况下，发生作用。这些并非修辞问题，而是邀请我们接受挑战，即要意识到，如果21世纪要避免灾难，那么许多事情需要改变，更不用说创造一个在共同世界里可持续地、艺术地甚至雄辩地共同生活的故事。

致　谢

还是本科生的时候，我以为学问只依赖洞见，但是当我读到研究生，些许的焦虑让我明白，学问还需要培养和训练，直到近来我才意识到，这是多么依赖大家的慷慨付出。本书得益于诸多读者，他们情愿牺牲自己的工作时间而参与到这一常常显得"可能"，亦即仍未完成的课题当中。在爱荷华大学，由"修辞研究项目"赞助的"跨学科修辞研讨班"以及同样由这一项目和"国际人文学科扶助项目"赞助的"政治论辩修辞学者研讨会"中，与参与者关于初稿中一些章节的讨论有着特别的帮助。此外，我还吸纳了期刊《观念史》（*Joural of the History of Ideas*）、季刊《演讲与修辞》（*Quarterly Journal of Speech*，*Rhetorica*）以及芝加哥大学出版社的编辑和匿名评论者的许多建议。

可能会有遗漏，但我仍要特别感谢 Fred Antczak、Frank Beer、Bob Boynton、Bob Cape、Maurice Charland、

Ken Cmiel、Marianne Constable、Marlena Corcoran、Tom Duncanson、Kathleen Farrell、Dilip Gaonkar、Gene Garver、Tom Goodnight、Stan Ingber、Jim Jasinski、Robert Kaster、Anne Laffoon、Michael Leff、John Lucaites、Harold Marcus、Don Marshall、Tom Mayer、Don McCloskey、Robert McPhee、Allan Megill、John Peters、Jane Rankin、Joseph Schneider、Allen Scult、John Sloop、Ira Strauber、Mary Stuckey、Ron Troyer。同样，还要感谢 Rachel Buckles 的杰出秘书工作以及 Kate Neckerman 和德雷克大学人文学科中心在索引方面提供的帮助。最后，尤其要感谢 Bill Lewis 这位理想的同事以及 John Nelson 对我的不断勉励。

第一章

导　论

　　系主任偏好独处，但当助理在她周围的桌子旁工作时，她还是会习惯性地吃午餐。她的健康问题不是很严重，却一直是办公室里的话题。她对职守范围内的办公程序了无兴趣，却总是清楚院长和校长的具体行踪。她冷淡、专横，匆匆一瞥就能让整个房间沉默，但她又被视为小孩，她的部员常常为她的着装操心。即使有着一份标准的履历，但对她的同事而言，她依然是个谜一般的人物。秘书们唯有笑着说："你只能去适应她的风格。"

　　大学的律师事务所里似乎并不存在一条控制链。那群年轻一点的合伙人总是相互或与前辈喋喋不休、大声争论。事务所的办公人员在"没有特别协商就不发表声明"这点上臭名远扬，当这点被指出时，他们坚持认为那是因为他们没有这样做的职权。在做决策的时候，他们似乎热衷于瞬时的雄辩而非任何持续性的准则或策略。尽管取得了巨大成功，也是明显的共治关系，但合伙人依然为他们的声誉感到担忧。不过，所有人都知道，事务所里真正掌权的是创办人。这个老家伙多年来居然没有处理一个案件，这确实会令其他从业者感到奇怪。合伙人们则耸耸肩说："法律细节并不重要，重要的是当他讲话时，我们就记住了法律本身是什么。"

这所大学的主要捐赠者，恰好是大学董事会的主席，他是一个严谨实际的人。他能切中问题的根本，掌控整场会议，并使事情运转起来。即使没有让任何朋友帮忙，好像也不会使他感到困扰。他受不了任何形式的冗长报告或演讲——他那痛苦的表情说明了一切——并且，他公司办公室的布置异常朴素。但他毫不吝啬地奖励积极主动的员工，尤其是那些没有因为一些无关紧要的规则和惯例而影响到工作的人。他的下属对他既钦佩又畏惧，但又为他的态度感到困惑。他们说："他现已如日中天，但他从未放松过。你会觉得他在战斗。"

地区认证机构定期根据具体的专业标准来学校例行检查。在他们正式来访之前，审查人会跟校方就此行的目的进行大量的通信。来访期间，他们彬彬有礼、孜孜不倦，并不断声明他们不是来找茬，而是来更新原来的记录的。随后还会询问一些其他信息。最终的报告内容庞大，并有多份复印件寄到学校和政府，但报告的作者往往没有标明。教职工们对报告的某些内容感到有些费解，虽然提出了质询，却被告知整个报告是严格按照程序进行的，且本已成舟，不能修改。

　　类似这样的一些故事其实在我们的政治经验中屡见不鲜。将它们设置在学术背景下，反映的就是我自己的体验。因为上述四种互动模式是日常政治，在不同董事会、办公室、学校、教堂、家庭、中介以及其他构造了一个复杂社会的机构设置中的普遍特征。每一种情况下，支配与自主关系通过言语、举止、美化、修饰及其他方式的艺术性创作来调整认知并塑造反应，从而得以达成。简言之，我们的政治经验被风格化了。这一古怪的术语适用于从高雅艺术到理发师的工作等一切事务，但也许应用于政治时会格外令人困惑。可事实就是这样，我们没有一种适当的词汇来谈论这一广泛分布的重要技术门类。当然，这些习以为常的交流实践也只是政治环境的一部分，人们还根据法律、权利、激情、兴趣、原则、意识形态以及其他政治研究的主题来行动。不过，这些变量是以人们做决策的交流实践为中介，并且决策有时取决于修辞手段。

　　接下来的四个章节将展示一种单一想法的不同侧面：某种程度上，既然政治是一门艺术，那么风格问题在政治实践中就至关重要。这一假定可能显得既普通又模糊，以致很容易被忽视。对公民生活艺术性的考察，违背了在社会科学中占主导地位的现实主义规范，似乎又缺乏在人文学科中占盛行的文学自主性和对政治特权的有力批判。然而，即使现实主义或后结构主义的主张盛行于当下，但它们也没有揭示出更多东西。每一个成功的政治家都直觉地知道政治上的经验、技巧、成效往往涉及依赖于审美反应（aesthetic reactions）的劝说性创作（persuasive composition）常规，现代人文科学对此仍没有提供一个强有力的解释。只要这一问题的答案还没有找到，那么关于政治认同动力学的理论认识仍将与一般的个体经验相分离。

为重思政治活动的本质，本课题在修辞研究领域内扩展了传统分析方法。看来，智者最先着迷于风格，随后它才成为修辞研究的一个标准分支，以至后来成为修辞研究的主导标准。如今，风格、老练、诡辩等概念完全与对修辞的常规批评交织在一起。① 传统上，对通过言说获得权力这种能力的探寻导致对言语创作技巧的总结，同时让人认识到，如果想使话语有效果，就必须能吸引人，这种认识导致一种在特定情形下对演说者有用的审美经济学的解

---

① Thomas Cole, *The Origins of Rhetoric in Ancient Greece* (Baltimore: Johns Hopkins University Press, 1991); George A. Kennedy, *The Art of Persuasion in Greece* (Princeton: Princeton University Press, 1963), *The Art of Rhetoric in Roman World*, *300 B. C.—A. D. 300* (Princeton: Princeton University Press, 1972), *Classical Rhetoric and Its Christian and Secular Tradition from Ancient to Modern Times* (Chapel Hill: North Carolina Press, 1980), *Greek Rhetoric under Christian Emperors* (Princeton: Princeton University Press, 1983); James J. Murphy, *Rhetoric in the Middle Ages: A History of Rhetoric Theory from St. Augustine to the Renaissance* (Berkeley: University of California Press, 1974) and *Renaissance Eloquence: Studies in the Theory and Practice of Renaissance Rhetoric*, edited by Murphy (Berkeley: University of California Press, 1983); Thomas M. Conley, *Rhetoric in the European Tradition* (New York: Longman Publishing, 1990); Samuel Ijsseling, *Rhetoric and Philosophy in Conflict: An History Survey* (The Hague: Martinus Nijhoff, 1976); Paul Oskar Kristeller, "philosophy and Rhetoric （转下页）

释。从这种角度来看，风格根本上是人类经验的一个重要维度。①更为通常的是，就像任何技艺（technē）一样，它是一种特殊的专门知识，有取代其他智识的倾向。因此，关键的任务在于聚焦政治构成的各因素，这些因素对政治的参与和产出着实重要，而不是产生一种单纯的形式理解或草率地巩固一种特殊的判断标准。

接下来的四章会通过区分四种政治行为的具体风格，为政治和风格给出一种相对宽泛的理解。每章都提出一种政治风格的分析结构，以说明感性、品味、礼貌、魅力、吸引力以及类似的构成性或表演性的品质在特定政治文化中的作用。简言之，一种政治风格就是一套连贯的修辞常规，它基于审美反应以达到某种政治效果。本书指出了四种特定政治行为的风格，分别是：现实主义风格（realist

（接上页）from Antiquity to the Renaissance," in *Renaissance Thought and Its Sources*, edited by Michael Mooney (New York: Columbia University Press, 1979), pp. 211—59; Tzvetan Todorov, "The Splendor and Misery of Rhetoric" and "The End of Rhetoric," in *Theories of the Symbol*, translated by Catherine Porter (Ithaca: Cornell University Press, 1982), pp. 61—83 and 84—110; Roland Barthes, "The Old Rhetoric: an aide-mémoire," in *The Semiotic Challenge*, translated by Richard Howard (New York: Wang and Hill, 1988), pp. 3—94; John Poulakos, "Toward a Sophistic Definition of Rhetoric," *Philosophy and Rhetoric* 16 (1983): 35—48; Brian Vickers, *In Defense of Rhetoric* (Oxford: Clarendon Press, 1988) and "Rhetoric and Anti-Rhetoric Tropes: On Writing the History of elocutio," *Comparative Criticism* 3 (1981): 105—32; W. Ross Winterowd, "The Purification of Literature and Rhetoric," *College English* 49 (1987): 257—73.

① 例如，"心灵、知识、真理；行动、权力、说服：风格通过语言的控制和情感的推动，为将潜在变为现实提供了手段。如果风格是整个文艺复兴时期道德和政治哲学转动的轴，那么它只能通过指涉生活才能被完全理解"（Vickers, "Rhetorical and Anti-Rhetorical Tropes," p. 129）。

style)、宫廷主义风格（courtly style）、共和主义风格（republican style）和官僚主义风格（bureaucratic style）（在此前的叙述中，它们依次表现为捐赠者、系主任、事务所和认证机构）。现实主义风格根本上将权力与文本性分开，构建了一个自然状态般的政治领域，其中，政治行动者要么理性地计算利益和权力的矢量，要么盲目地相信法规或道德理念这类言语幻觉。这一风格像现代政治理论的常识一样运作，因此对它的解构清除了发展替代性的政治观念——尤其是像突出政治的艺术性这一点——的主要障碍。宫廷主义风格聚焦于君主的身体，以举止代替言语，以静止为顶点。这一风格在现代社会制度中不复存在，但似乎又特别在大众媒体对政治事件的报道中复苏。共和主义风格在议会制文化中为公共表演发展了一套演说技艺的模型，这套模型包括对言语技巧的青睐、达成一致的准则、公民美德的具现（embodiment）以及礼仪规范，同时这也是面对当代自由主义时的典型困境。官僚主义风格组织起了构成办公室文化的各种交流常规，包括管辖权限、等级结构、官员人格、书写优先等。这种风格运转时，它将每个人置于一种同化的象征剧中，这是后现代世界中身份认同的主导形式。

我们通过对四个文本的精读来说明这四种风格。每个文本都具有适于展现某种独特政治智慧的特殊修辞形式和解释功能。一定程度上，每个文本都可以作为一种修辞来看：某种特定政治文化具有的一套劝说手段，能够被任何试图获得可靠优势的人使用。因为每个文本都强调了具体的、日常的讲话和行动是如何促进、影响及阻碍行动，并使读者在特殊的状况中行动起来也能游刃有余。从解释学的角度来看，每个文本都突出了特定政治风格的因素，将那种风格置于一个反思的空间，从而滋生诠释和批评，甚至这只是凭其自身而完成。所以，它们是"镜子文本"（mirror text），反映了其周遭世界中文本构成的一般过程，且其本身并不必然与它们所映照的设计具有同样的效果。每个章节将会独立展现这种阅读方式的不同方面，以符合对特定文本、作者和历史的解释。然而，文本在某种程度上只是一种托辞，关键是让读者能够理解运作于多元且通常碎片化的现代政治情景中有关认同的一般模式。

现实主义风格在马基雅维利（Machiavelli）的《君主论》（Prince）中得以表达，《君主论》是现代政治思想的典型表述。之前有学者指出，马基雅维利摆脱了"帝鉴"（mirror to the prince）体裁，导向政治现实主义的视角，不过他们没有把握住这种转变在政治写作中的根本意涵。我考察了马基雅维利为反对那种可替代的文本性而定义他的主题的基本修辞技巧，这种以朴实性（artlessness）说服读者的技巧，不仅存在于马基雅维利的文本中，而且存在于权力本身。宫廷主义风格在雷沙德·卡普钦斯基（Ryszard

Kapuściński）的《皇帝：一个独裁政权的倾覆》（*The Emperor：Downfall of an Autocrat*）中得以描绘。这一当代波兰记者的杰作，记录了海勒·塞拉西（Haile Selassie）的埃塞俄比亚宫廷的最后时光。通常人们把它当作第二世界全权主义衰落的寓言，但我把它当作一种宫廷主义修辞的纲要，这类修辞如今在现代社会广泛传播，尤其活跃在大众媒体中。共和主义风格在西塞罗（Cicero）给阿提库斯的信中得以反映，这一鲜活的通信录出自罗马共和国最伟大的风格家西塞罗之手。学者们通常将它视为西塞罗政治经历的真实表现，并且仅把它用作西塞罗其他作品的注脚。我则将它视为西塞罗用以创作象征公共生活的人物角色的地方。官僚主义风格在卡夫卡（Franz Kafka）的《城堡》（*The Castle*）中得以记述。虽然，人们常常把它看作《审判》（*The Trial*）一书在神学方面的延伸，即重申异化（alienation）和不公的主题。但是，我把它看作官僚主义实践的喜剧纪录片，反映的是对组织化的现代生活的一种十分矛盾的心理。

这些诠释的目的是引导人们理解当下神秘的、不合理的或乏味的政治事件。循着这条路，我希望能促进社会理论的发展，认识到我们社会经验的丰富性和可理解性是如何源于说服技巧、审美规范和政治关系之间根深蒂固的结合。如果还能促进政治理论的发展，赋予全方位的交流实践在政治决策中有更大作用，那就更好了。本着这样的目的，本书结论部分讨论此课题的理论背景，指出相关的研究项目，并简要说明我所研究的风格和文本，为何仍是理解政治活动的一项未竟的探索。

我的视角可以归为温和的后现代主义（cautious postmodernism）。现代性的建构从一开始就包含对作为智识传统的修辞学的分解（旧有材料分散贯穿于新结构中），而且当前修辞研究兴趣的复归不仅源于也促进了现代思想宏大叙事的瓦解。桎梏于严格的现代主义政治或美学概念，风格不可能再度复兴为政治分析的一个术语（接下来将详尽说明），毋宁说，它是关于所有思想和行为的风格化并成为后现代主义社会理论的一个因素这一更加宽泛的概念。在这个意义上，我们可以把后现代主义视为超越了自身——解构了、重塑了、重估了自身——的现代思想，借助它曾经压制的那些知识传统和象征资源（symbolic materials）。① 这一分析的术语因与既定的现代研究范畴相抵牾而得到进一步凸显。关于制度、职业或自由主义社会科学的其他标准范畴的分析，或者关于阶级、种族、性别

---

① 注意，虽然后现代必然保留了现代性的某些要素，但我不同意，"在认知、审美和道德—政治的意义上，现代性对我们来说是无法超越的"，或者它的推论"对现代（由于它知道自身的特性）的批判，只能以扩展现代性的内在空间为目标，而不能超越它"［Albrecht Wellmer, *The Persistence of Modernity：Essays on Aesthetics，Ethics，and Postmodernism*, translated by David Midgley（Cambridge：MIT Press，1991），p. xii］。相信现代性的无止境，对那些为现代主义辩护的人来说是他们信念的重要一环。很大程度上，这与其说是争论的问题，不如说是主张的问题，与其说是分析工具的一种选择，不如说是态度的一种表达。我认为没有理由把更一般的问题放在更具体的冒险之前，比如我就情愿朝那条界限进发。

的分析，或者关于高雅艺术或流行文化的分析，它既不接受或反对，也不无视。如果这些问题既没有被解决，也没有被我们放弃，但重点在于弄清现代思想家们遗漏了什么。

这种对现代分析范畴的回避，会助长另一种意义上的后现代性：感觉我们的公共文化正处于加速变化时期，也许是划时代的，这在某种程度上与资本主义持续转型和全球通信技术的发展密不可分。为了表明具体风格的区分如何有助于理解此类变化，我尝试在每一章节去解决社会理论中仍然紧迫的问题：身份、共同体和权力的本质问题。对有魄力的政客来说，关于政治风格的说明应该不只是一本技术手册。因为当一种风格成功时，它就清晰地呈现了自我与他者之间平等和主从关系形成的具体常规。继而我们无疑面临选择。我讨论的四种风格中，现实主义风格和官僚主义风格根本上构造了现代世界，共和主义风格和宫廷主义风格唤起的语境主要是前现代的，并且在现代性本身消解的同时，这种前现代越来越吸引人。此处我变得谨慎起来。尽管对现代性的总体批判具有一定的意义，但我们需要认识到这种批判是如何基于对第一世界社会的保护，还要意识到弱化现代性的话语（例如，普遍权利或程序正义）可能会将某些人置于巨大的风险中（想象一下，有人站在秘密警察面前呼吁人权的普适性，却被告知人权只是另一套权力关系，并且献身真理和酷刑之间没有矛盾，因为它们都是多义性的。这时大法官①会赞许地微笑）。这不是要不加批判地支持一个关于个人自主、社会科学、市场竞争、官僚主义政府的世界，而是至少表明对政治风格的选择应当包括对它所涉及的各种风险的全面评估。

不过，将如此重大的利害关系与风格问题关联起来似乎显得很奇怪。但现有的有关风格的学术观念很难让人重视政治经验的审美之维。斯图亚特·伊文（Stuart Ewen）精要总结了这种探究所面临的问题：

> 在我着手"研究"这一主题的第一天就遭遇挫折。为搭火车去哥伦比亚大学的巴特勒图书馆，我从住所出发到当地的地铁站。在车站入口，我瞥了一眼，然后停下看站门旁边的报摊。成百上千的光亮多彩的杂志封面上，"风格"一词反复出现。在新闻杂志，体育杂志，音乐方面的杂志，有关时尚、建筑与室内设计、汽车和性的杂志中，"风格"一词层出不穷。它好像一个普适范畴，超越了自身的主题界限，完好地适用于人物、地点、姿态和事物。但我仍不确定风格是什么，我正在追踪一个热门话题，一个普遍关注的问题，一把理解当代文化轮廓的钥匙，带着这

---

① [译注] 陀思妥耶夫斯基的小说《卡拉马佐夫兄弟》中，伊万向阿辽沙讲的一个寓言故事中的人物，他遇见再次复活的耶稣并排斥耶稣，同时表达了对人的本质和自由及其歧义性的思考。

样的想法，我行进在去图书馆的路上。

我在图书馆的感觉则是严肃的……不像报摊，图书馆的目录卡只提供很少的线索，也都是可以想见的推荐，"参见时尚、服装"……还有一些文学上有关风格的作品可参考……我寻思着，这些都不是我要找的，也意识到我正打算解决一个可以说是无定形的问题，这个问题还没有清晰的形态，缺乏具体性，无法形成学者和学生用作智力指南的知识类型。[①]

伊文遇到了风格的通俗理解和学术理解之间的裂隙。风格在文学研究中的解释是这一术语的学术用法的典型："风格"指的是就某一手法、体裁、历史时期或对个体艺术家而言的具体或独特的创作元素，通常不涉及其内容。[②] 像《风格的要素》（*The Elements of Style*）之类的文本已经影响了好几代作家和读者，他们早已熟悉诸如"浪

[①] Stuart Ewen, *All Consuming Images：The Politics of Style in Contemporary Culture* (New York: Basic Books, 1988), pp. 2—3.

[②] 当然，这种现代的解释并非现代独有。风格和内容的区分在亚里士多德的《修辞学》（*Rhetoric*，1403b15）中已被切实阐明。也许，现代性早已通过增强关于风格的一种特殊话语而说明了风格。但这不是唯一可用的话语；另一可供选择的话语——得体的语言——同样可在《修辞学》中找到。其他关于风格的话语可在艺术、设计科学、流行文化和后现代理论中找到。伊文《令人着迷的图像》（*All Consuming Images*）一书可被视为捕捉当代关于风格的流行话语的一种尝试，也可被视为一个现代主义风格理念的大纲。分析哲学中关于风格—内容二分的批判，参见 Nelson Goodman, "The Status of Style," *Critical Inquiry* 1（1975）：799—811。

漫主义风格"或"海明威风格"的分类。① 每门艺术都有其创作元素，这些元素界定了诸如音乐、绘画、彩绘等的手法和艺术类目，或者充当一个艺术家置于作品之上的标志。② 与风格相关的观念中，最重要的是文化实践的自主性观念。要理解一首诗的风格，就需要诗学创作的熟练技巧，包括韵律、节奏等，因为这些技巧对诗歌来说是独特的。要理解一部小说的风格，就要精通措辞、情节、人物、观点等，因为这些技巧被用于小说之中。正因如此，目前修辞研究兴趣的复苏也没有改变这一定位：很大程度上，风格的标准仍只在于归类艺术文本中的话语形式，而非理解我们的社会经验的动力或修辞诉求与政治决策之间的关系。③ 这种强烈的艺术自主意识，增强了风格分析中将设

① William Strunk and E. B. White, *The Elements of Style*, 3d ed. (New York: Macmillan, 1979); Joseph M. Williams, *Style* (Chicago: University of Chicago Press, 1990; textbook, 3d ed: Glenview, IL: Scott, Foresman, 1989); "Style," *Princeton Encyclopedia of Poetry and Poetics*, enlarged ed. (Princeton: Princeton University Press, 1974).

② 贝雷尔·朗（Berel Lang）编的《风格的概念》[*The Concept of Style*, revised and expanded ed. (Ithaca: Cornell University Press, 1987)] 中的一些文章，指出了风格的一般要素，虽然它希望但并没有实现"那些为风格设定一种角色，以超越艺术世界，甚或超越传统修辞领域的意图。这两个源头在历史上为风格分析提供了对象"（p. 16）。

③ 例如，参见 Edward P. J. Corbett, *Classical Rhetoric for the Modern Student*, 3d ed. (New York: Oxford University Press, 1990), 以及 Vikers, *In Defense of Rhetoric*. 不过，近来也有例外，例如，托马斯·法雷尔（Thomas Farrell）声称，我们与其把修辞定义为一种实践（practical）活动，不如将其定义为一种矛盾活动，这种矛盾活动源于它的伦理标准和审美标准之间的辩证张力，那么对修辞理论来说一种强的实践（praxis）概念就是可能的 ["Rhetorical Resemblance: Paradoxes of a Practical Art," *Quarterly Journal of Speech* 72 (1986): （转下页）

计因素独立于实在意义的倾向。这时，理解就在于确定形式工具的清单，一般看来，风格分析就像塞缪尔·巴特勒（Samuel Butler）责难的那样："修辞学家的所有规则只是告诉他怎样给他的工具命名。"

总之，如果你想了解权力是如何构成的，这里并不提供答案。当人们从"风格"入手，就会导向艺术之路，进而走向形式主义，甚至与权力的展示都大相径庭了。虽然

（接上页）1—19］；还可参见 *Norms of Rhetorical Culture*（New Haven：Yale University Press，1993）。关于实践智慧的"认知性"观念和"表演性"观念之间张力的相关争论，参见我的论文，"Prudence/Performance," *Rhetoric Society Quarterly* 21（1991）：26—35。迈克尔·莱夫（Michael Leff）主张，传统上论辩和风格的分裂阻碍了把修辞文本视为一种行动模式的充分考虑，同时他认为得体观念提供了一座沟通二者的桥梁［"The Habitation of Rhetoric," *Argument and Critical Practices*：*Proceedings of the Fifth SCA/AFA Conference on Argumentation*，edited by Joseph Wenzel（Annandale，VA：Speech Communication Association，1987）］。还可参见 Thomas Rosteck and Michael Leff，"Piety，Propriety，and Perspective：An Interpretation and Application of Key Terms in Kenneth Burke's *Permanence and Change*," *Western Journal of Speech Communication* 53（1989）：327—341。埃德温·布莱克（Edwin Black）提供了一些探索风格、意识形态、动机之间关系的批判研究，例如参见 *Rhetorical Questions*：*Studies of Public Discourse*（Chicago：University of Chicago Press，1992）。卡琳·科尔斯·坎贝尔（Karlyn Kohrs Campbell）指出了女性的公共演说中的"女性主义风格"：*Man Cannot Speak for Her*：*A Critical Study of Early Feminist Rhetoric*，vol. 1（New York：Praeger，1989）。还可参见 Bonnie J. Dow and Mari Boor Tonn，" 'Feminine Style' and Political Judgment in the Rhetoric of Ann Richards," *Quarterly Journal of Speech* 79（1993）：286—302。约翰·S. 尼尔森（John S. Nelson）和阿伦·梅吉尔（Allan Megill）曾评论道，"修辞的复兴部分源于它与诗学的再次结合"［"Rhetoric of Inquiry：Projects and Prospects," *Quarterly Journal of Speech* 72（1986）：32］。这不会使赫伯特·A. 威切恩斯（Herbert A. Wichelns）感到惊讶，因为他把修辞学定义为一门"处于政治学和文学的边界线上"的艺术［"The Literary Criticism of Oratory," in *Studies in Rhetoric and Public Speaking in Honor of James Albert Winans*，edited by A. M. Drumond，pp. 181—216（New York：Russell & Russell，1925）］。

对风格的这一常见理解会时不时受到挑战，认为社会规范或政治关系也渗透入艺术生产与表现，但此类分析仍只聚焦于非常狭隘的文化实践领域。因此，我仍怀疑通过单纯详述"艺术是政治的"这一观点，人们能否就更好地理解"政治是艺术的"。为了说明政治行动者的审美习惯和日常创造性（everyday inventiveness），我们需要一个更宽泛的风格概念，但这又不能从艺术和政治的现代分类中获得。所以是时候意识到，虽然现代思想的资源对理解当代世界也许必不可少，但也是不充分的。在后现代的语境中，"审美的成了社会的，社会的成了审美的"①。基于这样的背景，虽然风格仍强调审美反应，但它不再突出艺术的自主性。为了理解某种社会现实，风格变成一种分析的范畴；那么，为了理解政治的社会现实，就可以思考一种政治活动是如何按照某种特定的政治风格来运作的。

可能有人会问，风格的研究是否应该明确化。也许一种默会知识就足够了或适用了。这里的疑虑既是方法论上的，也是政治上的。一方面，反对意见认为，风格纯粹是一种附带现象，只是政治活动更加底层的、更加实质的决

---

① Allan Megill, "What Does the Term 'Postmodern' Means?" *Annals of Scholarship* 6 (1989)：131。在这一语境中，关于风格的一些话语没有一种可以充当包罗风格之万象的准则。"风格"仍适用于公开的艺术作品的审美之维。更为通常的是，它还适用于某种社会规范，例如"洛杉矶风格"，或适用于某种政治实践，例如"芝加哥风格"。关于社会团体如何通过风格上的发明而创造政治意义的典型研究，参见 Dick Hebdige, *Subculture：The Meaning of Style* (New York：Methuen, 1979)。

定因素的效果或征兆。这一视角保证风格分析具有一定的诊断价值,尽管这样,也要注意它被更好的工具取代。另一方面顾虑的是,政治的艺术性是危险的。这一顾虑的变体包括假定任何风格的完成都以牺牲现代民主国家核心价值为代价,断言对风格的学术兴趣有益于法西斯主义的"政治审美化"①。

我承认,在某种特定情况下,政治风格可能是不重要的或危险的,但显然它不会二者皆是。如果它是危险的,那么我们就无法忽视它。所以更明智的选择是,在消除了对它的兴趣的顾虑时,假定政治的艺术性可以是意义重大的。虽然没有任何东西能阻止人们把这一研究(或其他研究)用为专制的秘诀和依据,但修辞视角的一个优点在于,它早已预示常规的自由主义实践可以抵御法西斯主义。在我们的文化中,政治行动者常常通过熟练掌控服饰、语调和时机等因素来进行劝说,而不会遭受道德堕落的非议。而且,自由、平等和正义的问题往往通过从辩论到论证的表演被提出和解决,也不会丧失其道德内涵。基

---

① 例如,伊文关于一种文化中风格日益替代内容将导致政治危险的告诫(*All Consuming Images*,pp. 259ff.)。政治美学和法西斯主义的结合,成了左翼文化分析的典型。就我所知,它们共同的资源是瓦尔特·本雅明(Walter Benjamin)的 "The Work of Art in an Age of Mechanical Reproduction," *Illuminations*,edited by Hannah Arendt,translated by Harry Zohn(New York:Schocken Books,1968)。其他例子,可参见 Jean Baudrillard, *For a Critique of the Political Economy of the Sign*,translated by Charles Levin(St. Louis:Telos Press,1981);Arthur Kroker and Dvid Cook, *The Postmodern Scene:Excremental Culture and Hyper-Aesthetics*(New York:St. Martin's Press,1986)。

于这样的假设，即一旦表演成功，价值就会被认真对待，那么，对表象（appearances）的关注不仅不会忽略某些价值，甚至还是对造就他们成功表演的问题和技巧的探寻。

实际上，这里更大的问题不是有益于法西斯主义，而是要意识到为何现代社会面对审美控制早已变得毫无抵抗力。这一问题部分源于现代早期（及随后）的知识重构，即把政治和美学定义为两个相互独立和自主的经验领域。维多利亚·卡恩（Victoria Kahn）早已留意到这种转变："当数学的确定性就像在科学中一样被当作政治的理智标准时，实践智慧的审美领域以及与此相应的艺术工作本身，就必须以纯粹的主观经验重新被定义。"① 艺术生活的这种转变和限定反映在现代社会思想各种各样的试验中，要么是19世纪德国人试图把政治设想为一种"审美状态"②，

① Victoria Kahn, *Rhetoric*, *Prudence*, *and Skepticism in the Renaissance* (Ithaca: Cornell University Press, 1985), p.24; 还可参见 p.190: "事实上，政治科学的发明依赖对人文主义修辞观念的排斥，并相应地把审美经验重新定义为几乎非政治的（即不感兴趣）经验。"蒂莫西·恩斯特龙（Timothy Engstrom）对"分离的政治"在哲学史上的说明恰好抓住了卡恩所描述的那种过程，参见他的 "Philosophy's Anxiety of Rhetoric: Contemporary Revisions of a Politics of Separation," *Rhetoric* 7 (1989): 209—38。在伦理方面的相关争论，参见 Alasdair MacIntyre, *After Virtue: A Study in Moral Theory*, 2d ed., (Notre Dame, IN: University of Notre Dame Press, 1984)。

② Josef Chytry, *The Aesthetic State: A Quest in Modern German Thought* (Berkeley: University of California Press, 1989)。同样，法兰克福学派重新将艺术和政治结合的意图，既可视为一种为克服早已塑造了现代文化生产——尤其是在艺术中——的美学和政治之间强力且危险的分离的英勇尝试，又可视为对现代分析范畴相当保守的应用，这就不可能为同时是实践的和生产的、艺术的和政治的活动提供一种有力解释。从这一视角出发对哈贝马斯交往理论的精彩批判，参见 John Durham Peters, "Distrust of Representation: Habermas on the Public Sphere," *Media*, *Culture and Society* 15 (1993): 541—71。

要么是20世纪美国人尝试根据科学的客观性标准使政治合理化。[①] 现代思想家们很难意识到审美情感（aesthetic sensibility）和日常创造性充斥于平时的政治决策。所以毫不奇怪，对于明显风格化的政治行为的通常反应是加以约束、谴责或压制。在我们自己的经验中，政治的审美之维基本不被承认，而当见之于他人身上时，就显得像是一种危险的范畴混淆。讽刺的是，随后我们就让那些我们本应畏惧的优秀风格家占据优势。

纵然把专政的幽灵弃置一旁，人们仍会担心风格分析将会取代其他对政治活动更实质的成分的研究，例如生产关系、利益集团联盟、制度实践等。虽然在此可以借鉴发生在人文科学中几次解释转向的持久争论，给出几种常规的答复。不过，这些答复只会重蹈覆辙，陷入以往的僵局，而且也是不必要的，因为没有一种关于风格的解释

① Dorothy Ross，*The Origins of American Social Science*（Cambridge：Cambridge University Press，1991）；Edward A. Purcell，Jr.，*The Crisis of Democratic Theory：Scientific Naturalism and the Problem of Value*（Lexington：The University Press of Kentucky，1973）；David M. Ricci，*The Tragedy of Political Science：Politics，Scholarship，and Democracy*（New Haven：Yale University Press，1984）；John G. Gunnell，*Between Philosophy and Politics：The Alienation of Political Theory*（Amherst：University of Massachusetts Press，1986）；Peter Novick，*That Noble Dream：The "Objectivity Question" and the American Historical Profession*（Cambridge：University of Cambridge Press，1988）；Thomas Haskell，*The Emergence of Professional Social Science：The American Social Science Association and the Nineteen-Century Crisis of Authority*（Urbana：University of Illinois Press，1977）；Burton J. Bledstein，*The Culture of Professionalism：The Middle Class and the Development of Higher Education in America*（New York：W. W. Norton，1976）.

（这一解释也一样）是如此全面且有说服力，并符合每个人的兴趣，以致可以取代另一些已确立的学术研究。当然也不必如此。因为政治不只是风格化的行为，正如政治不只是政府的行为一样。断言特定的修辞常规是广泛可用的，有时决定了行为（对理性行为的决定有益于整个共同体），并代表着人类交往的重要因素，这是一回事；断言只有修辞因素决定人类所有活动，或没有其他因素同时参与其中，则是另一回事。只是，第一种断言通常被当作第二种断言。

为了表明政治风格的类型学如何成为对政治全面了解的一种有效补充，可以看看政治和音乐的类比。我们易于按照基本的、共同的创作风格来看待音乐世界：这些风格包括古典音乐（如巴洛克式的、浪漫主义的和现代主义等风格的作品）、流行音乐（如乡村、摇滚和爵士等），以及其他风格的音乐。每一种风格的音乐都产生于万千普通的声音，且通常出于相同的乐器，但又被不同的形式和效果所定义。每一种风格的音乐都形成一种不同的文化，但又并非完全符合那种文化所赋予音乐的意义。每一种风格的音乐都需要重复再现有限数量的主题，而又容许持续的即兴创作、个性差异和高度的个人化。

类似地，每一种政治风格都动用了人类条件（human condition）和符号储备（symbolic repertoire）的全部因素，但又把它们组成一套有限的、惯常的交流模式。每一种政治风格都产生一种文化——一套连贯的符号赋予共同生活的显性活动以意义——但又与任何问题、事件或结果都没有先天关系。每一种政治风格完全都是常规性的，但又是个人即兴创作的手段，是对特有问题智慧且新颖的回答。正如对音乐的"现实性"的说明无论如何强调经济或制度分析，都不能忽略它既有的表演和鉴赏风格一样，政治分析也不应忽略基于不同的风格而构成的系统性。

这种比较还有更深远的意义。现今，所有形式的音乐在社会中不停传播而没有专有意义上的场所、情境或观众。政治也是如此。我们仍有管理性建筑，例如政府机构、立法机关和委员会（正如我们仍有音乐厅一样），但我们还生活在话语的旋涡中。官僚主义的言语可以在卧房听见，共和主义的演说亮相于体育专栏，现实主义的主题出现在犹太教堂，宫廷主义的修辞运用在晚间新闻中。某种意义上，政治是其话语的产物，所以如今的政治能够在任何时间、任何地点以不稳定的持续性迅速地变换。当我们通常不假思索地在不同的说话者之间进行选择时，往往是在选择特定的风格，相应地，这些风格影响着我们的决定。所有的政治可能都是地方性的，但地方性通常是话语性的：一套引导着言语和行为的修辞常规，可能转瞬即逝。正如弗雷德里克·詹姆逊（Fredric Jameson）指出，"毕竟我们是同时生活在许多不同的现实隔间里的片段化的存在者；每个隔间都可能存在某种政治"①。

我还应该提前指出，政治风格的分析应当远远超出这里呈现给大家的。我也并不怀疑还有其他风格，例如革命风格，当然还有其他文本可供分析。我所描述的风格无疑也不全面，还有许多应用问题留待解决。不管怎样，把宽泛的风格概念与对政治经验动力学的复兴结合起来，这一研究并未结束，仍有许多东西可以从中获取。踱步于现代性的边缘，是时候再次领略政治的艺术了。

---

① Fredric Jameson，"Interview，"*Diacritics* 12（1982）：75.

第二章

并非表面的吸引和装饰:
马基雅维利现实主义风格中的
现代性发明

　　根据阿克顿勋爵（Lord Acton）的看法，马基雅维利是"最早意识到并清晰解释了现实世界中存在某些鲜活力量的人"。马克斯·勒纳（Max Lerner）认为，虽然"指明马基雅维利乃强权政治之父早已是老生常谈……但现在仍然有效"。菲尼克斯·拉伯（Felix Raab）简练地指出，"就现代世界而言，马基雅维利发明了政治"①。《君主论》始终是马基雅维利最具代表性的文本，是他创造力的真切体现。不过，他创新的具体特征仍是一个"完全的谜"，这个"谜"构成了一个惊人地多样且密集的解释史的主题，实际

---

① Lord Acton, "Introduction" to L. A. Burd, *II Principle* (Oxford: Clarendon, 1891), p. xl; Max Lerner, "Introduction" to *The Prince and the Discourses* (New York: Modern Library, 1950), p. xlii; Felix Raab, *The English Face of Machiavelli: A Changing Interpretation, 1500—1700* (London: Routledge, 1964), p. 1。甚至那些治学谨慎的人也承认这"在政治思想的发展中是一个新阶段的开始，或许有人会说，这是现代的开始"［Felix Gilbert, *Machiavelli and Guicciardini: Politics and History in Sixteenth Century Florence* (Princeton University Press, 1965), p. 153］。

上这掩盖了他文本明显的简单性。[1] 即使我们知道这本书利用了古典模型，忽略了现代政治经验的主要维度，并对它的应用少有说明，但这也不会有损它的声誉。[2] 本章中，我认为马基雅维利的文本吸引力在于对典型的现代政治风格的精彩呈现，这种风格创造了一个纯粹权力和忠于计算在美学上统一的世界。这种现实主义风格是马基雅维利成功的基础，它不仅影响了他的文本在随后历史中的阐释，还在现代世界中作为一种强力的理解和行动模式发挥作用。

对第一次翻阅《君主论》的人来说，认为它极具重要性可能会显得很奇怪。这是一本以朴素的散文体写成的小册子。前十一章讨论的是不同类型的专制政府，其后三章是军事管理。接下来五章由于主张成功的政治领导者有时不得不采取非道德的行动而发生争议性转变，但语调却是

---

[1] John H. Geerken, "Machiavelli Studies Since 1969," *Journal of the History of Ideas* 37 (1976): 351. 其他评论文章，参见 Eric W. Cochrane, "Machiavelli: 1940—1960," *Journal of Modern History* 33 (1961): 113—36; Felix Gilbert, "Machiavelli in Modern Historical Scholarship," *Italian Quarterly* 14 (1970): 9—26; Richard C. Clark, "Machiavelli: Bibliographical Spectrum," *Review of National Literatures* 1 (1970): 93—135. 文本的简单性与解释的混杂性的对比所催生的评论至少始于伯德 (*Il Principle*, p. 12)。以赛亚·柏林 (Isaiah Berlin) 充分解决了解释学的问题，"The Originality of Machiavelli," in *Studies on Machiavelli*, edited by Myron P. Gilmore, pp. 149—206 (Florence: G. C. Sansoni, 1972)。目前极为通常的解释，参见 Athanasios Moulakas, "Which Machiavelli?" *Perspectives on Political Science* 22 (1993): 84—9。

[2] 此作品也不会遭受它是诡计的指控。这一主张的最新研究显然忽略了它的历史，参见 Mary Dietz, "Trapping the Prince: Machiavelli and the Politics of Deception," *American Political Science Review* 80 (1986): 779—99, 后续讨论见 volume 81: 1277—88。即使这是真的，这种主张也陷入了意图谬误。

直率且理性的。随后四章论述防御工事、宣传活动和政府的内部圈子。最后三章扩大了论述范围，讨论了命运和审慎在一切人类事务中的相互作用，并呼吁意大利的独立复兴。整本书中，作者都在表明把政治理解为一种技巧以及通过学习经验来完善这些技巧的重要性，同时他强调政治事件是不断变化的，成功或失败造成的影响通常会超出一个人的控制。总之，与其说这本书是神秘的或权力的，不如说它是常识的一个纲要。然而正如马基雅维利告诉我们的，表象具有欺骗性。

我对这本书的阅读有别于对马基雅维利作品的通俗和学术理解。通常认为，《君主论》提供了一种关于政治生活一般状况的客观说明，即一场为了权力而进行的非道德、胜者为王的竞争。马基雅维利怀着理智的勇气指出，政治是一回事，伦理道德是另外一回事，他渴望发现政治成功的秘诀。文本本身是自明的，它清晰地解释了权力的本质，没有刻意去迎合读者。学者们通过密切关注马基雅维利作品的政治和文学背景来理解这些主题，但很大程度上大抵也只是对这些主题的再现。对大多数学者来说，《君主论》是政治现实主义的决定性说明，其要旨是所有成功的政治行动都需要严格区分是什么和应该是什么。[1] 在

---

[1] 这一立场最具影响力的阐述是菲尼克斯·吉尔伯特（Felix Gilbert）， "The Humanist Concept of the Prince and *The Prince* of Machiavelli," *Journal of Modern History* 11（1939）：449—83。

一些圈子里，则宣称马基雅维利是以我们精确科学为蓝本的政治科学的先驱从而让这一说法走得更远。[①] 但无论何种情况，当传统的和流行的政治文献被认为总是牵涉矫揉造作、党争和理想主义时，就总会被相应贬低。

有人也许会问，大多数读者如何知道他关于16世纪托斯卡纳的记述是准确的，或者为什么20世纪的学术研究早已顺应这种传统智慧，而其时代的政治史毫不值得称赞。这些问题提醒我们视角的转移，即把关于马基雅维利的诠释和马基雅维利主义的诸多变化，视为其文本中那些用以创作政治经验的最引人注目的设计的痕迹。《君主论》的成就也许是哲学上的或科学上的，但同样是文学上的和修辞学上的：马基雅维利设计了一种极为优美的政治实践形式的仿制品，并且说服读者把他的文本当作同类作品中的卓越者来接受。他的这一简要文本的设计证明，一种话语的说服力某种程度上取决于它在地位

---

① 正如安东尼·帕雷尔（Anthony Parel）宣称，马基雅维利"给政治研究领域带来了超然的科学精神，这就像用一个钢架把他的学说固定在一起，使它们坚固"［Anthony Parel, ed., *The Political Calculus*：*Essays on Machiavelli's Philosophy* (Toronto：University of Toronto Press, 1972)，p. 3］。帕雷尔提出对马基雅维利的不同理解，见 *The Machiavellian Cosmos* (New Haven：Yale University Press, 1992)。我使用了更早的理解，因为它完美表达了其时代具有代表性的并继续流行的一种看法。相关评论参见 Cochrane, "Machiavelli," pp. 119ff., and Clark, "Machiavelli," pp. 103ff.。具有影响力的阐述还包括 Herbert Butterfield, *The Statecraft of Machiavelli* (London：Bell, 1940)，and Ernst Cassirer, *The Myth of the State* (New Haven：Yale University Press, 1946)。

竞争中的定位方式。① 这里的方法论意涵是，有时可以通过发现文本中的其他话语都处于次要地位的那些时刻，从而看出一个文本的基本劝说设计，即它关于主题、说话者和受众的最有力的定义。所以，为了发现马基雅维利的政治风格，我先考察他反驳其他作家的那些话语。

对《君主论》的这一处理方式与马基雅维利研究中既定的批评实践是一致的，即把文本置于意大利文艺复兴时期明确的修辞文化中，思考马基雅维利的创新如何源于对政治指导手册惯例的巧妙重构。② 帝鉴或君主之镜体裁的

---

① 通过强调地位（status）在话语理论中所扮演的角色，这一视角获得深入发展，参见 Robert Hariman, "Status, Marginality, and Rhetorical Theory," *Quarterly Journal of Speech* 72 (1986): 38—54。有关这种修辞在修辞传统中起作用的另一概述，参见 Roger Moss, "The Case for Sophistry," in *Rhetoric Revalued*, edited by Brian Vickers, pp. 206—24 (Binghamton: State University of New York Press, 1982)。

② 关于文艺复兴时期修辞的评论，参见 Nancy Struever, *The Language of History in the Renaissance: Rhetoric and Historical Consciousness in Florentine Humanism* (Princeton: Princeton University Press, 1970); Jerrold Seigal, *Rhetoric and Philosophy in Renaissance Humanism* (Princeton: Princeton University of Press, 1968); James J. Murphy, ed., *Renaissance Eloquence* (Berkeley: University of California Press, 1983); Brian Vickers, "On the Practicalities of Renaissance Rhetoric," in *Rhetoric Revalued*, pp. 133—42; Hanna H. Gray, "Renaissance Humanism: The Pursuit of Eloquence," *Journal of the History of Ideas* 24 (1963): 497—514。参照性的观点，见西格尔（Seigel）和汉斯·巴伦（Hans Baron）的争论，*Past and Present*, vols. 34 and 36。关于体裁批评的辩护，参见 Quentin Skinner, "Some Problems in the Analysis of Political Thought and Action," *Political Theory* 2 (1974): 277—303。斯金纳阐明了他的方法，"Sir Thomas More's Utopia and the Language of Renaissance Humanism," in *The Languages of Political Theory in Early Modern Europe*, edited by Anthony Pagden, pp. 123—57 (Cambridge: Cambridge University Press, 1987)。我的批评超出了斯金纳的视野，他主要聚焦于马基雅维利特定时期的创作，说明他的文本如何为构造政治经验提供（转下页）

那些文本通常冠以下列名称，例如《论君主的统治》（De regimine principum）、《论君主的教育》（De institutione principis）和《论皇家官职》（De officio regis），它们都用于教导君主如何定国安邦。这种体裁的突出常规往往异常稳定，因为数以百计的文本关注同样的话题，发挥同样的主旨。例如，都会讨论君主与顾问的关系，提醒君主小心谗言，认为智慧源于读好书，正如摆在读者面前的那本。正如莱斯特·博恩（Lester Born）指出，"我们立刻可以下这样的结论，原创性并非优秀的君主教育论著的一个基本要素"①。这种原创性的缺乏可能是由于著作间高度相应的互文性。同样，博恩再次注意到，"那里几乎没有显示任

（接上页）模型，这种模型可以（并早已）在大量不同的情境中被模仿。这种方式与 J. G. A. 波科克（J. G. A. Pocock）关于政治话语的持续影响和不断转变的研究有点类似。他总结了方法论上的相关假定，"Custom & Grace, Form & Matter: An approach to Machiavelli's Concept of Innovation," in *Machiavelli and the Nature of Political Thought*, edited by Martin Fleisher, pp. 153—55（New York: Atheneum, 1972）。按照这种解释模式，马基雅维利的创新是通过改造既定的政治思想的语言实现的；他的作品的影响超出了他的意图；他的文本塑造了其本身的阐释史；其还可以造成许多其他不同影响；分析应该建立起一种关于他的文本和他的时代的文学背景之间的可能关系，并在随后表明他的技巧的实际用法。波科克的方案和我的有许多不同之处。我不敢自诩能达到《马基雅维利时刻》的成就［*The Machiavellian Moment: Florentine Political Thought and the Atlantic Republican Tradition*（Princeton: Princeton University Press, 1975）］。我们之间存在本质上的分歧最直接的是，我认为是现实主义的，他认为是共和主义的。在本章结尾处我讨论了这两种立场之间的关系。简单来说，马基雅维利毫无疑问是一个虔诚的公民共和主义者，他对英国政治思想在这方面的发展起重要作用。但他也是现代政治现实主义的作者，不管它们之间结合的可能性是在特定的个人或是在特定的时期，如今现实主义和共和主义通常作为不同的政治风格而起作用，并为产生影响而相互竞争以致最终不相容。

① Lester K. Born, "Introduction" to Desiderius Erasmus, *The Education of a Christian Prince*, edited by Lester K. Born（New York: W. W. Norton, 1968）, p. 45.

何原创性，主要的论证差不多都是靠大量的引用支撑"①。这些文本代表政治解释的一种传统，并继续在文艺复兴的思想震荡中发展，具有不同背景和关系的作者凭借传统的权威以实现劝说君主行为得体的目标。

把这些不同文本归为同一体裁，人们对此不会产生太大分歧。它们具有这样的类型特征：注意手册的普遍性和地方性，间接和直接引用先前文本，列举直接对应的大量实例。要把《君主论》置于这一传统中并不困难。首先注意它的献词和伊索克拉底（Isocrates）的信《致尼科克勒斯》（*To Nicocles*）的相似性，这封信在当时（乃至现今）被看作该体裁的原型。《君主论》是拉丁文的章回标题（尽管文本由白话文写成），遵循传统的德性分类，而且在献词中和开始谈论德性时，马基雅维利两次间接提到其他政治作家。② 所以诠释的关键任务是，回答马基雅维利如

---

① Born，"Introduction，" p. 125。M. L. W·莱斯特纳（M. L. W Laistner）关于这种体裁的描述有类似的意涵："他们对比好的和坏的统治者，并列举一个好的统治者该有的美德，以及该担负的责任，如果他打算成为一个公正的君主，他们则再现《圣经》中的范例并引用早前的权威作家。"［*Thought and Letters in Western Europe*：*A. D. 500 to 900*，rev. ed.（Ithaca：Cornell University Press，1957），p. 317］

② 最初两种关于《君主论》与这种体裁之间关系的系统解释出现在 1938 年和 1939 年。艾伦·吉尔伯特（Allan Gilbert）对这一文本与 1513 年前后出现的很多类似著作做了全面比较。他认为这种体裁在跨历史时期中相对统一，并试图把它当作一种可能的背景以理解而非证明它对马基雅维利创作的直接影响，主张《君主论》本质上符合这种体裁，仍是这种体裁的"最佳代表"。相比之下，菲尼克斯·吉尔伯特的分析强调文艺复兴时期文学上发生的变化，以证明人文主义者对马基雅维利有直接影响，并且他有意拒绝中世纪和文艺复兴时期的作家的基本信条，即美德是政治成功的必要因素。虽然存在这些差异，但他们显然在（转下页）

何利用文艺复兴时期公民人文主义的文化，以及如何挑战关于这种体裁的传统观点等此类相关问题。①如今，似乎毫无疑问的是，马基雅维利既受到古代观念的熏陶，又是一个在现代思想中具有决定性创新的作者，同样毫无疑问的是，他的创新不仅包括对传统美德是政治统治的有效手段这一观点的鲜明批判，还包括对"要意识到政治中武力（force）至关重要"，以及"政治生活中绝对权力意义重大的呼吁"②。

现在的问题已经不是《君主论》在体裁上有无突破，而是这种突破是否以最显白的方式呈现。虽然马基雅维利无疑挑战了伦理情感和相关的文学习惯，但这些观察还不足以单

<hr>

（接上页）确定这种体裁的方式上和马基雅维利在其中的定位上是一致的。参见 Allan H. Gilbert, *Machiavelli's Prince and Its Forerunners*（Durham：Duke University Press，1938），p. 232；F. Gilbert，"The Humanist Concept of the Prince"。

① 这一课题始于 F. 吉尔伯特，昆廷·斯金纳（Quentin Skinner）的分析则确立了标准。斯金纳遵循 A. 吉尔伯特和 F. 吉尔伯特的共同倾向，并完善了后者的观点，马基雅维利受到公民人文主义的影响。斯金纳强调，从 15 世纪初期为荣誉而活并以美德对抗命运的观念（美德可以通过适当的教育习得），发展到 15 世纪后期安全是统治的首要目的，领导者的德性必然不同于且比普通公民的德性更有英雄气概这样的观念。他还定义了马基雅维利违背这种体裁的创新，对《君主论》中两处对其他作者的提及给予了特别的关注。参见 Quentin Skinner, *The Foundations of Modern Political Thought*, 2 vols.（Cambridge：Cambridge University Press，1978），I：118—22 and I：123—28。玛西亚·L. 科利什（Marcia L. Colish）指出马基雅维利依赖人文主义文化，"Cicero's *De Officiis* and Machiavelli's *Prince*," *Sixteenth Century Journal* 9（1978）：81—93。关于他与人文主义之间关系问题的更早评论，参见 Cochrane，"Machiavelli," pp. 126ff.。马基雅维利突破西塞罗人文主义的伦理规则的总结，Quentin Skinner and Russell Price, eds., *The Prince*（Cambridge：Cambridge university Press，1988），p. xv ff.。

② F. Gilbert, *Machiavelli and Guicciardini*, p. 154；Skinner, *Foundations*, I：129 and I：131—38.

独说明他的这一简单文本所达到的全方位的劝说效应。虽然马基雅维利始终是一个现实主义者，可以毫不留情地把伦理从政治中分开、把政治研究从主观愿望中分开，但这种视角至少从柏拉图（Plato）和修昔底德（Thucydides）开始就已经产生，问题依然是《君主论》如何实现对政治权力和实践智慧的决定性重构，以致成为现代政治思想的典型。在关键意义上，我认为马基雅维利的创新是一种风格问题，是在与他自身相差甚远的处境中某种程度的默契和简单再创造。他的文本的主要修辞策略塑造了现实主义风格的基本因素，即把政治放在政治文本控制之外的现实之中，并把战略思维提升为政治智慧的纯粹形式。这种风格始于把其他所有话语标示为文本：它贬低其他政治行动者，因为他们过于话语化，过于关注文本设计而不进行理性计算。这一策略引发现代思想中的特有假定：政治权力是一种自主的物质力量。它以这样的现代理解结束，即政治文本必定是未完成的，有待在物质世界中实现。

马基雅维利的政治风格的本质和意义，最明显地表现在他著名的关于创新的声明中。《君主论》第十五章开始于对"镜子"（specula）问题的最直接处理：虽然他秉承传统的德性类目，继续关于它们应用的一般争论（例如被畏惧或被爱戴哪个更好），但是一开始他就直接站在这种体裁的其他作者（未指明）的对立面。"关于这一点，我知道有许多人已经写过文章，现在我也写起文章来，特别是当我讨论这个问题的时候，我的观点与别人的不同，因此，我恐怕会被人认为倨傲自大。"① 现在来看，如果这就是他要表达的，那么我们可以得出这样的结论：他试图突破原有体裁，不过这种突破可能只是就其原创性来说的。

但在接下来更具原创性的宣言中这一主题被掩盖："可是，因为我的目的是写一些东西，即对于那些通晓它的人是有用的东西，我觉得最好论述一下事物在实际上的真实情况，而不是论述事物的想象方面。许多人曾经幻想那些从来没有人见过或者知道在实际上存在过的共和国和君主国。可是人们实际上怎样生活同人们应当怎样生活，其距离是如此之大，以至一个人要是为了应该怎样办而把实际上是怎么回事置诸脑后，那么他不但不能保存自己，反而会导致自我毁灭。"（p.56）进一步解释来说，这里表明三种观念：它们是想象的而非现实的，是规范性的而非描述性的，是弱化君主的而非强化的。这段话的关键不在于这些断言本身的真实性，而在于它们的隐含关系。在马基雅维利的世界中，政治成功［国家（lo stato)② ］在于

---

① *The Prince*, translated by Luigi Ricci, from Max Lerner, ed., *The Prince and the Discourse*, p.56。之后的引文除非特别说明，否则均引自这一版本，并且只在括号中给出页码。（［译注］中文译文参见尼科洛·马基雅维里：《君主论》，潘汉典译，北京：商务印书馆，1985 年版，第 73 页。之后的中文译文均引自这一版本，但不再注明。）

② J. H. Hexter, "*II Principle* and *Lo Stato*," *Studies in the Renaissance* 4（1957）：113—38；"他持续且主要想到的是政治命令高于人"（p.126）。修订后的文章见 J. H. Hexter, *The Vision of Politics on the Eve of the Reformation*：More, *Machiavelli*, *Seyssel*（New York：Basic Books, 1973），pp.150—78。

看清"事实是什么",同时说明"应该是什么"会导致政治失败。任何把二者看作相等的想法本身就是一种导致失败的幻想。因此,如果有人谈及"应该是什么",其建议必定不现实;如果有人谈及"事实是什么",其建议必定有效;等等。

如果打算对文本中的设计持现实主义态度,那么应该注意马基雅维利的两次掩饰。第一,现实主义与理想主义的对立掩饰了为获利而写作的动机。更为传统的作家通过艺术地构建一个完美政府而形成艺术感召力以争得读者关注,但马基雅维利认为他的认识论标准才是衡量建议的唯一合理手段,追求优势从写作中分开,并转移到君主的行动领域。君主通过阅读获得优势以击败对手,而作者(适切地)写作只是记录现实。第二,很明显的是,他将识别事实本身这一论断,和理想君主的一般形象一样倨傲自大。[①] 也许正是在这一点上,马基雅维利的艺术性才会如此微妙。亚里士多德认为,"一个作家要善于隐藏他的艺术性,要给人以自然纯真和毫不做作的印象",这一看法在文艺复兴的文化中被精炼为对从容应对的专注。[②] 正如马基雅

---

① 马基雅维利在认知上的宣称也许不像他在体裁上的那样可靠,因为镜子隐喻可能对我们凭其在真实、清晰和理想之间进行协调的那种过程存在深入理解,参见 Marianne Shapiro, "Mirror and Portrait: The Structure of *ll libro del Cortegiano*," *Journal of Medieval and Renaissance Studies* 5 (1975): 41—44。

② Aristotle, *Rhetoric* 1404b18, translated by W. Rhys Roberts (New York: Modern Library, 1954).

维利的同时代人卡斯蒂利奥内（Baldesar Castiglione）指出，"这种与装模作样（affectation）相反的品质，我们现在称为假装的漠不关心（nonchalance）……它带有另一种优势；因为……它不仅显示了人们使用它的技巧，而且通常会被认为远优于其本身的真实情况"①。通过宣称要完全如其所是地看待世界（同时凭借自己作为顾问的优势），这位权谋叙述者假装他可以自如驾驭自己的认知能力和情绪控制。他的简单和直率是增进其主题意义和知识深度的手段，随后他就可以通过避免装模作样而最恰当地树立权威。

现在回到马基雅维利关于这种体裁的另一个典故，我们可以在他的献词中找到。"对于这部著作，我没有像许多人在叙述他们的主题并加以润饰时惯常那样使用铿锵的章句、夸张而瑰丽的语言、在外表上炫人耳目的东西或者装饰品。因为我希望我的著作如果不赢得称誉则已，否则只应是由于其内容新颖和主题的重要性而受到欢迎。"（pp.3—4）在此，《君主论》的作者宣布自己的身份。其他作者只就其文本性来描述自己，他则与本真世界结合。其他作者的文本仅由话语材料构成，并外在于他们的主题，他的文本则生长于现实本身。但他的措辞是不真实的，因为他并非完全对立于那些相对因善于修饰和恪守常

---

① Baldesar Castiglione, *The Book of the Courtier*, translated by George Bull (Harmondsworth: Penguin, 1976), pp.69—70.

规而出名的人。他同样传统：他遵循传统，用一种假装漠不关心且不装模作样的方式来表示美德。他同样机巧：他制造了假象，让人们以为他的作品只是读者和世界之间的纯粹媒质。马基雅维利成功假装了他不装模作样。他是一个老练的风格家，让我们信服他不具任何艺术性。《君主论》对读者的影响，始于马基雅维利对他的艺术性的巧妙掩藏，一种使自然和装饰、真实世界和受文本干扰的世界之间相对立的绝妙修辞。

马基雅维利将自己与自然世界的符号结合起来的技巧，明显表现在这一隐喻中。"我想，一个身居卑位的人，敢于探讨和指点君主的政务，不应当被看作僭妄，因为正如那些绘风景画的人，为了考察山峦和高地的性质便厕身于平原，而为了考察平原便高踞山顶一样，同理，深深地认识人民的性质的人应该是君主，而深深地认识君主的性质的人应属于人民。"（p. 4）这里马基雅维利要处理关于得体的传统问题：一个人如何对更高地位的人说话？无疑他是重视的，他已经拒绝传统上对君主讲话的语词，社会均等的意义显而易见，也不太可能被由衷接受。在文艺复兴的思潮中，他的语词给予得体以构筑性功能，同时挑战了那个时代支撑起整个智力文明的基本假定。① 马基雅维

---

① 施特吕弗（Struever）在文艺复兴人文主义者对传统感性的挪用中，这样评价得体的作用，"在所有的修辞规则中，得体原则可能是最关键的，它意味着对其他表达准则的综合……人文主义者的批判手段是修辞分析，得体观念是他（转下页）

利知道这种做法需要解释。他的回答巧妙地维护了社会的等级秩序，也实现了一种范式转换。只有当主题（而非交流者的社会地位）决定一个人的措辞时，讲话的常规形式才从属于对主题的描述。虽然君主和政治主体的立足点不同，但他们都注视着同一片领域，有认识外部世界这一共同目标，而言语则是表现的工具。这一隐喻使观察者替代书写者、视觉替代语言、主题替代它的表达形式、观测替代发明、知识替代惯例、客观性（和它的结果常识）替代得体。

从文本性到地形学的转移体现了马基雅维利文本的修辞立场：这是文本宣示其权威的手段，并定义了所有政治文本的评判标准。我们被引领着把其他作家视为理想主义者，因为他们从属于他们的话语；马基雅维利则是现实主义者，因为他回避了矫揉造作。为了理解这种修辞力量，可以设想如今的政治科学家宣称，他们是艺术性地完成了令人满意的措辞发明以致可以妥善地对统治者讲话的作家，而非方法论上能够客观认识他们主题的严谨观察者。然而，他们在掌握政治解释的真实矢量方面的自信，部分源于把他们的话语置于政治"哲学"或政治"评论"或政治"修辞"之上的修辞策略。同样，政治知识通常不过是

（接上页）们意图在文本中建立内在连贯性的架构"（*The Language of History*，pp. 67—68）。而且在文本所规定的世界中，文本中连贯性的达成方式是发现世界中连贯性的手段，参见 Cicero, *Orator* 71。

对这种政治风格常规的无益复制，特别是用于确保既定政权的合法性时。但在全部意义显现出来之前，需要思考这一反驳：马基雅维利是一个虔诚的文艺复兴文学精神的信奉者。[①]

大多数评论者在马基雅维利 1513 年 12 月 10 日给弗朗西斯科·维托里（Francesco Vettori）的信中找到了他与周遭环境的实质，在其中一段，他谈到自己从日常生活中的空虚消遣转向在书斋中的孤独夜晚。[②] 这一段很快便根据其表面意义被接受，被视为他精神生活的一个确实证明，但也是这位权谋作家的诡计。这封信记录了马基雅维利的日常生活，基本主题是展现他从一个场景转入另一个场景——上午步行至郊野监督伐木，然后去酒馆赌博一下午等。每一场景均以愉悦满足开始，以闷闷不乐结束，显示

[①] 参见 Colish，"Cicero's *De Officiis* and Machiavelli's *Prince*，" and Cochrane，"Machiavelli，" pp. 126ff.。

[②] Allan Gilbert，ed. and trans.，*The Letters of Machiavelli*（Chicago：University of Chicago Press，1961），no. 137，pp. 139—44。常规使用这封信的最近的一个例子：

从马基雅维利 1513 年 12 月 10 日给弗朗西斯科·维托里的信中的最后景象，我们不难看出它出名的原因，马基雅维利把一种内在的人文主义的文化观念设定为一种社会的理念，并结构化于交流、语言和言语中。（Eugenio Garin，"Retorica e' Studia humanitatis' nella cultura del Quattrocento，" in Vickers，*Rhetoric Revalued*，p. 226）

科利什还用它来强调文艺复兴时期的人文主义。她在最后一段以这样的话开始：

我们愿意这样认为，夜幕降临，马基雅维利从他的衣衫上抖落尘土和污垢……当他披上朝服，与古人交流……手边放着《论职责》（*De officiis*）的抄本。（"Cicero's *De Officiis*，" p. 93）

也许当代学者正把马基雅维利封存于古典文本性中以限制他的力量。

出一幅具有强烈自我意识的个体被迫生活在大众之中的画面。但其中还有更多意涵，因为大众通常是喋喋不休的。所以，这封信的精巧之处在于，将其他附属性话语变为作者精神的媒介。例如，他描述了在酒馆赌博的粗俗，"发生了上千次的争论和数不清的恶言相向，时常会为一两分钱大声争吵，甚至远到圣卡西亚诺都可以听见这些喊叫"。作为现实主义者的马基雅维利，他承认自己享受甚至需要这些事情；但作为风格家的他，再次使语言外在于现实，如此只能夸张地表达欲求。所以毫不奇怪，整封信都是虚妄和无聊的谈话记录：他和伐木者交谈以消磨时间，"他们总会有一些不幸的故事准备分享"，因为顾客不守信诺所以生意失败，他则对顾客施以同样的报复，并且他与路人闲聊以了解"人们的不同怪想"。在傍晚场景之前仅有两件事情表明语言似乎具有内在价值：一是他把维托里阁下的信视为他善意的确切标志；二是他阅读诗歌以感受温柔的爱并"短暂沐浴在这类幻想中"。写作变得更具现实主义，当它是马基雅维利与他的庇护人之间关系的标志时，也明显是一种欲求的方式。现实主义者是隐藏的策略家，在庇护关系中，语言的写实能力是毫无疑问的，否则就会被拒绝，但这种差异的实际基础从未被承认。再次，傍晚场景之后，我们回到有助于让马基雅维利能够清晰表达的世界中去，其他人则被可能的剽窃者阿尔丁杰利（Ardinghelli）代表。

我们不打算天真地来到最后的场景，也不打算置之不理。其中有何意蕴？"傍晚时分，我回到宅子，进入书斋。房门口，脱下沾满泥土和灰尘的白天的工作服，换上威严的朝服，然后重整仪容，进入古人所在的往昔宫廷。那里我被热情接待，享受着只属于我且为我而准备的食物。我随心所欲地和他们交谈，询问他们行为的理由，他们则友好地回应我。四小时的时间里，我并不觉得无聊，我忘掉了一切烦恼，我不担心贫困，也不惧怕死亡，我完全被他们所迷住。"

我们先离开这一世界，那里一个过程被一系列的段落强调——从白天到夜晚，从公共场所到住宅再到书斋，心灵圣所门口的短暂停留以脱去白天的装束，因为泥土和灰尘象征尘世和它的时间限度，这在段落结尾处他对死亡的恐惧中得到回响。然后，为了与书斋相称，他披上"豪华而威严的"服饰，以适当的着装进入古人的文本。这里，马基雅维利进入了他唯一尊崇的世界，因此他采取了《君主论》中摒弃的言语常规。他遵从得体规范，甚至赞颂礼仪的感性，用语夸张。为了能够和古代作家交谈，他毫不羞愧地装饰自己。他面临着《君主论》的开始就遇到的问题，如何适当地和更高地位的人说话。他在这里解决该问题的策略是他在《君主论》中所拒绝的，那里他使用了平实话语这一更好的替代。

但这封信和《君主论》依然一致，因为在这两个文本中，言语和行动是两个相对的世界。他同古人在一起的时间是冥想时间，将理论上的好奇与心灵上的治愈融合在一起，并完全与尘世隔离。当沉浸于文本的世界时，他行为得体——在宏伟的场所用宏伟的风格说话，并乐于被言辞装饰和美化，享受着精彩的谈话，而不单单是纯粹的真理。但这是一个独立的世界。文本的世界并非君主的世界。对马基雅维利来说，文本与世界之间只存在一种关系，并且是一种奇怪的关系，"我享受着只属于我且为我而准备的食物"。语言再次变成欲求的手段。文本与世界之间的连贯性正如这封信与《君主论》之间的连贯性一样，是马基雅维利高大的人格。这是潜藏在狡猾的狐狸后面的狮子，他吞噬了整个传统，从而轻易地吸收了其他作者的作品。

这封信仍可视为马基雅维利所受教养的一个标记，也显示了他对政治顾问这一角色的革新创作。马基雅维利承认他和前辈们的关系，但他要重新设定他们的文本与其他人的关系。他不仅阅读经典作家，还和他们保持密切联系。通过不断把一个伟大作品的世界从其他小暴政（petty tyrannies）① 的世界中剥离出来，文本完全密封了，它对世界的价值只有通过解释者才能传达。它们起着引导作用，但也会误导，所以需要进行基本的权衡：就其不再对君主

---

① ［译注］这里指古代作者，文艺复兴时期古人具有强大的文化权威。

权力起检查作用而言，它们被移出这一世界，并被可替君主阅读的顾问所代替。这就是如今我们非常熟悉的专家角色的修辞立场。他也许可以和古人对话，但君主大概会把目光从只可能倒塌的世界中移到别处。

我们从伊索克拉底的信《致尼科克勒斯》被假定为献词的原型开始，已经走得很远了。① 虽然它们的相似性是显然的，但这也可能具有误导性。考虑这一差异：虽然二人都通过把他们的作品与物质财富的献礼相对比以望获得君主的垂青，但马基雅维利把这种传统的献礼定义为"装饰品"，接着又将自己与其他善于装饰的作者比照。他们都面临同样的修辞问题——为获得统治者垂青的智力竞争，都遵循一个明显策略，即找到一个比他们的对手相对有利的基础，但这之间也有很大区别。伊索克拉底本来可以反对其他建言者，即反对口述建议，就像马基雅维利本可以满足于反对那些试图赢得君主青睐的人一样。但他们都在书写一种形而上学。伊索克拉底反对那些用物质来献礼的人，不是因为他不同于所有希腊人，试图通过建言获得赏识，而是因为他通过书写一种文本政治，从而书写他那个时代的精神。我们可以从伊索克拉底给尼科克勒斯的第二封信来证实这一看法。伊索克拉底在这里创造了他最吸引人的话语之一，这要先于马基雅维利提出的雄辩对君

---

① Burd, *II Principle*, p. 171，频繁地被别人评注。

主毫无用处这一极端主张。伊索克拉底本身就是一个能干的现实主义者，但他仍然生活在文本的世界："我们设计的所有制度机构都有赖于言语力量的帮助。"[1] 这里的主要意涵是，语言所造就的东西只能通过语言来完全认识，虽然语词具有导致曲解的力量，但也唯独它们具有反思意识，这是理解由话语构成的一切事物所需要的。

马基雅维利采用不同策略，也就得到不同结果。他把自己置于其他作者之上，不是因为在所有佛罗伦萨人只有他试图提出现实的建议，而是因为他通过书写将自己从文本意识中释放出来，从而书写他那个时代的精神。[2] 伊索

---

[1] Isocrates, *Nicocles* 6—7, translated by George Norlin, *Isocrates I*, Loeb Classical Library (Cambridge：Harvard University Press，1926).

[2] 这一主题的另一说明，参见 Thomas M. Greene, "The End of Discourse in Machiavelli's 'Prince'," *Yale French Studies* 67 (1984), and reprinted in Patricia Parker and David Quint, eds., *Literary Theory/Renaissance Texts* (Baltimore：Johns Hopkins University Press, 1986), pp. 63—77。"献辞拒绝修辞；简洁的第一章拒绝人文主义的典雅优美；从一开始，该书就拒绝成为文学作品……《君主论》有意疏远它宣称要分析的文化进程……在著作开场作者的立场似乎拒绝文本的确定性，只是承诺常年积累所得的分析的确定性。"(p. 64)尽管主张类似，但格林的研究在几个重要点上与我不同：他仅聚焦于文本的布局，没有涉及体裁，忽略了政治思想批判的意义，同时他认为马基雅维利在最后一章成功恢复了传统的文本性。有必要简单回应最后一点。第一，格林对最后一章的理解完全是一种推测。第二，某种程度上这是一个逻辑问题，一旦文本维护和否定它的权威的双重运动得以展开，就没有任何一种维护可以完全终止与其相反的否定，所以献辞的最后造成了损害。第三，考虑到最后一章明显的劝告目的，其诉诸更直接的文本性，可以简单地解释为，是马基雅维利利用常规手段以促使他的受众行动；作者和文本之间的关系是有帮助的，因为文本手段用以达到劝说他人的目的，而非反映自身文本的特点。第四，最后一章通常被视为劝说意图的失败和风格上的失常，对任何一点的回应都增强了这样的看法：马基雅维利之前反对话语的设计比最后的劝告更强力。另一类似的评论，参见 Thomas J. Reiss, *The Discourse of Modernism* (Ithaca：Cornell University Press, 1982)："献辞完全可以说是一种平常物，这里的重点是，文本与其说是一种就自身而言的沉思〔尽管它是那（转下页）

克拉底把权力理解为一种实在的文本，暗示统治者要想有效地统治，就只能像演说者一样，使自己可以适应由受众设置的各种限制。马基雅维利通过另一种方式的书写颠覆了文本意识的权威，使那些将要统治的人从雄辩的限制中解放出来，从而提出现代的权力形而上学。他从内部着手——用当代术语来说，他创作了一种解构文本——将巧妙宣称他文本的朴实性作为隐藏其艺术性的手段。马基雅维利使修辞反对修辞，同样这么做的有他之前的苏格拉底（Socrates）和他之后的笛卡尔（Descartes），但不包括伊索克拉底。① 马基雅维利想让我们相信在尝试说服的过程中，

（接上页）样]，不如说是一种就自身而言的价值：系统似乎正替换着与其表面相关的事物。与马基雅维利一起，我们进入一种新的文本当中。"（p. 112）最后，文本的有效性主要不在于关涉事件，而在于自身的话语结构，这一主张，参见 Michael McCanles, *The Discourse of II Principle*（Malibu: Undena Publications, 1983）。

① 关于这一策略的深入讨论，参见 Chaim Perelman and L. Olbecht-Tyteca, *The New Rhetoric: A treatise on Argumentation*，translated by John Wilkinson and Purcell Weaver（Notre Dame: University of Notre Press, 1969），pp. 450—59。还可注意汉斯·布鲁门伯格（Hans Blumenberg）关于霍布斯的评论：

霍布斯的例子表明，现代反修辞成了修辞艺术的一种最重要的权宜之计，凭此宣称严密或现实，就有望成为人类地位之严峻性的对等物（这里，他的地位在他的"自然状态"中）。 ["An Anthropological Approach to the Contemporary Significance of Rhetoric," in *After Philosophy: End or Transformation?* Edited by Kenneth Baynes, James Bohman, and Thomas McCarthy（Cambridge: Harvard University Press, 1987），p. 454]

关于霍布斯用修辞反对修辞传统的进一步讨论，参见 Victoria Kahn, *Rhetoric, Prudence, and Skepticism in the Renaissance*（Ithaca: Cornell University Press, 1985）。关于这种变化的其他例子，如英国皇家学会反对精巧话语的运动。用托马斯·斯普拉特（Thomas Sprat）的话说："这些似是而非的转义和修辞给我们的知识带来了多少迷雾和疑惑，看到这种情况，谁能不义愤填膺呢？……对于这种浮夸，可以找到的唯一补救措施：……一项坚定不移的决定就是拒绝任（转下页）

镜子扭曲了他们的主题，他则要让主题如实显现。他的意思是，他的主题的本质只有通过朴实性才能被准确传达，他断然放弃直接的文本性，因为权力本身并非文本的。当修辞外在于现实时，权力就客观化了，成了某种独立于语言、文本和文本权威而存在的东西。

意识的这种转移需要颠覆帝鉴体裁，因为这种体裁是文本形而上学的符号容器。这种体裁的形式要素的基本意思是，权力是权威的结果，因此，一种社会关系理应顺应文化的权威，尤其是它的作者。权力从来是清楚的，它通过适当的渠道流动，很大程度上是由劝说（和劝说规范，如得体）引导，根本上讲是一种言语形式。镜子的作者继承了这种形而上学，通过传统的写作再现它。这种体裁的基本导向是劝说性的——正如伊索克拉底宣称，给尼科克

（接上页）何风格上的夸大、离题和膨胀。"参见 *History of the Royal Society* (1667)，facsimile edition，edited by Jackson I. Cope and Harold Whitmore Jones（St. Louis：Washington University Press，1958）。笛卡尔对这一策略的使用，参见 Gerald L. Bruns，"A Grammarian's Guide to the *Discourse on Method*，" in his *Inventions：Writing，textuality，and Understanding in Literary History*（New Haven：Yale University Press，1982）。马基雅维利和笛卡尔作为现代性的作家的简要对比，参见 Eugene Garver，*Machiavelli and the History of Prudence*（Madison：University of Wisconsin Press，1987），pp. 3—5。康德、洛克和雪莱如何凭借对修辞的诋毁而建构现代哲学和现代诗学，参见 Hariman，"Status，Marginality，and Rhetorical Theory，" pp. 40—44。启蒙运动和浪漫主义的修辞变换的一般讨论，参见 John Bender and David E. Wellbery，*The Ends of Rhetoric：History，Theory，Practice*（Stanford：Stanford University Press，1990），pp. 3—39。我的观点不是马基雅维利比现代早期的修辞诋毁者更具原创性，而是他那种态度创造了一种具有影响力的风格，以构建政治经验，这相应地表明现代性在某种程度上是如何通过重估语言艺术而被发明的，它是从修辞的附属化开始的。

勒斯的第一封信是"为他的臣民而恳求"① ——常规强调过去作者的权威，价值源于共同理想的重申，且有必要用适当的言语来修饰君主："就我自身而言，我乐于接受各种形式的对我们有益的话语，即使是很小的好处；不过，我认为那些对善好道德和良好统治有指导作用的话语对一个君主才是最好的和最有价值的，也是我最适合送出的。"② 这种想法运转于伊索克拉底学派和文艺复兴时期，不是作为一种主张，而是作为研究和政治发明的一种程式。因此，"雄辩是人文主义者的特别关注点"③，也是任何政治手段就其本质而言——即它的文本本质——如何与伦理道德相联系的最佳范例。④

就《君主论》的结构来说，马基雅维利显然挣脱了这套观念。虽然强调马基雅维利突破了这种体裁，并不意味着就要用独特的方式去阅读这一文本——实际上正是模仿才产生创新的契机——但在形式上的几处偏离，都增强了他重新定义政治权力时与物质力量结合的力度，并逐渐远离与文本权威的结合。⑤ 第一，《君主论》特别关心军事问

---

① Isocrates，*Antidosis* 70. Translated by George Norlin，*Isocrates II*，Loeb Classical Library (Cambridge：Harvard University Press，1929).

② Isocrates，*Nicocles* 10.

③ Struever，*The Language of History*，p. 63.

④ Delio Cantimori，"Rhetoric and Politics in Italian Humanism，"*Journal of the Warburg and Courtauld Institutes* 1（1937—38）：97ff.

⑤ F. 吉尔伯特和斯金纳都强调，要认识到马基雅维利与这种体裁一致的程度和意义："The Humanist Concept，" pp. 451—52；*Foundation*，I：129。F. 吉（转下页）

题，尤其是关于军事看法、策略和战术在君主教育中的地位。尼尔·伍德（Neal Wood）早已表明这一话题如何弥漫于整个文本，在第 3、7、10、12、13、14、19、20 和 24 章中特别明显，还奇怪地插入到最后一章的结束语中。[1] 第二，马基雅维利很少像惯常那样强调君主的文学教育。其他作家致力于打造一个博学的君主，马基雅维利则"只是粗略地提及统治者的'智力训练'问题"[2]。原因很简单：为什么要学习那些会误导你的东西？马基雅维利通过推荐君主狩猎（第 14 章）填补这一缺口，这既可以锻炼身体，又是地形学的训练。此外，马基雅维利用宣传的指导代替标准的关于雄辩的探讨。传统教学和作品中的课程变成一部关于言语欺骗性使用的论著，即是说，关于修辞艺术的重新定义与他的形而上学是一致的。18、19 和 21 章建议君主要善用个人诡计和虚伪的公共表现，22 和 23 章则提醒君主要提防那些劝说他的人。现实主义风格中，公共话语成了掩盖君主政治举动的诡计，公共功能只能是一种被控制的力量。因此，总的来说，《君主论》在最明显

（接上页）尔伯特接着分析马基雅维利的观点如何"在《君主论》的结构上留下了痕迹"（"The Humanist Concept," p. 477），由此建立对 15—19 章的非标准解读，作为反驳。

[1] Neal Wood, "Machiavelli's Concept of *Virtù* Reconsidered," *Political Studies* 15 (1967)：159—72。I. 汉纳福德（I. Hannaford）提出批判性回应："Machiavelli's Concept of *Virtù* in *The Prince* and *The Discourses* Reconsidered," *Political Studies* 20 (1972)：185—89。

[2] Skinner, *Foundations*, I：122.

地遵循这种体裁格式的地方（献词和第15章），指责这种体裁纠缠于语言，之后又在忽视文学学习的同时，充分表达关于武力和言语欺骗的观点，从而偏离了这种体裁的传统话题。

马基雅维利对这种体裁的突破也明显地表现在另一方面。他创新的要点在于拒绝这种体裁的最基本假定：政治受语词的限制。因此，这一突破的有趣标志是他对这种体裁的一个要素的舍弃，这一要素最能显明文本性的形而上学：对先前作者的频繁引用。材料的引用是这种体裁的常见特征，这允许作者将政治评论纳入神圣和世俗文献的反思领域。如今，这一特征似乎并不重要，正如艾伦·吉尔伯特评论道："这些作家中的大多数人都是经院主义和古典主义的结合体，这使得他们的作品对现代人，甚至是对政治学的专业学生来说都是隐秘的。我们很容易忘记伦理和政治的关系……我们假定引用经典作家不过是卖弄学问……诸如此类的事情使我们认为，那些只会偶然引起我们注意的写给统治者的建言书，通常像它们现在一样死气沉沉。"[1]

这是一个好的提示，那些引用在赋予文本说服力和意义的同时，也赋予了文本生命。引用起着修辞技巧一样的作用——诉诸权威，同时起着认识论一样的作用——植根

---

[1] A. Gilbert, *Machiavelli's Prince*, p. 5.

于文本，知识被提升到高于命运困惑的层面，而且起着一种标志作用，表明权力的本质由神圣和世俗文本中的逻各斯创造和规定。尽管《君主论》中有提及①，但没有引用，虽然在他的其他著作中引用也被广泛运用②，《君主论》只提到两位作家的名字——17章中的维吉尔（Virgil）和26章中的彼特拉克（Petrarch）。有意思的是，这两位作家的名字在他最具争议的主张中起到了传统的支撑作用。但是很大程度上，《君主论》看上去就是一种纯粹的文本，一种切身体验的直接交流。总之，我认为马基雅维利对这种常规的舍弃，可以看作一种改变，由此他把他的表达形式转换成对一种新的政治意识的表达。虽然对常规的这一突破不能完全表明文本性的附属化，但也许可以充当我正试图阐明的感性差别的一个精当例证。

马基雅维利舍弃引用的重要意义，可以通过比较和他

---

① 马基雅维利引用塔西佗（Tacitus）（第13章）和李维（Livy）（第26章）而没有注明，正如伯德、A. 吉尔伯特及其他人指出，这部作品反映暗示是有教养的作者及其周围环境的典型特点。其他作者也一样，一些镜子著作的写就并没有频繁引用权威。有两个关键因素引导着对马基雅维利文本的这种分析。第一，其他作者名字的使用通常有符号学和修辞学的意义：名字起着标明作者身份的作用，这相应地构成对权威论证的更高诉求，同时构成文本与其他文本或世界之间关系的明确定义。第二，此类标志的出现或缺席，就文本的处境和策略的具体考量而言肯定是意义重大的。这不是要应用一种普遍的语言规则，而是要在具体的情况中，根据其他的文本动态，来决定这些标志的出现或缺席如何发挥作用，以创造意识的典型形式。如此，我们可以确定就体裁而言的运用模式，就《君主论》而言的转变契机。
② "《论李维》的很大一部分都是关于李维著作章节的简单直接评论。在他的其他作品中，他仍十分忠诚地追随传统模式。"（F. Gilbert, *Machiavelli and Guicciardini*，p. 164）

同时代的两个文本来说明：伊拉斯谟（Desiderius Eras-mus）的《基督教君主的教育》（*Institutio principis Christiani*）和李佛（Augustino Nifo）对《君主论》的抄袭品。[①] 前者向我们展示了常规形式的精彩呈现，后者表明一个二流作家通过恢复马基雅维利所遗漏的常规，以"纠正"其文本的尝试。伊拉斯谟的文本于1516年出版，在他有生之年发行了18个版本并被翻译成多种语言，直到17世纪仍被广泛阅读和引用，之后人们对它的兴趣才逐渐淡去。[②] 伊拉斯谟完全处于马基雅维利的反面：学究、用拉丁文写作、服务于世袭的统治者、培植基督教政府。不过，在文学意识上的差别很容易通过注意伊拉斯谟"用真正的人文主义的方式不断引用古典作品"[③] 标示出来。献辞可以满足这一比较，它直接提及亚里士多德、色诺芬（Xenophon）、箴言篇、柏拉图、荷马（Homer）、普鲁塔克（Plutarch）（他相应地引用亚历山大大帝对犬儒第欧根尼说的话）、伊索克拉底，并提到两则圣经故事。作为特别的补充，当谈到君主目前的处境时，他（适切地）把他与亚历山大、与和他关系密切的先祖以及他已故的父亲进行比

---

① 我给出第三个例子，1640年爱德华·戴斯克雷（Edward Dascres）的英译本，"带有一些评注和责备他的错误的页边批评"，见这篇论文的更早版本："Composing Modernity in Machiavelli's *Prince*," *Journal of the History of Ideals* 50（1989）：3—29；reprinted in *Renaissance Essays II*，edited by William J. Connell，Library of the History of Ideas，X（Rochester，NY：University of Rochester Press，1993）。

② Born，"Introduction," p. 29.

③ Ibid , p. 30.

照。所以，整体的感觉是君主不可避免地陷入一个先前权威的社会，有些是文本的作者，有些则是文本本身。死者成了范例，修辞化的形象活灵活现并更具权威，古代作者、先前统治者和当前君主之间的所有差别都成了十分不确定的东西。权力像人本身一样被称呼，同时又被他们的语词和相互之间的关系定义。政治世界是文本性的，文本是社会性的，所以君主的人格只能在与这些先前作者和权威的共同联系中找到。伊拉斯谟很好地意识到了权力的滥用——注意他关于暴君的讨论——但他是从文本世界出发来理解的，权力形式之间的差别由劝谏者对君主灵魂的影响决定。因此，伊拉斯谟为年轻君主的阅读顺序担忧。[1]

马基雅维利的文本制造了一个更加极端的形而上学张力，这一点由一个他的同时代人指出。李佛是一个专业学者，作品包括十四卷本的对亚里士多德著作的评注，以及对灵魂不朽学说的辩护。他还在 1523 年创作了一部剽窃《君主论》的作品，冠以《论执政能力》（*De regnandi peritia*）之名。[2] 这一剽窃品很好地表明，一个马基雅维利时代的传统读者会如何理解他的体裁。作为一个传统的思想者，李佛完全是够资格的，他的诸多改变是对《君主论》背离其体裁感性的直接反应。例如，这部著作用中世

---

[1] Erasmus, *Education of a Christian Prince*，p. 200.

[2] Augustini Niphi, *De regnandi peritia*，1523.

纪具有文化霸权地位的语言拉丁文写成，标题也变了，使新统治者的概念附属于作为治理过程的统治概念。（李佛很自然地假定"论君主政治的大部分著作都是基于稳固的世袭统治"①。）最重要的是，他提供了遗漏的引用，包括亚里士多德（反复引用他的《修辞学》，多于任何其他作品）、西塞罗、柏拉图和苏格拉底、希罗多德（Herodotus）、赫西俄德（Hesiod）、瓦罗（Varro）、普鲁塔克、奥维德（Ovid）、德摩斯梯尼（Demosthenes）、斯特拉博（Strabo）以及其他人。我们有理由把这些改变当作李佛和马基雅维利的思想差别的主要标志，即马基雅维利认为的体裁和他的改造之间的差别。而且，越是偏离原作的主张，李佛就越依赖他的权威：从政府形式的类型着手作为这部著作的开始是相对平实的，随后关于道德政府的论证则是一连串权威的冗长陈述，直到最后一段对伊索克拉底的引用——那封《致尼科克勒斯》的信。李佛通过转变马基雅维利设定的方向，使自己回到传统的道路之上：为了否定伊索克拉底，《君主论》从他开始；所以为了回到伊索克拉底，李佛从马基雅维利开始。如果根据"思考是对可用象征资源的操控"这一条格言，那么就可以得出这样的结论：马基雅维利对文本权威的舍弃破坏了一种思考方式，包括它的

---

① A. Gillbert, *Machiavelli's Prince*，p. 23。关于马基雅维利作品的两个名称的争论——*II Principe* and *De principatibus*——与李佛的研究相似。例如，参见 A. Gilbert, *Machiavelli's Prince*，pp. 8f. , Burd, *II Principle*，pp. 175—76。

特有观念，而李佛对维护那些观念的尝试主要就是恢复舍弃的材料。

很多现代评论家没有发现马基雅维利的风格是如此令人不安。由于菲尼克斯·吉尔伯特（Felix Gilbert）的优秀文章具有很大的影响力，我们必须注意它如何仰仗马基雅维利的主要修辞。简单来说，吉尔伯特认为虽然所有人文主义的作者都抓住了他们时代的新问题，但只有马基雅维利成功地把现实主义建立为政治思想的基础，其他人"对权力因素和支配政治生活的利己目的毫不在意"[1]。吉尔伯特的说明体现了马基雅维利创造的思考方式：第一，其他作家继续被他们的文学感性误导，"只要一个作家有文学上的雄心，他就会觉得有必要设定一种理想的标准并书写一个想象的政治世界"。第二，现实本身从来不会以武力行动的方式（例如著名的法国入侵）出面纠正作者。[2] 巩固这种思考方式的是传统与幻想、创新与现实主义的紧密结合。吉尔伯特和昆廷·斯金纳正确地指出，马基雅维利发现了"绝对权力"寓于"武力"的重要性[3]，但他们没有考虑马基雅维利如何创造了恰当的赞美方式：现代术语"权力"和"武力"是形而上学术语，这种形而上学的存在

---

[1] F. Gilbert: "The Humanist Concept," pp. 457, 468.
[2] F. Gilbert: "The Humanist Concept," pp. 469, 470.
[3] F. 吉尔伯特："主导观念……是呼吁人们认识到政治中武力的重要性。"（*Machiavelli and Guicciardini*，p. 154）斯金纳：马基雅维利指责其他作者"没有强调绝对权力在政治生活中的意义"（*Foundations*，I：129）。

是因为马基雅维利巧妙定义了政治以对抗文本。①

正如弗里德里希·迈内克（Friedrich Meinecke）的概述，马基雅维利的作品逐渐被转化为一种推动现代欧洲国家发展并使其发展合法化的话语。② 这种关于"国家理由"（Raison d'État）的话语，既可以被理解为一种说话的原则，又可以被理解为一种说话的方式，它的风格常规既可以作为维护这种原则的主要手段，又可以是使特殊政策和领导者合法化的主要手段。③ 例如，注意将现实和文本相比照

---

① 关于"权力"在现代政治中如何是形而上学术语的一个例子："时空中的权力斗争是普遍的，是不可否认的经验事实。"［Hans Morgenthau, *Politics Among Nation*, 1st ed.（New York: Alfred A. Knopf, 1948），p. 17］关于现实主义者在诋毁抽象事物的同时又依赖"权力"的矛盾立场的批评和讨论，参见 Joel H. Rosenthal, *Righteous Realists: Political Realism, Responsible Power, and American Culture in the Nuclear Age*（Baton Rouge: Louisiana State University Press, 1991），pp. 37ff.。罗森塔尔对第一代现实主义学派的细致讨论是关于现实主义的卓越研究，这种现实主义是特定历史时期由老练的思想家们提出的一种实质性的原则。他们的成果要比我在这里给出的现实主义风格的大纲丰富得多，尽管如此，它还是符合这种风格的主要特点，并揭示了现实主义不需要与独裁政治或某种帝国一致，而是倾向和它们一致。

② Friedrich Meinecke, *Machiavellianism: The Doctrine of Raison d'État and Its Place in Modern History*, translated by Douglas Scott（New Haven: Yale University Press, 1975）。注意马基雅维利不是在描述现代国家，而是在创造一种说话方式，这具有促进其发展的独特能力（或者，更确切地说，是促进一种特殊的国家观念的发展，并与其他观念相竞争，例如法定机构）。参见 J. H. Hexter, "*Il principe and lo stato*," especially pp. 126—30；还可参见，Rabb, *The English Face of Machiavelli*, p. 256："有证据表明治国意识先于国家意识产生。"

③ 也许这就是讨论政治现实主义的学说和现实主义风格的劝说规范之间关系的关键点。虽然存在很多重合，但有几个（诚然是临时性的）根据可以把它们区分开来。政治现实主义是一套具体主张，主要关注国外事务。一般而言，它包括这些断言，例如：人性是自私的，国家之间的无秩序是普遍的，通常用于明显的和大范围的政治问题。虽然这些断言很容易在现实主义风格中形成，但现实主义风格可以在任何主题、任何场所中起作用，并无视国际研究中逐渐增加的有关政治的实质性断言。政治现实主义有特定的知识史，尤其是当它被视为国际关（转下页）

的策略如何用于描绘治国能手（和可能的能手）。迈内克这样评论过自己："我是一个散文家……而不是诗人……我生下来是为了创造历史而不是写小说。"① 亨利·基辛格（Henry Kissinger）在赞美俾斯麦（Bismarck）时使用了同样的手法："从这个意义上来说，我认为他是第一个现代政治家：他试图基于一种均势理论来执行外交政策，而不拘泥于先前时代的陈词滥调。"② 同时基辛格还指出，"外交活动不是从文本中就可以学到的"③。他的君主理查德·

（接上页）系这一学术学科的基础时，并且当现实主义构成这一学科的特性时，它就具有了其他的微妙之处和限制。这一学科中关于现实主义范式的经典陈述，参见 Morgenthau, *Politics Among Nations*。他被斯坦利·霍夫曼（Stanley Hoffmann）誉为这一学科的建立者，"An American Social Science: International Relations," *Daedalus* 106（1977）：41—60，并被罗森塔尔称为"现实主义学派的非官方院长"，*Righteous Realists*，p. 2。该书几个版本的变化对理解该范式在应对理智和政治上的挑战时的发展有启发意义。最近，约翰·A. 瓦斯克斯（John A. Vasquez）声称国际关系中百分之九十的行为研究都是基于现实主义的假定；*The Power of Power Politics*（New Brunswick, NJ: Rutgers University Press, 1983），pp. 162—70。关于现实主义学科话语的评论、批评、书目，参见 Francis A. Beer and Robert Hariman, eds., *Post-Realism: The Rhetorical Turn in International Relations*（East Lansing: Michigan State Univ. Press, 1996）。

① 引自 Henry A. Kissinger, *A World Restored: Metternich, Castlereagh and the Problems of Peace, 1812—22*（Boston: Houghton Mifflin, 1957），p. 10。

② Henry A. Kissinger, *For the Record*（Boston: Little, Brown, 1981），p. 161。还可参见他的文章 "The White Revolutionary: Reflections on Bismarck," *Daedalus* 97（1968）：888—924。

③ Kissinger, *For the Record*, p. 114。这一陈述是现实主义演说家常常依赖自明之理的范例。外交当然不能单独从文本中学到——以那种方式能学什么？他也注意到这需要随年龄而增长的阅历。自明之理之所以重要不是因为它意味什么，而是因为它有什么作用：通过使他的实践与文本理解对立，基辛格激活了现实主义的假定、主张以及有偏向的受众反应。关于基辛格使用现实主义修辞的进一步分析，参见 Robert Hariman, "Henry Kissinger: Realism's Rational Actor," in Beer and Hariman, eds., *Post-Realism*。

尼克松（Richard Nixon）也以同样的方式看问题，"由于人类本性的现实性，理想的和平只可能在两个地方实现：坟墓中和打字机上。理想的和平活跃——在出版物中。它是诗歌的素材和高尚的报纸社论，是用精美的想法和精美的词语浇铸而成。相反，真正的和平将会是现实世界的现实产物，是现实主义的、精于计算的领导者对维护他们国家利益的坚定和无所畏惧铸就"①。最近，当乔治·布什（George Bush）为他用"固有的权力去武力发起战争"辩护时，依赖的就是这种风格，即几乎完全篡夺了国会的权力去宣布战争："我们国家的创建者从来没有预见到国会每年都要大量生产出成千上万的报告、听证会、公文和法规。"② 不管怎样，通过和文本世界的对比，说话者向我们展示了现实世界，并通过将对立的观点与其表达方式结合，来诋毁了对立的视角。

---

① Richard M. Nixon, *Real Peace* (Boston: Little, Brown, 1984), p. 4. 看看尼克松的后续 *The Real War* (New York: Warner Books, 1980)：例如，"美国记者"把阿富汗表现为"一个引不起美国读者兴趣的所有无聊冷淡事件的隐喻。但现实生活中阿富汗并非如此……传统上，阿富汗是帝国兵戎相见的一个点"(p. 9)。尼克松的这种俗话揭示出现实主义风格在现代性的一般文本中如何利用了其他常规的对立，尤其是男子气概和女性气质的对立。马基雅维利也这样做，参见 Hannah Fenichel Pitkin, *Fortune Is a Woman: Gender and Politics in the Thought of Niccolo Machiavelli* (Berkeley: University of California Press, 1984)。

② 1991 年 5 月 10 日，乔治·布什在新泽西普林斯顿大学校庆典礼上评论了社会科学情结 (*Weekly Compilation of Presidential Documents*, Monday, May 13, 1991, vol. 27, no. 19, pp. 589—92)。我们倾向于相信行政部门在文书工作上的无辜。关于篡权的指控，参见 Theodore Draper, "Presidential Wars," *New York Review of Books* 38 (26 September 1991): 64—74, 以及 "The True History of the Gulf War," *New York Review of Books* 39 (30 January 1992): 38—45。

这些例子还揭示了现实主义风格的第二个主要设计。现实主义者关于政治局势的定义需要关于政治行动者的定义作为补充。只有特定类型的人,才能生存于严酷现实和权力至上的世界中。当现实相对于文本性被定义时,政治的社会性就得以纯化。如果一种话语因不加修饰(即没有用于取悦他人)而真实表现了它的主题,那么它必定会从某种社会情境中独立出来,摆脱诸如谋求更高地位等社会动机。① 一旦我们在物质力量的领域发现权力的矢量,就无须去弄懂社会的实践、规章或娱乐,除非打算操控它们。同样,这种掌控某种力量状况所必需的智慧可以与赞同他者的需要、欲望、权利或特权等分开:传统的审慎概念(关于手段的计算不仅有利于自身,也有益于共同体)被替代了,政治天赋变成对战略思维在其纯粹形式上的一种提炼。② 马基雅维利提出的现代战略家代替了这样的君

---

① 这是文本解构运动的继续:一种反修辞的修辞,它还通过归因于地位的社会过程升华了社会的定义。但要理解此类话语的诉求,仅仅指出这一点是不够的。安德斯·斯蒂芬森(Anders Stephanson)就乔治·凯南(George Kennan)对外交中个人风格的赞赏和相信权力的现实性之间的这一仍未解决的矛盾,提出了一种有意味的初步讨论。参见 Kennan and the Art of Foreign Policy (Cambridge: Harvard University Press, 1989), pp. 195—203。凯南没能完全意识到他的风格能力,因为他缺乏描述它们的方式,并且他的主导风格包含假装魅力、修饰、优雅等因素或标准对政治行动不重要的说法。

② 把明智主要定义为政治智慧的突出形式的是亚里士多德, Nicomachean Ethics 6.8—9 (1142b20)。关于"明显的,但未广泛引起注意的实践智慧和修辞之间关系"的早期讨论,参见 Oscar L. Brownstein, "Aristotle and the Rhetorical Process," in Rhetoric: A Tradition in Transition edited by Walter Fisher, pp. 19—32 (East Lansing: Michigan State University Press, 1974)。路易斯·S. 赛尔夫(Lois S. Self) 认为这种关系为修辞提供了充足的伦理基础, "Rhetoric and (转下页)

主，他被教导以某种方式进行统治而对被统治者有益。

正如约翰·吉尔肯（John Geerken）总结道："马基雅维利作品的主题之一是表明政治艺术和军事艺术的风格一样。"[1] 我估计《君主论》使西方人着迷的一个原因是，它是克劳塞维茨（Clausewitz）之前关于战略思想的最好研究，也是一直以来最简洁的研究。[2] 虽然战略感弥漫于他的文本之中，但马基雅维利把它当作一种思考模式表达出来，只要看看他关于德性的章节和对军事的评论就能迅速勾勒出来。呈现于此的关键因素，包括把人类事务定义为偶然性的、使用方法—目的的运算、肯定欺骗的必要性、坚持自制的伦理观。虽然这些因素在其他很多关于战争、政治、贸易、修辞和仁爱的作品中也可以找到，或许还能组

（接上页）*Phronesis*：The Aristotelian Ideal," *Philosophy and Rhetoric* 12（1979）：130—45. 更合乎道德和更有效的明智概念之间辩证关系的启发性讨论，参见 Marcia L. Colish, "Cicero's *De Officiis* and Machiavelli's *Prince*，"尤其是 Garver，*Machiavelli and the History of Prudence*. 虽然科利什和加弗遵循不同的方法，但他们都认为马基雅维利避免把明智归结为聪明。我回应了科利什，"Composing Modernity," pp. 22—23. 我讨论了加弗的著作，并提出另一种关于明智的表演形式和计算形式的区分，"Prudence/Performance," *Rhetoric Society Quarterly* 21（1991）：26—35；这篇文章的扩充版收录在 John S. Nelson, ed., *Arguments Civic and Academic*：*Rhetorics of Professional Practices*. 摩根索和其他现实主义者把明智当作一种名义上的术语，但很快它就成了他们计算推理观念的同义语（或许是计算失败时的一个后路）。

① Geerken, "Machiavelli Studies Since 1969，" p. 361.

② 马基雅维利是现代战略的建立者，这是通过《君主论》《论李维》以及《战争艺术》（*Art of War*）完成，这一主张参见 Felix Gilbert, "Machiavelli：The Renaissance of the Art of War," in *Makers of Modern Strategy from Machiavelli to the Nuclear Age*, edited by Peter Paret（Princeton：Princeton University Press, 1986），pp. 11—31。

成一种战略文学，但《君主论》的成就在于把它们凝聚为一种政治智慧的模型，极好地适配于作者对政治现实的描述。

马基雅维利最有名的是他拒绝传统伦理道德，但他的读者在理解这一转变的确切理由时常常是失败的：那些想要行善的人的问题是，他们没有认识到偶然性条件。作为战略家的马基雅维利，不仅反对特定的美德，也反对人类事务中存在某种准则的想法："一个人如果在一切事情上都想发誓以善良自持，那么，他厕身于许多不善良的人当中定会遭到毁灭。所以，一个君主如果要保持自己的地位，就必须知道怎样做不良好的事情，并且必须知道视情况的需要与否使用这一手或者不使用这一手。"（p.56）君主行为的传统模型的缺陷，不是它本身包含一种道德理想，而是它是绝对的，假定了它在所有条件下都可应用。相比之下，马基雅维利强调要考虑何时"使用这一手或者不使用这一手"，并且这种手段的道德品质明显从属于根据条件变化而调整的必要性。"我还认为，一位君主如果他的做法符合时代的特性，他就会得心应手；同样地，如果他的行径同时代不协调，他就不顺利。"（p.92）传统模型的道德取向会相应地导致目的的困惑，以及手段和目的的混淆，所以马基雅维利要重申维持个人地位的单一目的，这相应地允许把所有伦理道德的戒律毫无疑问地当作手段。

马基雅维利战略论述的第二个因素出现在他的核心断言中，即被畏惧比被爱戴要好："所以君主为着使自己的臣民团结一致和同心同德，对于残酷这个恶名就不应有所介意，因为除了极少数的事例之外，他比起那些由于过分仁慈而坐视发生混乱、凶杀、劫掠随之而起的人说来，是仁慈得多了。"（p.60）这段话完全是对政治话语的相关术语的一种重构。马基雅维利之前，"仁慈""慷慨"等术语适用于所有社会关系，说明社会行动者的表现。如果惩罚超出罪行，那么一个人就是残酷的；如果财富被分配，那就是慷慨的；等等。不管怎样，概念所需的相称性，即它的合理性，是根据关系中的行动者来判定的：一个人对某人是残酷的，对某个人是慷慨的，等等。马基雅维利之后，美德附属于美德的经济性，而理想的统治者被手段——目的的计算代替。

马基雅维利告诉我们，这不是要在美德和邪恶之间，而是要在两种策略之间选择：是使即刻失败的风险最小化，而以大量的善举来逐渐达到目的（例如"仁慈"），还是虽然有可能会招致失败的更高风险，但通过一些冒险行为可迅速毅然地达到目的（例如"残酷"）。现在可以回顾一下他为阿加托克利斯（Agathocles）的辩解，以同样的计算方式来分析残酷的好坏形式：

> 妥善使用的意思就是说，为了自身安全的必要，

可以偶尔使用残暴手段……其后决不再使用。恶劣地
使用的意思就是说，尽管开始使用残暴手段是寥寥可
数的，可是其后与日俱增，而不是日渐减少。采取上
述第一种办法的人们，如同阿加托克利斯那样，由于
神与人的帮助，对于他们的地位会获得某种补益，而
采取另一种办法的人们却不可能自保。（pp. 34—35）

从美德和邪恶到关于美德和邪恶的使用这一转换，使马基
雅维利的伦理道德思想附属于战略思想得以完成。[①]

　　但是，马基雅维利战略理论的第二个因素有赖第三个
因素。两个理性行动者之间的竞争将很快变得容易预测，
只要每个人都能掌握对方的行动，那么对任何一方来说，
都不能获得很大优势（靠命运挽救）。所以用关于美德的
计算来代替美德是不够的。马基雅维利主张当且仅当欺骗
相随时，这种计算最有效，当然，这项提议并非本着科学
研究的精神。"但是君主必须深知怎样掩饰这种兽性，并
且必须做一个伟大的伪装者和假好人。"（pp. 64—65）虽
然马基雅维利没有发明欺骗，但他强调隐藏自己动机的必
要性，从而使它成为统治者思想的一个主要原则。"所以，
当遵守信义反而对自己不利的时候，一位英明的统治者决

---

① 还可参见关于马基雅维利"暴力的经济性"的讨论，Sheldon S. Wolin, *Politics and Vision: Continuity and Innovation in Western Political Thought* (Boston: Little, Brown, 1960)。

不能够，也不应当遵守信义。"（p.64）他在这里的主张贯穿整个 18 章：言语自身根本上是品质恶劣的，因为人类本质上是坏的，不会遵守他们的承诺，欺骗的手段随时准备着，大量的愚人甘愿受骗。甚至，精明的君主会陷入矛盾，因为他必须既要做与美德相反的事，又要显得品德高尚以维持自己的地位。"因此，对于一位君主说来，事实上没有必要具备我在上面列举的全部品质，但是很有必要显得具备这一切品质。"（p.65）最后，在评判政治行动时没有什么比结果更重要。在某些情况下，欺骗（就像美德一样）成了战略计算的因素，只有当各因素被有效或无效使用时才能被评估，但一般认为，它们对维护战略的成功至关重要。在马基雅维利的思想中，作为一种手段，这一规诫具有重要意义，注意他在下一章中将其与军事力量相提并论：君主用武力保护自己不受外国侵略，用名声保护自己不受臣民轻视。

但这并不是说君主在伦理道德上是不受限制的。一旦君主变得善于欺骗，就会变得更加多疑，就会猜测他的宫廷充满谄媚者，他的国家充满反叛者，他的同盟建立在欺骗之上。虽然不再被任何传统美德束缚，但权谋战略家必须控制自己的行为，以免落入他人设置的圈套。因此，马基雅维利把自制当作战略思想的另一因素，他构思的不仅是一种战略理论，而且是一种战略气质。这也许是马基雅维利在战略史上最主要的贡献，在其他地方我们找不到把战略思想不只当作一系列的手段或某种计算来表述的。《君主论》的巨大影响源于它关于战略思想家的角色创作，并诉诸这一独特的政治人格进行劝说。讽刺的是，这种呈现使马基雅维利最为接近其体裁的伦理规范，他的君主一定不是冲动的、贪得无厌的，或受制于主观欲望。他也不能为锻炼一种才能而忽略其他所有才能，或者超脱世外，或者在他的圈子里变得太平庸、太世俗。他必须装出一种高贵的姿态以匹配他的地位，同时还要脚踏实地、眼界开阔、矜持内敛。虽然从来没有建议君主成为基督教骑士，而且经常告诫他只有当品德高尚有益时才要保持德行，但马基雅维利的君主相比起整个意大利宫廷里许多长不大的孩子，他反而具有非常"理想主义"的道德色彩。

有几个例子可以说明这种自制人格的特点。尽管马基雅维利的作品中充斥着各种邪恶，但值得注意的是，在其著作中并无完全出于冲动的贪婪。他设定的是帝国主义的君主，或者至少是彼此事务的干涉者，但有一点是清楚的：这种目的不能通过冲上战场来实现。关于恺撒·波吉亚（Caesar Borgia）的故事的重要主题是，他按照深思熟虑的计划来行动，成功使自己摆脱了对法国和父亲的依附，实际上，这位公爵的计划被认为有太多预谋以致让人难以相信。书中的每一个野蛮事件都是自制的极佳例子。例如，波吉亚消灭了奥尔西尼家族并杀了自己的行政官雷米罗·德·奥尔科（Remirro de Orco），阿加托克利斯杀害了西拉库斯地区的元老、利韦罗托（Liverotto）杀害了费尔莫地区的重要人物。在每一个事例中，屠杀都是一种有战略预谋的欺骗结果，其成功是由于君主完全抑制住他本能的冲动，从而控制住他谋杀的意念，直到时机成熟。无论如何，我们都没有看到一个君主像李尔王（Lear）一样发泄愤怒，或像梯厄斯忒斯（Thyestes）那样陶醉于自己的胜利。马基雅维利适切地总结了这一系列的故事，说明残忍、伤害或利益都是可计算的，并提醒我们一个明智的君主从来不会对未知的事情贸然行动。换句话说，战略家使征服从属于控制。

这是一种职业军人的人格。只是在特别强调它的价值时，马基雅维利对军事模型的使用才是非常规的。"君主除了战争、军事制度和训练之外，不应该有其他的目标、其他的思想，也不应该把其他事情作为自己的专业，因为这是进行统帅的人应有的唯一专业。"（p. 53）这一建议远远超出提醒国家应该为战争作准备，马基雅维利激活了政治与战争之间具有深意的类比。正如尼尔·伍德指出，"政治，对马基雅维利来说，就类似于战争，娴熟的政治领袖的风格，应该相当于身经百战的将军所掌握的战争艺术"①。

---

① Neal Wood，"Machiavelli's Humanism of Action," in Parel，*The Political Calculus*，p. 41。伍德在埃利斯·范尼沃思（Ellis Farneworth）翻译的马基雅维利《战争艺术》（Indianapolis：Bobbs-Merrill，*Library of Liberal Arts*，1965）修订版导言中，深入讨论了这一观点，尤其是在第五部分，"The Common Style of the Two Arts,"pp. liii ff.，在评论马基雅维利对技巧（virtu）的使用时，还对战略思想（转下页）

这两种艺术的共同点是风格问题：一种以自身为完美战略家的风格。[1] 有趣的是，这时候（14 章）马基雅维利回到建议君主去读书的传统，即阅读伟大军事指挥家的历史以模仿他们的成功。阿凯亚人的君主斐诺波门（Philopoemen）给马基雅维利提供了这种风格的完美范例。[2] 注意他路过乡村时和朋友的讨论："如果敌人在这个山丘出现，而我们

（接上页）进行了有益讨论。例如，参见 Felix Gilbert, "On Machiavelli's Idea of *Virtu*," *Renaissance News* 4 (1951): 53—55, 讨论见 volume 5: 21—23 and 70—71; Neal Wood, "Machiavelli's Concept of *Virtù* Reconsidered," *Political Studies* 15 (1967): 159—72; Jerrold Seigel, "*Virtù* in and since the Renaissance," in *Dictionary of the History of Ideas*, edited by Philip P. Wiener (New York: Scribner's, 1968), 4: 476—86; Neal Wood, "Some Common Aspects of the Thought of Seneca and Machiavelli," *Renaissance Quarterly* 21 (1968): 11—23; John H. Geerken, "Homer's Image of the Hero in Machiavelli: A Comparison of *Areté* and *Virtù*," *Italian Quarterly* 14 (1970): 45—90; Russel Price, "*Virtu* in Machiavelli's *Il Principe* and *Discorsi*," *Political Science* 22 (1970): 43—49; I. Hannaford, "Machiavelli's Concept of *Virtù* in *The Prince* and *The Discourse* Reconsidered," *Political Studies* 20 (1972): 185—89; John Plamenatz, "In Search of Machiavellian *Virtù*," in Parel, *The Political Calculus*, pp. 157—78. 迪茨（Dietz）在她的文章中讨论了马基雅维利的战略思想，"Trapping the Prince," pp. 779—99。关于文艺复兴时期人文主义中将才和演说类似的讨论，参见 William Weithoff, "The Martial 'Virtue' of Rhetoric in Machiavelli's Art of War," *Quarterly Journal of Speech* 64 (1978): 304—12; and C. C. Bayley, *War and Society in Renaissance Florence: The De Militia of Leonardo Bruni* (Toronto: University of Toronto Press, 1961)。

[1] 关于指明战略思想中政治行动的结构，这可能是过于简单的一种尝试，参见 George Beam and Dick Simpson, *Political Action: The Key to Understanding Politics* (Athens, OH: Swallow Press, 1984)。关于一种更完善的方法，尽管依赖非常有限的修辞概念，参见 William Riker, *The Art of Political Manipulation* (New Haven: Yale University Press, 1986); 里克（Riker）用术语"操控游说"（heresthetic）来定义战略思想，并（在我看来是错误地）认为它比修辞更加包容，因为后一种艺术只涉及词语，而不涉及结构化的情境。

[2] 关于马基雅维利用政治领袖的肖像作为劝说例证的主张，参见 Peter E. Bondanella, *Machiavelli and the Art of Renaissance History* (Detroit, MI: Wayne State University Press, 1973)。

和我们的军队却在这里，谁享有地利呢？我们怎样才能够保持队形稳妥地打击敌人呢？如果我们想退却，应该怎样采取行动呢？如果敌人退却了，我们应该怎样追击呢?"(p. 55)通过在和平时期锻炼他的思维，而不是沉溺在一些如一边欣赏风景一边谈论仁爱之类的无益的偏好中，他将能在战争中做出合理应对。战士的训练是一种智力训练，特别是养成计算的习惯，计算那种地形之上怎样利用通常的手段在军事竞争中获得胜利。战略以预测开始，好的结果在于正确的计算被及时执行，即是可控的，战略思想家获得以牺牲自由生活为代价的自主性。①

斐诺波门的故事还展现了马基雅维利在地形学的感性上的贡献。代替学习政治文本及其中的美德，君主生存于赤裸的平原上更可用作其优势。明智的君主把通常的政治局势看作力量的分配，甚至还用这些术语来理解那种局势

---

① 斯金纳在回顾马基雅维利对个人不道德的不关心时，错过了这一点，"自制的古典观念毫不犹豫地被摈弃"（"Introduction" to *The Prince*，p. xxii)。马基雅维利对"空洞事物"（例如性或商业）的漠视并没有降低他对君主人格的严格要求，这种人格是在充满竞争的政治世界里适用于决策和影响他人的一种自制模式。这种禁欲主义是真诚的：以自制为傲是现实主义风格的一个特点。一个助理秘书对远东事务的评论中的这种基调："准确、智慧、现实：这些需要极度冷静且不带情感的判断，以及我之前说的冷静的、审慎的分析。同时还需要坚强的心思、善于分析的精神……以及坚定的勇气和无所畏惧的意志。"〔引自 Philip Wander, "The Rhetoric of American Foreign Policy," *Quarterly Journal of Speech* 70（1984）：350〕在资本主义社会，个人的顾虑比马基雅维利的更大，现实主义的人格可能包括更多的常规限制。我惊奇于像 G. 戈登·利迪（G. Gordon Liddy）和奥利弗·诺斯（Oliver North）这样的美国人，如何能在离行政权力那么近的同时，又如此缺乏公共道德，而被那些通常的腐败所诱陷的政治家如肯尼迪却依然可以保持清白，只是冠以了某一名义。

的彻底瓦解。例如，命运被比作一条具有破坏性的河流，"当它怒吼的时候，淹没原野，拔树毁屋，把土地搬家……如果你考虑意大利——它是这些变动的所在地，并且推动了这些变动——你就会看到它是一个既没有水渠也没有任何堤坝的平原"（pp. 91—92）。这并非什么"自然之书"，因为研究地形只是为了将其用作竞争的领域。历史的变动需要自然的狂怒，但也可以由训练有素而精确画出地形图并掌握其力量流向的君主控制。这种模式为他自己的作品和别的作品的解释提供了术语。再次注意菲尼克斯·吉尔伯特如何描述马基雅维利的世界：

> 15世纪，意大利的政治局势是由许多已知的和可计算的势力构成的，成功就掌握在那些知道怎样计算并给予每一个以适当分量的人手中。政治形势的所有因素都处于聪明的观察者的视野之中。这种情况在1494年法国入侵后才结束，意大利的孤立状态就此终结，并再次把她带到世界历史事件的无法避免的发展轨道之中。换句话说，历史再次作为一种不可理解的和不可控制的力量出现……因此，所有理想化人格的线索，在马基雅维利描述的君主那里消失，它的位置被超个人的国家理由概念取代。[1]

---

[1] F. Gilbert, "The Humanist Concept," p. 470.

吉尔伯特对政治事件的"真实"描述是高度风格化的创作。这种现实主义风格产生一种政治局势和政治行动者在审美上统一的观念：不管是由意志控制还是由命运控制，政治环境都是一种关于力量（force）的抽象世界（机能上等效、社会上空洞的实体，例如军事单元或民族国家或跨国公司），人们通过战略计算他人的能力以行动，并理性地控制自己，从而生存于这个世界。

在一个有关力量的世界中，对战略家的此类描述造成的影响完全超出马基雅维利的想象。例如，乔治·凯南（George Kennan）的著名文章《苏联行为的根源》（"The Sources of Soviet Conduct"）以现实主义的风格教育了整一代人。[①] 凯南认为苏联只知道力量，而不懂外交，他这样想的时候，也就构造了一个可以战胜这种对手的美国战略家的形象。我们被告知，必须把苏联人当作敌人而非伙伴，他们和我们有着根本差别，因为二者的民族特性和政治教导不同。（凯南把他提出的强迫型性格归给苏联人，就巧妙地克服了他所假定的美国受众的"理想主义"。总的理由直接源于《君主论》：我们当然宁愿更加合乎道德

---

① X（George F. Kennan），"The Sources of Soviet Conduct," *Foreign Affairs* 25 (1947)：566—82。该文被广泛印刷和引用，并在公共和学术论坛引起了直接和长期的争论。这篇文章与"长电报"一样，利用了很多其他的诉求，包括新教徒的天命论（参见"Sources"最后一段），同时都加入了当时新奇的政治心理学。关于凯南的修辞的相关讨论，参见 Robert Ivie，"Realism Masking Fear: George F. Kennan's Political Rhetoric," in Beer and Hariman, eds., *Post-Realism*。

地去生活，但这不能是由于他人的掠夺性。）他们早已被灌输，"外国使节不可企望他的话能对他们有所影响"。历史上，俄国人曾"在绵延广阔、毫无防御的平原上与游牧力量不断战斗"，他们"并不内疚于面对比自己强大的力量时的退怯"，因为他们的"政治行为就像一条不停流动的河流，朝一个既定的目标移动。它主要关心的是在世界权力的盆地中，能布满每个角落和缝隙"。所以，美国必须采取一种"长期的、耐心但坚定和机警的对俄国扩张趋势的遏制政策"，也要意识到这种遏制势力扩张本性的堤坝"并非表面的装模作样：它并不等于威胁、恐吓或摆出'强硬'的姿态"。（真正的强硬是可以和关于强硬的修辞来对比的。）而且，俄国人知道"发怒和失控从来都不是政治事务中力量的来源……为了有效地与俄国打交道，外国政府绝对有必要在任何时候都保持冷静和镇定"。（对人格的抹消在文章出版时用笔名"X"巧妙地象征化了。）总之，"可以清楚地看到，苏联对西方世界自由制度的压力，是可以通过在一系列不断变化的地理和政治点上熟练和机警地运用反作用力来遏制，这与苏联政策和谋略的变化相对应，但不能用魔力或劝说使之消失"①。凯南在这里涉及的不只是苏联。美国人对国际事务的理解已被导入现实主义的修辞形式：政治转化为力量的战略运用，相比于言语

---

① Kennan, "The Sources of Soviet Conduct," pp. 580, 573—76.

艺术和地形描画，它是一种物质现实。这种情况下，政治成功对单一类型的理性行动者才是可能的，他的人格被自制掩藏着。

这种外观平实和非人格化设计的美学，同样反映在《君主论》的语言中。对马基雅维利的散文体风格没有投入足够的注意并不使人感到惊讶：大多数读者没有阅读过意大利文版本，其他语言的译本也大体一样，主要段落少有变化，而原始手稿早已遗失。① 此外，我们应该赞颂作者：马基雅维利宣称要避免艺术技巧，这是具有说服力的，它使我们的注意力偏离他的写作及其影响。但他是一位以特殊方式遣词造句的大师，不仅促进了风格的创新，也增强了修辞的力量，使《君主论》成了现代政治智慧的

---

① 关于马基雅维利作品的文学价值讨论的评论，参见 Clark，"Machiavelli"。我注意到许多忽视马基雅维利的风格的读者，没有涉及他在意大利的遭遇，或者尤其是没有涉及福瑞迪·基亚佩利（Fredi Chipelli）等人的工作，包括对马基雅维利的语言如何被创制、他的文学技巧如何有益于他的政治理论的详细考察。这没有引起《君主论》的大多数读者的注意，但某种程度上，在政治思想方面它也是没有定论的。参见 Chiapelli，"Machiavelli as Secretary，" *Italian Quarterly* 14（1970）：27—44，关于他的课题的一个导论。基亚佩利考察了马基雅维利的全部著作，包括他为佛罗伦萨政府工作时写的文件，最后他认为，马基雅维利的艺术天赋从职业生涯的开始就是明显的，在他的著作中，思想、人格和表达在本质上是统一的，"秘书官和作家没有本质的区别"（p. 42）。如果只是澄清我没有做什么，就让我阐明两个相互交织的问题，这是对马基雅维利散文体风格的政治意义的全面研究（其中）不得不考虑的问题：第一，他的遣词造句如何塑造了他对政治的看法；第二，它们如何影响了把他的文本用作政治行动的模型。这两个问题，尤其是第一个，回溯到意大利语文本的分析，也回溯到他那个时代的常规运用及艺术志向之间关系的分析。我已经跨过这一任务——希望可靠地——通过指出更为一般的修辞形式并阐明我称之为政治风格的象征行为的模式来解决第二个问题。

— 073 —

一个模型。① 在古典词汇中，公共演说的程度是以平实的言语为一端，以夸张的言语为另一端，每一种风格都有特定的功能。② 正如我们现今所知：食谱不太可能包含隐喻，呼吁拯救听起来也不像食谱。实际上是假定变了，政治用平实的术语比用夸大的言说方式能得到更好的传达。虽然公共演说标准的这种变化在不同时期和不同地点早已发生，但可以确信的是，马基雅维利是其中的促动者之一。很大程度上，他很好地印证了他的话：《君主论》中对华丽辞藻的否定实际上是一种创作原则。

如果只看文学价值，那么这在马基雅维利的艺术性中是不明显的，他的文本表明文学的简洁是现实主义风格的一个因素。也就是说，这种政治风格在两个层面起作用：最重要的是，他不仅激活了定义政治话语的言说者和主题

① 那些关于文本的明晰性和强力性的评论通常可以归结为"马基雅维利首先用无比明晰和强力的方式表明他的基本假定，如果善意出于作恶，那么统治者必须随时准备作恶"（Berlin, "Introduction" to *The Prince*, p. xxiv）；"只要这种张力仍存留于政治思想中，那么就会始终看到《君主论》是用不朽的散文来表达它的强度和特性"（Lerner, "Introduction" to *The Prince and The Discourses*, p. xxxv）。

② 有几种类似的体系：例如平实、普通和宏大（Cicero, *Orator* 69—112，特别是75—99），或者平实、典雅、强力和宏大（Demetrius, *On Style* 36—304）。我采用了古典体系以说明平实演说在现代的昙花一现。一般而言，我认为西塞罗体系最系统的地方也是最薄弱的地方，即当他把三种风格和演说的三种功能对应起来时，平实的现代标准改变了古典理论中的每个因素：例如，指导变成解释，自然变成自然的表现，马基雅维利之后的政治话语中，演说者的审慎变成民主气质。我认为基本的差别（加以必要的修改）以及对范围、功能、演说者—主题—观众关系、效果等此类因素的关注，仍然是有用的。关于19世纪期间平实演说在美国发展的全面说明，参见 Kenneth Cmiel, *Democratic Eloquence：The Fight over Popular Speech in Nineteenth-Century America*（New York：William Morrow, 1990）。

的精巧修辞，而且，用简单的措辞和逻辑的调子来说话和写作以体现相关的审美规范。马基雅维利的第一章就是典型的平实演说的模型。他写道：

> 从古至今，统治人类的一切国家、一切政权，不是共和国就是君主国。君主国不是世袭的就是全新的。在世袭君主国里，长期以来君主的后裔就是那里的君主。新的君主国或者是全新的，如弗朗切斯科·斯福尔扎的米兰公国；或者是世袭君主占领的附庸，如西班牙王合并的那波利王国。这样获得的领土，或者原来习惯在一个君主统治下生活，或者向来是自由的国家；而其获得，或者是依靠他人的武力或君主自己的武力，否则就是由于幸运或者由于能力。[①]

这里，马基雅维利一举把政治的主题和作者的智慧融入一种统一的理解模式，其特点是方式简洁、范围全面。他的措辞和造句只用了简单的术语和浅白的句法，但他的主张却有最大的包容性："从古至今，统治人类的一切国家、一切政权，不是共和国就是君主国。"逻辑算符"一切"表

[①] 这段译文来自乔治·布尔（George Bull），*The Prince* (London：Penguin，1981)。此处我没有使用里奇的译文，因为与意大利语文本相比，他在末句使用了一种不同的句法，可能是为了捕捉末尾从句的那种扩增的细微意义。一般情况下，我都使用广泛流通的完整版，我偏好于它的措辞和节奏，但在这里我使用了其他版本，因为它的句子结构更接近"原稿"，比其他译文更接近我的批判兴趣。

明该命题是普遍指称，包括正在讨论的此类事项中的每一实例；动词的两种时态强调它包含现在和过去的所有时间；述语主格通过"不是……就是"的析取，把所有事项归类为两种互不包含却又同样广泛的类别。这种平实风格的措辞和句法与宏大风格的范围的对应，促成政治语言与其主题的全新联合，这显然是马基雅维利关于政治经验和政治话语之间对应关系的构思在审美上的完美展现。表面上，关于现实的描述是首要关切，而首选的描述方式让我们看到的是一个意义明确的世界。但似乎除了简明的逻辑关系外，一切都来自有瑕疵的讲话方式，而非来自自然本身。可以说，句子的艺术性没能引起对其本身的注意，相反，它体现了果断以及精心选择的、决定性的作用，这也是马基雅维利在他许多关于成功统治者的描述中所赞颂的。

这种简洁贯穿整个段落，并借由逻辑关系的简单延伸和拉长而增强。所有的 A 是 B 或 C；所有的 C 是 D 或 E；所有的 E 是 F 或 G；所有的 G 是 H 或 I，或是 J 或 K，或是 L 或 M。句子的一般次序表明分析是按照严格的逻辑关系来组织的，推论的子句表明简单的运算可以组织复杂的因素。由于类别的清楚区分及其逻辑关系的简单排列占主导，文本就成了现代分析的审美感性的典型，而作者在没有让人注意他这样做的目的和艺术性的同时，巧妙地强调了幸运和能力这两个重要主题，可以说在这一点上他是成功的。并且，作者自身人格的任何特定意义——除了他的逻辑力量——都消失了。① 虽然片刻之前，在献辞的最后一段，马基雅维利还在哀诉他是"多么无辜地受着命运之神的巨大的不断的恶毒折磨"（p.4），但现在文本的语言似乎只承载着它所描述的现实的轮廓。

不过，马基雅维利不可能停留在这种简单的讲话方式上，甚至会因扩大的诉求而违反自己的禁令。虽然平实风格贯穿他的整个著作，充实他最为广泛的劝说设计，并成为一种新的得体规范，但这种风格终究不能提供他所需的资源以完成他的著作。《君主论》的最后两章，马基雅维利面临他最艰巨的任务：第一，在他主要的理论术语命运和审慎之间建立根本联系；第二，劝说美第奇君主（和其他君主）接受解放意大利的目标。当面对这些劝说挑战时，马基雅维利回到他在著作的开始就诋毁的古典常规。命运不是逻辑分析的主题，而是隐喻的主题：首先，它是一条摧毁了井井有条的村庄的河流，然后，它是一个只能用武力征服的女人。马基雅维利仍然是一个老练的风格家，第一个画面出于地形学的感性，第二个用武力代替了

———————————

① 也许这里需要一个限定条件：这段与其说是缺乏艺术品格，不如说是有意限制修饰。第一个从句的扩大集于对单一术语"一切"的重试上，而术语"附庸"是一个直接但普通的类推，虽然最后的对应巧妙地削弱了逻辑的蕴涵，但又是如此隐晦。问题是，在谁面前作者会如此谨慎？对我来说答案似乎是他的主题。马基雅维利不仅通过巧妙的艺术性来吸引老练的读者，他还在创造一种更全面的修辞，以使读者和作者从属于将要描述的物质条件。

传统劝说式的浪漫的求爱方式，二者都用文本策略创造一种自然的感觉，但不再像开始几页那样严肃和无趣。下一章在这条路上走得更远。标志性的劝诫，读起来就像古典结束语，以点燃激情，促成行动。马基雅维利使出浑身解数：援引上帝和教会，诉诸光荣和荣耀，并以彼特拉克的英雄诗章结尾。很多评论者注意到这一章与其他章节的风格不一致，从他在之前的段落中关于政治写作的观点来看，这是不光彩的。[①] 讽刺的是，当马基雅维利转向更加明确的修辞形式和更加夸张的风格时，作者便开始与君主融合，介入公共领域，意图成为强势的革新者且敢冒失败的危险，只是最终可能会被他的语言出卖。

可能正如他之前估计的那样，马基雅维利对武力的号召不会成功。他的影响不在于成功呼吁了他的直接受众，而在于对一种政治创作风格的熟练掌控，这迎合了现代的形而上学和道德假定。作为现实主义风格的劝说，它构造了一个抽象的世界和独立的自我，这成了现代意识的关键范畴。当然，马基雅维利并不决定现代的兴衰，在大多数情况下，我们只需要思考现实主义修辞是否准确，以及它的动机或借口是什么，就足够了。然而，现实主义风格的全部内涵和重要意义仍没有得到足够注意。对这种风格的

---

① "所有人都知道很难将《君主论》第26章与其余部分整合在一起，那里至少有明显的腔调上的变化，至多存在真正的不一致性。"（Garver, *Machiavelli and the History of Prudence*，p. 117）

判断最终需要从现代性的问题的角度进行评估，而这种评估可能会有助于我们为这一时代找到一种依据。

这里可以简单借鉴一下汉斯·布鲁门伯格在《现代的正当性》(*The Legitimacy of the Modern Age*) 中对现代性所作的同情且有力的分析。① 布鲁门伯格提出一种令人印象深刻的论证，以反对这样的断言：现代思想是中世纪主要神学观念的世俗化。这是对现代能够产生一个更人道的世界的一次谨慎的重申。他的主张既指出了世俗化理论的基本问题，又提供了一种历史进程的替代模式，表现出对之前时代的文化系统中空缺"重新占据"的新观念的感性。② 这种模式为一种改进的判断过程提供了基础：我们时代的那些显得最为自主、最易于批判，又最可以说明世俗化的观念，例如"进步"和"国家"等，实际上都是真正的和改良过的新观念，只是经由重新占据而变得畸形。通过区分温和的（modest）和宏大的（imperial）这两种形式的现代观念，我们可以发现现代的正当性。真正的现代性依赖自我肯定（self-assertion）和理论好奇等此类观念的

---

① Hans Blumenberg, *The Legitimacy of the Modern Age*, translated by Robert W. Wallace (Cambridge: MIT Press, 1983), p. 14. 我也试图纠正布鲁门伯格的疏忽，他只提到马基雅利利一次，这与他将文艺复兴视为一个短暂且近乎反动的神秘化时期的观点一致。这确实无害于证明他的理论何以结合间接情况而扩展和改良。

② 布鲁门伯格关于世俗化理论的批评包括以下看法：它不符合基本的解释标准、依赖一种模糊的语言观、混淆了或忽略了历史变化的其他形式，并且只是通过悄悄植入一些对"现实理解本身即是'世俗的'"来说为假的命题，以对抗现代性的神话（一个创造了无中生有的时代的神话）(*Legitimacy*, p. 5)。

温和形式，现代思想家的作用本质上是像康德哲学的事业一样，指明所有理性形式的内在限度，以颠覆文化的客观化。

布鲁门伯格的方法的应用似乎很容易：我们甚至可以把马基雅维利的创新立场区分为温和的和宏大的两种形式。比如，温和的观念是获得在一个偶然性的世界行使政治命令的技巧，宏大的观念是在整个生活领域通过使用武力和欺骗控制所有选择。后一种观念可看作重新占据的例子，前一种观念可用来批判后一种观念。但重新占据的模式需要忽略话语中观念的原初位置。（布鲁门伯格在这里的代价是没有获益于公认地会使他的某些主张更具独特性的语言学转向。①）这里的问题不是重新占据是否可能发

---

① 一开始就引导着布鲁门伯格理论的语言观在他的陈述中是明显的，"隐喻终究只是修辞技巧，并没有什么值得重视的，当然也不会导向任何类型的知识"（p. 19）。正如威廉·J. 鲍斯玛（William J. Bouwsma）在评论《现代的正当性》时指出："他不仅是一个哲学家，还是一个启蒙时代的哲学家，他所继承的东西同样限制了他的哲学范围。"［*Journal of Modern History* 56（1984）：701］不过，正如他之前的恩斯特·卡西尔（Ernst Cassirer）一样，布鲁门伯格随后就修改了他的康德主义，以书写一种关于原创性和权力的语言哲学，将他之前关于隐喻的陈述和这里关于修辞的构想进行对比：

　　人类与现实的关系是间接的、依情况而定的、延宕的、选择性的，尤其是"隐喻的"……隐喻不仅是在修辞手法讨论中的一个章节，还是修辞的一个独特成分，其中，就它与人类学的关系而言，修辞的功能可以被展示和表达。（"An Anthropological Approach," pp. 439—40）

还可参见 Hans Blumenberg, *Work on Myth*, translated by Robert M. Wallace (Cambridge：MIT Press，1985)，以及鲍斯玛的评论，载于 *Journal of the History of Ideas* 48（1987）：347—54；"A Bibliography of Blumenberg's Work and Responses to it"，载于 *Annals of Scholarship* 5（1987）：97—108。同样的问题可参见关于布鲁门伯格的专题论集。

生，而是能否避免。马基雅维利的现代性的构成的例子表明，这一过程中没有任何东西可以促成更加"真实的"行动或防止过度的延伸。所以问题在于，话语层面上更多或更少限定性的概念之间并无差别，因为技巧和控制都是通过移除权力的文本限制产生的，每一个都发生在重新占据的前夕。甚至，从文本性到地形学的转移产生一种朝宏大形式拉近的引力。当权力被理解为言语时，它急切地需要观众去听或读者去读，并等待他们的回应，从而权力被审视、关联和限定。当权力被理解为视觉时，它是不受制约的、易扩张的，需要的只是人们的行动，以留心获取完全控制环境的手段。马基雅维利作为现代国家的倡导者是显然的，但这不是因为他记述了那种国家，而是因为他创造了一种在国家权力中具有扩张潜能的话语。因此，在话语层面上，观念的基本区分必然会使布鲁门伯格提出的论点失效。① 在现实主义者的权力创作中没有任何东西可以制

① 这里有两点需要注意以避免对我的观点可能产生的误解。第一，《现代的正当性》中指出的重新占据模式与后来经布鲁门伯格修改而结合了他的语言观的重新占据模式是不同的。正如布鲁门伯格关于重新占据概念的表述，"我在《现代的正当性》中介绍并解释了这一概念……但我仍没有注意到它暗含着一种修辞转换"（"An Anthropological Approach，"p. 451）。之后对这一模式的修改仍在进行，这时应该只能看到对马基雅维利的现代政治话语创作的分析，表明了这种修改的必要性。第二，布鲁门伯格宣称重新占据在修辞上完成了，但这并没有使他投入到话语如何通过相互作用而起作用的分析中。他的基本主张是，重新占据通过意义和权力的转移而发生，所以它的逻辑结构一定是隐喻结构，即这种结构表现在这一术语的词源"转移"中。但我对《君主论》的修辞分析揭示的是一种更为深远的动态关系，即现代观念与现代创作模式之间的关系，至少关于现代性的肯定和否定表达的决定因素一样，是现代观念与之前文化系统的功能倾向之间的关系。

止重新占据，结果，扭曲现代观念和念头的这种危险性可能在事后才会被发现，这时也许就太晚了。如果接受马基雅维利在现代性的构成中作用显著这一观点，那么我们或许就应该希望，现代的正当性不在于坚守目前具有过度延伸倾向的较弱形式，而在于认识到通过重新解释以恢复我们自己制造的术语的可能性。

马基雅维利的风格设计还使对现代的自我肯定观念的评价变得复杂。他鼓励君主要在这个危机四伏的世界里成为一个力图控制他人的个体，注意到这一点并不新鲜。但这只是故事的一部分，这一立场的周详考虑还需要分析他的文本形式如何增强了文本内容，即文本自身如何就是一种自我肯定的形式。《君主论》描述的是一个捕食者的自然世界，其中为了生存个体不得不自我肯定，同时，《君主论》也是一种文本，其中自我肯定是基本的言语活动。然而，著作中真正自主的个体是作者的人格，其明显被创造为一个肯定的个体，以对抗由一般创作规则和传统得体常识所支撑的前现代共同体。甚至，这种个体之后成了用以黏合由于他的出现而被打破的东西的专有手段，就是说，马基雅维利的人格是克服文本性和现实性之间矛盾的唯一手段。一旦话语（尤其是那些能吸引受众的话语）作为一种实现某种政治方案的手段被抛弃，并且丧失了作为政治动机之源泉的能力，那么不管是在文本中还是在政体中，个体自动就成了接合事物的准则。因此，在现代范式中，国家不是被定义为一个总体，而是一个超级个体。所以，说"国际法"承载着马基雅维利归给传统政治文本的所有性质就不足为奇：它不授予也没有限制国家以武力持有的主权。

换句话说，马基雅维利贬低其他政治文本只是文本（在物质世界中必然异化）的技巧，现在成了一种被不断复制的自我肯定的修辞。所以，外交官可以把人权贬低为口号，公司主管可以把员工安全法当作官僚主义的繁文缛节而将其搁置，新闻记者可以把政治演说披露为纯粹的修辞。不管怎样，要理解现代就不仅要把马基雅维利视为少数足够幸运而能拥有国家的人的自我肯定的拥护者，而且要把他视为教导我们通过克服我们的文本以实现自我肯定的现代作家。

接下来的几个世纪，这种创新的设计成了现代性的固定设置，例如，版权法、教育实践和新学科解释学。① 大卫·昆特（Divid Quint）在思想史中总结了这种变化，"原

---

① 本德（Bender）和威尔贝里（Wellbery）提供了文化实践相关变化的卓越大纲；参见他们所编著作的第一章，*The Ends of Rhetoric*，pp. 3—39。解释学——本身就是现代早期的发明——的历史，也遵循同样的过程。起初，"意向"指的是文本体裁或其他基本设计的意涵，而解释学理论明显模仿了修辞学结构（因此是古典文本性的延续）。在弗里德里希·D. E. 施莱尔马赫（Friedrich D. E. Schleiermacher）之后，意向性被理解为个体作者主观生活的自我肯定，而解释学从古典修辞传统中获得了相对自主权。讨论及代表文本，参见 Kurt Mueller-Vollmer，*The Hermeneutics Reader*（New York：Continuum，1985）。本德和威尔贝里总结道，"坚持主观性的创造力与修辞教条是不相容的"（p. 19）。在马基雅维利关于政治发明的解释中，他的创新为语言和现代本身之间关系的这种模式提供了蓝本。

创性的冲动充满人类思想和话语的所有领域，以前封闭的，现在则不可逆转地开放了……原创性成了权威的根源"①。如今这种冲动继续存在于这样的规定中，文本的意义由作者的意图决定，即由自我肯定的原创活动决定。② 结果就是，很难用任何大于或先于个体的东西，例如"传统""常识""话语"或"品味"表明政治意义（这就是为什么现实主义风格要削弱常常和它连在一起的保守主义，留下社会秩序的脆弱感和悲观主义的历史观，而它们都不太可能吸引到现代受众）。最终，赋权（empowerment）本身被视为个体的创造性活动——不管多么委婉，都是存心的，或许野蛮的，可能不可预测的，在某种程度上必然是不适当的。任何通过利用传统资源或假装某种权威角色而变得有权势的观念，都是可疑的或次等的（这是

---

① David Quint, *Origin and Originality in Renaissance Literature*：*Versions of the Source* (New Haven：Yale University Press, 1983), p. 220。昆特还认为"通过在权威性真理的系统中获得文化自主，文学就放弃了成为权威的权利"（p. 219）。再者，在分离的、自主的权威领域，例如美学、政治、伦理和自然科学领域，个体作者的自我肯定与现代社会实践的组织化是一致的，这样，政治智慧的传统根源被边缘化了。这成了摩根索的名言所说的，"政治现实主义者坚守政治领域的自主性，就像经济学家、法学家、道德家坚守他们的一样"［*Politics Among Nations*, 2d ed. (New York：Alfred A. Knopf, 1954), p. 10］。

② 在某些时期和学科中，这一问题被深入讨论。例如，E. D. 赫施（E. D. Hirsch, Jr.）为文学研究表达了一种强烈的意向主义立场，见 *Validity in Interpretation* (New Haven：Yale, 1967)，这引起了大量争论。理查德·E. 帕尔默（Richard E. Palmer）注意到美国人的争论是重启了早前伽达默尔和艾米利奥·贝蒂（Emilio Betti）之间的对话，*Hermeneutics*：*Interpretation Theory in Schleiermacher*，*Dilthey*，*Heidegger*，*and Gadamer* (Evanston：Northwestern University Press, 1969)。有关分析哲学讨论的文献，参见 Stephen Schiffer, *Remnants of Meaning* (Cambridge：MIT Press, 1987)。

现实主义风格与浪漫主义一致的地方)。所以,为了使这些术语得到足够重视,政治文本不得不具有与个体性类似的特性、与自然之力类似的作用。进而,依赖个体作为意义的准则,依赖国家作为政治合法性的准则,这样,每当个体的观念被削弱时(例如,当弗洛伊德把自我当作"国会"时①),或每当总体坚持自己独立于国家代理时(例如,当任何"人"这样宣称自己时),便会以创伤结束。有人怀疑,是否极度的焦虑和革命的欢愉都是由"作者之死"或"人"的崛起引起,因为某种程度上这些断言对由现实主义风格所塑造的那种意识来说是一种审美上的不快。② 人们或是依赖通过现实主义话语而合法化的政治手段,或是因其受害,超越现实主义话语界限的体验可能要么是由于不能把现实范畴化造成的误导,要么是由于超越人们的感知界限的崇高感。

这些合理性的深层形式仍为更加平凡的交流实践中的策略留下大量空间。不管这种风格能提供什么样的优势,现实主义的演说者都无法逃避公共演说的复杂性。正如当马基雅维利面对激励受众这一挑战时,不得不增强他的措

---

① Kenneth Burke, *A Rhetoric of Motives* (Berkeley: University of California Press, 1969), p. 38.

② 例如,参见 Michel Foucault, "What is an Author?" in *The Foucault Reader*, edited by Paul Rabinow (New York: Pantheon, 1984), pp. 101—20; Michael Calvin McGee, "In Search of 'The People': A Rhetorical Alternative," *Quarterly Journal of Speech* 61 (1975): 235—49。

辞。其他现实主义者也一样，当他们进入公共领域时，不得不跳出自己的风格。所以，成功的现实主义风格的演说者将不得不既要知道，当可能时怎样将公共辩论保持在他们自身条件范围之内，又要知道，当必要时怎样超出风格本身的限制。这一手段表明，在公共演说艺术中——既在特定演说文本的创作中，又在对演说者和受众意识的影响中——现实主义风格具有一种独特的作用。

现实主义者的最大优势在于对大量公共话语的约束，即将讨论保持在主权、利益计算等术语范围内。但达成一致和促成行动通常还需要其他的、似乎不相容的言语资源。无疑，我们可以考察现实主义者如何巧妙地诉诸先例、传统或历史，引用哲学家、诗人和圣典以及如何为他们所相信的最高理想提供雄辩的证据。尽管任何现实主义者都能明白这一点，但假定这些诉求具有讽刺性并不总是正确。有效的创作通常还具有另一维度，当现实主义风格在文本或辩论中占主导时，它便会根据其本身的艺术常规在审美上改变不协调的文本因素。例如，"历史"同时成了物质的（而非顺从于解释）和抽象的（而非激活某一特殊历史时期的感性）。现实主义风格中，历史教授的是权力的普遍法则，而不是局部知识的价值或权力本身的不同形式，历史其被援用以制止争论，而非解释现在。同样，虽然现实主义者可以借助甚至相信某些特定的理想，但它们根本上只是作为竞争生活中残酷条件的非必需的附加物而存在。当然，受众不能完全看出，公共辩论也不需要对真诚性进行评估，但通常又不得不面对这样的问题。我认为至少有一条线索可以辨别是否某一理想影响了演说者的主张——尽管现在也可以伪装。如果关于理想的证据，不管多么临时，为修辞意义的基本结点——演说者、主题和受众——提供了连贯的定义，那么它就可能影响演说者的思想。相反，如果它没能提供形式完整的定义，不管它的陈述多么雄辩，那么它都只是对特定受众的工具性诉求。此外，如果那些相关联的立场以现实主义风格被拟出，让我们看到战略家通过对力量的计算以劝说君主，那么所有的理想都是非必需的。当演说者、主题和受众的定义被其他视角都附属于现实主义的平实措辞所支撑时，一种可怕的劝说策略就产生了。虽然现实主义风格不能在公共辩论的游戏中占尽优势，但经营良好的现实主义是制胜王牌。

然而，即使现实主义者也相信不仅仅是控制，劝说设计在演说中的运作并不需要与演说者或受众的意识完全一致，即使是在构造思想和促成行动时。如果要考察现实主义如何可能是一种为了另一套承诺而可被捡取或抛弃的风格，那么就不得不解决一个问题，即这种风格如何与更实质的信念形式相容。也许有人会注意到现实主义演说与其他主导形式——例如父权制和帝国主义——的关系，但这里同样存在问题，即那些原则性的辩护有时如何不得不采取一种"现实主义的"立场，这能否在不给那些原则带来太大风险的情况下完成。就马基雅维利来说，此类问题把我们带入关于他的现实主义与共和主义之间关系的争论中。

这一争论既包括对马基雅维利主要作品创作的思考，特别是《君主论》和他剖析共和政府的著作《论李维》（*The Discourses on Livy*）之间的关系，又包括对他在后续历史中的影响的思考，特别是在英格兰和北美。[①] 对这些文本的分析聚焦于它们的创作环境、主题和主张的连续性以及更大的关怀，比如他如何理解审慎或是否表达了一种政治理想。[②] 如今达成的一致是，《君主论》和《论李维》是马基雅维利的思想中包含更复杂因素的一种单一视角的不同方面。但我们不必去思考这一观点可能忽略了什么，也没有必要推翻这一观点。尽管《君主论》和《论李维》的重要因素被认为可应用于所有统治形式，但它们也使用

---

① 吉尔肯总结了《君主论》和《论李维》之间关系的争论（"Machiavelli Studies," pp. 357ff., 364ff.），也这样做的还有 F. 吉尔伯特（"Machiavelli," pp. 19ff., 尤其是 note 20），以及科克伦（"Machiavelli," pp. 132ff.）。关于它们不相容的主张，参见 Hans Baron, "Machiavelli: The Republican Citizen and the Author of The Prince," *English Historical Review* 76 (1961): 217—53。J. G. A. 波科克的《马基雅维利时刻》（*Machiavellian Moment*）发起并定义了，关于马基雅维利对英美公民共和主义发展的影响的持续争论。关于马基雅维利的共和主义的更易懂的研究，参见 Bruce James Smith, *Politics and Remembrance: Republican Themes in Machiavelli, Burke, and Tocqueville* (Princeton: Princeton University Press, 1985)。

② Geerken, "Machiavelli Studies," pp. 357ff.; Garver, *Machiavelli and the History of Prudence*, chapter 5 and 6; Berlin, "The Originality of Machiavelli," p. 181。注意柏林的洞见："对一个强大、统一、重实效、道德上获得重生、辉煌而胜利的祖国的幻想——梦想——是很多视自己为实际的现实主义作家的典型特征——不管是由一个或多个人的力量（virtù）拯救——仍是核心的和始终不变的。"(p. 181)

了极其不同的诉求方式，有着非常不同的历史影响。从一开始它们的风格就明显不同。例如，马基雅维利的《论李维》是献给他的两个具有公民美德的朋友，这是与典型君主的天然权力相对照的，此类作品通常是献给这种君主的。在前言部分，他把作品置于一种值得获取赞誉的语境之中，并在那些将会更加雄辩地说出同样的话的人面前假装谦虚，号召通过效法古人以灌输美德和审慎。但下一章，他就回到《君主论》第一章的计算公式和普遍指称，差别只是现在（和下面章节展开的分析）它被置于对罗马历史这一专案的更广泛的讨论中。两个文本的影响也不一样：《君主论》，而非《论李维》成了现代政治意识的代表文本，《论李维》的影响甚至在英美公民共和主义中都变得黯淡。① 这些差别表明，马基雅维利的现实主义风格和共和主义承诺之间可能存在巨大张力。

一方面，毫无疑问，马基雅维利是一个虔诚的公民共和主义者，他对英美政治文化中这种政治思想的发展起过重大作用。另一方面，他也是现代政治现实主义的作者，这种政治现实主义削弱了对共和主义原则的诉求，还被用于并不高尚的目的。虽然这两种态度可以在某些人那里或某些时期结合起来，但它们之间的张力显然从一开始就

① 波科克强调了马基雅维利在公民共和主义中的重要意义，但关于北美时期则由于他的粗略分析而变得可疑。参见第四章关于共和主义风格的注释，其中，主张西塞罗同样对公民共和主义思想有着重要甚至有时是主导性的影响。

有，并随着风格上的发展而变得更尖锐。在我看来，现实主义和共和主义是两种不同的政治风格，虽然可以用某种单一的话语把它们联结起来，但它们之间通常会为产生影响而相互竞争，并最终不相容。这种张力始于两种风格在主要修辞上的对立：现实主义者假定权力是外在于政治话语的，共和主义者则在成功的公共演说中发现了权力。这种对立是有益的，它可以匡正过度倾向于假定言语促成行动的共和主义者，或可以提醒现实主义者不要忽视寓于语言中的权力。然而，这两种风格提供的通常是政治家周期性所需的"现状分析"的不同方法。现实主义者会寻找语言及其所指之间的差距，共和主义者则遵循一种"语言的'现实主义'"，聚焦于交织在特定话语中的思想和感觉的中间领域。① 也许在马基雅维利的时代，这两种政治观念有更强的默契，因为充分理解语言、政治和历史对文艺复兴时期的人文主义来说是特有的。然而，现实主义者对政治话语的轻视和对平实风格的坚守，终究侵蚀了作为共和主义文化基础的劝说规范。②

我们还可以就《君主论》的产生和接受的关系进行另一种思考。虽然马基雅维利忠诚于共和主义的事业，但《君主论》却为政治理论和实践开创了一种完全非意识形

① 这一洞见源于 Struever，*Language of History*，p.158。
② 参见第四章关于共和主义风格对演说实践和其他言语艺术的依赖。

态的白话。① 不管作者的意图是什么，这一现实主义风格的入门书造成的影响早已超越共和主义政府的界限。也许这一作品的意外结果，就是用现实主义替代了公民共和主义的传统。如今现实主义者被看作公民美德的典范、共和国的守卫等，尽管此类术语经由这种替代而改变了。进一步说，现实主义重新占据了文艺复兴人文主义的文化系统中共和主义曾经的位置。当现实主义风格在欧洲国家制度的构成中占优时，公民美德（civic virtues）成了权能（virtú），英雄的国度成了主权统治者或自主的国家，在历史中实现自由成了在变化的环境中实现权力的垄断，在言语和行为中再现传统成了对历史记忆的控制。如今，现实主义不再是对其他幻想的矫正，而是成为现代政治的核心观念和主要的合法化模式。

这种重新占据也许只是历史的偶然，但之所以发生，是因为现实主义风格有能力去抨击政治经验的其他模式，同时将自己依附于现代思想的一般结构并共同发展。首先，现实主义风格通过贬低话语、把所有价值归为价值的使用，削除了公共审议和政治哲学的话语基础。现实主义风格提供一种权力的本体论、政治人格的模型以及审美意识，这些因素把政治智慧定义为对塑造人类境况的自然之力的计算。在这一点上，现实主义者成了唯一适合以保护共

---

① 这里我同意柏林，"The Originality of Machiavelli," pp. 197ff. 。

同体为导向的政治行动者。然而，一旦对共同体的内在品质的维护成了外在防御的附属，那么"政治艺术和军事艺术的共同风格"，将改变共同体固有的政治实践。① 政治经验中任何结果上的不足，都会通过扩增新术语（例如"民族—国家"）、改变旧术语（例如"审慎"）意义来解决，以完成政治协商和合法性的传统任务。这种重新占据允许（公民共和主义的）旧观念继续存在，甚至允许它们有时在政府的建立和管理中发挥重要作用，但这却会妨害那些观念自身的发展。更重要的是，在现代性的压力之下，这种重新占据也许会导致政治理论和实践的普遍恶化。正如史蒂芬·图尔敏（Stephen Toulmin）哀叹道，"我们失去了所有这方面的感觉，社会成就和政治成就取决于影响力，而非武力"②。

本章试图说明一种关于力量的典型现代主张，以便理解它如何作为一种影响模式起作用。但面对政治的"现实"，任何解释可能都是无用的。马基雅维利在当代政治思想中的影响越来越大，因为他的政治风格既产生了现代

---

① 参见沃林（Wolin）的讨论，"政治早已外在于它的参与者，即不关心内在生活的改善"（*Politics and Vision*，pp. 236—37）。无疑现实主义者对容器隐喻感到满意。所有价值包含在国家中（在混乱状况下国家将彼此视为外在实体），正如所有价值判断包含在个体中（在非理性状况下个体将彼此视为情感主义者）。从这一角度来看，把任何威胁视为需要控制的行为，而非视为你可能会与之交流的人的活动，这是合理的。

② Stephen Toulmin, *Cosmopolis：The Hidden Agenda of Modernity*（New York：Free Press, 1990），p. 209.

政治理解的形而上学，又创造了正变得极具解构性的政治解释的矛盾条件。古典修辞学家曾建议，要让话语显得自然从而更具说服力。马基雅维利则是一个反叛的修辞学家，因为他对由话语构成的世界也采取了同样的做法。当政治智慧在现实世界被展现为对力量的计算时，政治修辞就成了它的影子，政治解释则徒劳地去寻找影子中的光明。因此，他夸大自己文本的策略最终对他产生不利影响。通过把他的话语置于其他作者之上，马基雅维利发动了对所有政治话语的攻击，这就不得不摧毁自己的阵地。严格来说，《君主论》并不神秘，但对它的理解充满矛盾。马基雅维利的读者由于阅读本身的问题，错失了把这一政治论著整合进政治世界的方法。《君主论》给人的感觉是一个不完整的文本：它表达了一种有赖于自身不完整的形而上学。政治权力的世界——君主和公侯国的世界、国家和国家理由的世界、"伟大权力"和"超权力"的世界——被置于文本的世界之上。政治是普遍存在的，遍及我们的一切事务、一切文本，但权力是自主的，不受文本的限制，是现实的一种独立形式，只有通过其坚硬的自然法则才能被认识，而永远不能在为欲望蒙蔽的任何媒介中被完全理解。

解释是无止境的，从来都无法被全然证实，我们通常只能在事件的力量面前以某种方式弥补自己的缺陷。但解释者会觉得有必要把这一不完整的文本补充完整，我们不可能不带着某种意欲去阅读。即使在一个权力就是物质力量的世界里，权力操控话语却不源于话语，任何文本都仍然包含一种对另一个悦耳话语的世界的反动指向。这种反动会导致这样的观念，当然不是一种现代的观念，即修辞实践是政治共同体的根源。[①] 在这样一种政治构想中，政治的、伦理的、宗教的、审美的、哲学的、经济的及其他话语通过雄辩的成功而得以统一，由此这一观念也得以实现。[②] 这种信念无疑是理想主义的，但它同样表明在现代政治思想中，有多少东西被主导风格压制着。马基雅维利对这种风格的精彩呈现，既强化了力量和分解的观念，又阻碍了政治革新的动机。

[①] 例如，参见 James Boyd White, *When Words Lose Their Meaning：Constitutions and Reconstitutions of Language，Character，and Community*（Chicago：University of Chicago Press，1984）。

[②] 关于当代对"雄辩是一"理想的确认，参见维克斯（Vickers）和加林（Gavin）关于文艺复兴修辞的文章，载于 Vickers, *Rhetoric Revalued*。这句话出自 Cicero, *De Oratore* 3. 6. 23, "Una est enim … eloquentia, quascumque in oras disputationis regionesve delata est"。

第三章

这里没人负责:
雷沙德・卡普钦斯基对宫廷主义
风格的剖析

　　宫廷文化似乎是现代生活的反面。不管怎样定义现代性，它都不太可能是诸如"君主制"或"王权"这类术语的同义词。那些继续存在于工业化国家中的王室宫廷，也早已从政府职能缩减为一系列的仪式典礼，其中一些还是为了发展旅游业才保存下来——这想必是最大的耻辱。其他地方的君主国中，宫廷的职能也正让位于官僚机构和技术精英等这些促进现代发展的必要因素。但有些宫廷不管与现代的特性是多么格格不入，似乎仍很强势（如果不是由于地缘政治，那么就是由于特殊的地域），而且，可以想象这些宫廷可能会再次变得强大（许多科幻故事中技术进步的同时是政治的退步）。不过，这些主张未必会发生。如今任何关于礼仪（courtliness）的探讨，都被为什么要研究君主制这一问题所缠绕。

　　宫廷文化的学术研究通常避开了当代政治意义的问题，它们要么聚焦于欧洲的往昔宫廷，要么聚焦于非西方的边缘社会。虽然有诸多重合之处，但还是可以区分出几种不同的方法。历史分析方法考察了欧洲大部分时期贵族掌权的情况。这种方法的范例包括乔治斯·杜比（Georges Duby）具有影响力的关于骑士社会的剖析，弗兰克·惠格姆（Frank Whigham）关于伊丽莎白时期礼节文学的精彩阐释，以及帕特里夏·付莫顿（Patricia Fumerton）关于伊丽莎白时期和雅各宾时期社会装饰的细致研究。① 虽然只是着眼于欧洲历史上的案例，但诺贝特·埃利亚斯（Norbert Elias）的著作提供了宫廷文化的社会学分析方法，指出政治行为和社会结构之间的一般关系。② 这一课题反过来被置于长远的发展进程（例如文明化进程、划时代的转折和国家的形成）这种更大的模式之中，还用于强调资

---

① Georges Duby, *The Chivalrous Society*, translated by Cynthia Postan（Berkeley：University of California Press，1977）；Frank Whigham, *Ambition and Privilege：The Social Tropes of Elizabethan Courtesy Theory*（Berkeley：University of California Press，1984）；Patricia Fumerton, *Cultural Aesthetics：Renaissance Literature and Practice of Social Ornament*（Chicago：University of Chicago Press，1991）。关于英国文艺复兴的研究受到史蒂芬·格林布拉特（Stephen Greenblatt）的巨大影响，*Renaissance Self-Fashioning：From More to Shakespeare*（Chicago：University of Chicago Press，1980）。理查德·A. 兰纳姆（Richard A. Lanham）在更早的且同样具有影响力的著作中本着同样的兴趣，却得出了多少有点不同的结论，但通常被忽视了，*Motives of Eloquence：Literary Rhetoric in the Renaissance*（New Haven：Yale University Press，1976）。人类学视角激发的历史研究，参见 Sean Wilentz, ed., *Rites of Power：Symbolism，Ritual，and Politics Since the Middle Ages*（Philadelphia：University of Pennsylvania Press，1985）。这里提到的课题在理解宫廷政治的修辞和美学维度上已经走得很远了。虽然这些课题暗含着历史研究的诸方法和高标准，但不能代表那些不太注意象征形式的对欧洲君主政制的历史研究。

② Norbert Elias, *The Court Society*, translated by Edmund Jephcott（New York：Pantheon，1982）.

产阶级社交（例如礼节崇拜）被忽视的各方面。① 第三种
方法在文化人类学中得到发展，特别是在克利福德·格尔
茨（Clifford Geertz）的影响下。这类研究集中于王室仪礼，
以说明传统社会中关于权力的文化决定性和综合分配，及
其渗透到所有文化生活中的普遍象征作用。② 这也可以通
过对关于政治表现的书面文本或举止文本的深入理解加以
区分。③

　　为了讨论宫廷礼节在现代文化中的复苏，我的方法与
这些研究有两个方面的不同。第一，我试图凸显宫廷主义
的言语和行为常规，因为它们可以独立于君主政府和传统
社会结构运作。通常，西方宫廷的历史分析和传统社会的
人类学研究，会把礼仪困于一种外在的制度和遥远的时空
之中。类似地，对抽象的文化和权力关系的认同，会遮蔽

---

① Norbert Elias, *Power and Civility*, translated by Edmund Jephcott with notes and
revisions by the author（New York：Pantheon，1983）；*The History of Manners*,
translated by Edmund Jephcott（New York：Pantheon，1978）.
② Clifford Geertz, *Negara：The Theatre State in Nineteenth-Century Bali*（Princeton：
Princeton University Press，1980）；"Centers，Kings，and Charisma：Reflections on the
Symbolics of power," in Sean Wilentz, ed., *Rites of Power*，pp. 13—38。强调非欧
洲宫廷文化中仪式力量的其他研究，参见 David Cannadine and Simon Price, *Rituals
of Royalty：Power and Ceremonial in Traditional Societies*（Cambridge：Cambridge
University Press，1987）。人类学与历史学视角的融合，见 Wilentz, ed., *Rites of
Power*。还可参见 Eric Hobsbawm and Terence Ranger, eds., *The Invention of
Tradition*（Cambridge：Cambridge University Press，1983）。关于当代公民盛会的研
究，参见 Ronald L. Grimes, *Symbol and Conquest：Public Ritual and Drama in
Santa Fe，New Mexico*（Ithaca，NY：Cornell University Press，1976）。
③ Clifford Geertz, "Thick Description：Toward an Interpretive Theory of Culture," in
The Interpretation of Cultures（New York：Basic Books，1973）.

对宫廷主义风格何以作为一种日常实践在当代生活的熟悉场所中发生和盛行的分析。考察某一特定的宫廷时，应该要继续关注宫廷的社会形式和那种社会的文化的、经济的、官僚的、政府的实践之间的关系。但这种分析还不足以单独说明宫廷主义修辞在现代世界的持存或再生。一种话语在它"源出的"社会结构崩塌后可以继续存在，修辞批评就必须考虑这种话语何以继续影响人们。这样，批判的任务包括抽离那些在宫廷中占主导的劝说常规，然后说明它们何以通过现代交流手段而"浮动"起来，并融入特定的社会场所或再次附着于其他结构。因此，第二点要强调——尽管只是简单地考虑——宫廷主义修辞如何被挪用于现代大众媒体的交流实践，以及它们的组成部分：娱乐业和广告业。这种没有宫廷的宫廷礼仪的持存，是后现代文化在起作用的一个范例：现代生活中，前现代的实践凭借大众媒体的传播再次涌现，但是以没有具体社会结构的片段形式出现，而且成了媒体制作本身的一个维度。

这种方法也有基本的保留，如果注意到我的主张，政治生活根本上是劝说技巧、审美规范和政治关系的混合，它们在言语所激活的统一的动机形式中共同作用。最明显的例子是高度风格化的政治经验，源于宫廷生活中的隆重仪式。如果宫廷生活的机巧只是那里的理解和行为的附随物，那么政治风格这种观念可能在任何地方都不重要。而且，不是所有的宫廷都一样：殖民地化之前巴厘岛的整体戏剧风格与英格兰都铎王朝强劲的自我形塑明显不同，二者又与古埃及和现代沙特阿拉伯不同。[①] 所有宫廷看上去都有一些共同元素，这展现了人类动机强大的经济性，但如果具体政治环境之间的差异远远超过它们之间的相似，那么就不太可能找到标准类型。这种分析上的故障会反过来干扰任何试图说明那些设计如何可能在原始地界之外，其效果会变得更加不规则的尝试。

怀着克服这些疑虑的信心，本章以《皇帝》为分析对象，它是一篇由雷沙德·卡普钦斯基记述的、关于海勒·塞拉西的埃塞俄比亚宫廷最后时光的记录报告。卡普钦斯基的作品为分析宫廷主义风格提供了一个极好的托辞：它突出了在一个处于两种文明秩序边缘的国家中，宫廷主义

---

① 要指明关于宫廷礼仪的共同风格可能比我们所想的更棘手：一方面，很容易忽略宫廷的变化性。现实主义者声称只有一种现实，公民共和主义者认为所有的共和国都有一种共同的命运，官僚主义被假定为完全是非人格的，宫廷某种程度上由君主的特质所定义，又常常要求体现时代的精神。我对所有这些特征都持怀疑态度，我认为风格分析应该意识到区分出的一般模式和特殊情况的具体特征之间的相互作用。另一方面，寻找相似性的时候，不太容易全然抛开宫廷理想和其他交织于历史中的文明化进程模式之间的差别。卡斯利奥内的 *The Book of the Courtier* [translated by George Bull（Harmondsworth：Penguin, 1976）]，提供了证据：维多利亚·卡恩很好地总结了文艺复兴时期的这种关系："人文主义的修辞传统与对礼仪的兴趣同步发展，并产生了多重关系。"[*Rhetoric, Prudence, and Skepticism in the Renaissance*（Ithaca：Cornell University Press, 1985），p. 188] C. 史蒂芬·耶格尔（C. Stephen Jaeger）认为宫廷文化是古典人文主义的早期发展阶段，*The Origins of Courtliness: Civilizing Trends and the Formation of Courtly Ideals*，939—1210（Philadelphia：University of Pennsylvania Press, 1985）。我的兴趣不是判定它在历史进程中有多大影响，而是要阐明可用于分析我们时代及其他时代的劝说性言语和行为的理想类型。关于理想类型分析的更多讨论，参见第六章。

法则的典型案例所表现出的极端形式的常规。塞拉西既是非洲人，又是西方的宠儿，他利用君主制的传统和神话史维护现代的独裁，在被描绘为君主特权和非洲独立的典范的同时，他也为欧洲帝国主义的利益服务。[①] 自始至终，他的政权依靠的都是宫廷主义表演的全套阵势及其多种附随物，这被清晰地呈现于卡普钦斯基这一杰出的调查报道中。这本书的视角是启蒙叙事的，即以真理置换权力、事实压倒表象、理智取代特权。有些读者，特别是作者祖国波兰的一些读者，把这本书视为第二世界极权主义衰退的寓言。其他读者还会把它理解为一种关于革命性转变的理论，突出了世界媒体的作用和政治制度中主要象征的同化作用（cooptation）。我把它看作一种修辞——一部特定政

[①] 埃塞俄比亚处于两种地缘政治秩序的交界面，这在其神话中就有描绘，包括这样一些故事：它的君主制是希巴女王和所罗门王造成的、它是原始约柜的存放处等。它特有的犹太和基督教团体，在殖民主义和冷战中处于中间立场，经历了"国际的"救援运动和非洲的部落分离，都会增强这一定义。然而它在西方的身份是波动的，（对西方来说）它的构成根本上是不明确的，总是一种可以移向这一边或那一边的中间或混合国家，但又不能通过任何一边被完全认定。例如，参见 Haile Selassie I，"My Life and Ethiopia's Progress," 1892—1937；The Autobiography of Emperor Haile Sellassie I，translated by Edward Ullendorff (Oxford：Oxford University Press，1976)；Harold G. Marcus，Haile Sellassie I：The Formative Years，1892—1936 (Berkeley：University of California Press，1987)；Bahru Zewde，A History of Modern Ethiopia，1855—1974 (London：James Curry，1991)；Mulatu Wubneh and Yohannis Abate，Ethiopia：Transition and Development in the Horn of Africa (Boulder，CO：Westview Press，1988)；John H. Spencer，Ethiopia at Bay：A Personal Account of the Haile Sellassie Years (Algonac，MI：Reference Publications，1984)；Patrick Gilkes，The Dying Lion：Feudalism and Modernization in Ethiopia (New York：St. Martin's Press，1975)；Donald N. Levine，Wax and Gold：Tradition and Innovation in Ethiopian Culture (Chicago：University of Chicago Press，1965)。

治文化中特有的劝说手段的目录。卡普钦斯基通过采访廷臣和仆人，向我们展示了这一系统的内部是如何运作的，行为如何被用以创造意义，讲话和表现的常规何以促进、影响和阻碍行动。

这本书以这样的插曲开始：

> 皇帝有一只日本种小狗，给他取名叫露露，他有权睡在皇帝的御床上。在过去举行的各类典礼和仪式上，他常常坐在皇帝的膝盖上，也时常从皇帝的腿上跳到地面，到王公贵族的鞋里面撒尿。当这些达官显贵发觉鞋被弄湿时，既一动不敢动，也不敢弄出任何声响。我那时的职责就是穿梭于这些站在那里纹丝不动的王公贵族之间，用圣布给他们擦拭狗尿。这就是我在那里十年所从事的职业。①

---

① Ryszard Kapuściński, *The Emperor*: *Downfall of an Autocrat*, translated by William R. Brand and Katarzyna Mroczkowska-Brand（New York：Harcourt Brace Jovanovich, 1983），p. 5。随后的引用只在括号中注明页码。（［译注］中文译文参见雷沙德·卡普钦斯基：《皇帝：一个独裁政权的倾覆》，乌兰译，北京：新星出版社，2011年版，第8页，之后的中文译文均来自这一版本，但为契合本书的解释，必要时根据英文版有所改动，但不再注明。）一位埃塞俄比亚研究专家对这本书的典型反应的讨论，参见 Harold G. Marcus, "Prejudice and Ignorance in Reviewing Books about Africa：The Strange Case of Ryszard Kapuściński's *The Emperor*（1983）," *History in Africa* 17（1990）：373—78。应该提醒的是，不能太过字面化地理解卡普钦斯基的记述，有些专家可能会指出事实上的错误和不真实的地方，有些可能会质疑这本书对塞拉西政府的评价。我很感激马库斯教授就这一点提供的参考；参见他详尽阐述专家视角的评论文章。某种程度上，这种讨论直接涉及埃塞俄比亚，我想指出的是，卡普钦斯基的记述确实解决了对皇帝"超凡魅力"理解上的公认的空白，而且这种记述的重要原则是被其他材料支撑或与其一（转下页）

高官们居然要忍受狗尿，这种不伦不类的事情也许会让我们觉得这是一出喜剧。但如果我们身临其境，还能笑得出来吗？正如肯尼斯·博克（Kenneth Burke）评论卡斯蒂利奥内的《廷臣手册》（*The Book of the Courtier*）时所说，"通过展示他对'正确'事物的理解而发笑，廷臣也就展示了他的等级标志"[①]。至于露露，我们可能会保持沉默，因为"皇帝陛下认为玩笑是一种危险的反对形式"（pp.6—7）。在宫廷中，任何对盛大场面的妨碍和批评都可能被视为颠覆活动，因为得体规则是至高无上的，廷臣的成败，取决于不断辨别社会规范在所有行为中的变化应用。

拭尿男仆的故事向我们展现了一个极其庄重的世界。虽然每一种政治文化都有得体规范，但宫廷文化中，这种规范增强了，宫廷文化遵循一套复杂、严苛的得体规范，它与政治生存有着明确的联系。在宫廷，区分廷臣的首先不是财富或权力或代表或法律，而是他们"出身名门的"

（接上页）致的，例如约翰·斯宾塞（John Spencer）留意到塞拉西"沉溺于盛会和仪式"（*Ethiopia at Bay*，p.134）。从我的角度来看，部分真实的问题在他们那里都会被严肃对待，但也只有在那里。政治研究文献中的重要作品都包含类似的特殊情况下的"失真"：《伯罗奔尼撒战争史》（*The History of the Peloponnesian*）包含作者编造的演说以展现他从未目睹的辩论，《君主论》包含作者所熟知的或只有作者所熟知的实际统治者的理想肖像，《审判》和《城堡》依赖作者对职员经验的明显夸大。也许有人会说，在这些作品中，文学印记都被用于"完善"具有更大政治兴趣的象征形式，以便更明晰地表现它们。

① Kenneth Burke, *A Rhetoric of Motives* (Berkeley: University of California Press, 1969)，p.226.

举止表现。宫廷中的得体规则不仅仅是对权力的装饰，还是完成任何政治系统中基本任务的主要手段：不用武力就能控制下属的行为。[1] 无疑，礼节显示了皇帝对廷臣的控制，在这种情况下，他可以羞辱他们，他们则需忍受这种羞辱，但还有更多的事情正在发生。

一只公狗被冠以雌性的名字，这很快把我们领入一个不受约束的能指领域，同时激活一种特殊的行为规范。这只狗栖居于一个伪装的世界，却展示了一种自然行为，这种行为不可磨灭，但又故意被忽略。在这一世界，意义源于法令，而非自然条件，如果想获得宫廷的赏赐，每个廷臣必须克制他的本性（尤其是擅自挪动、生气或大笑的冲动）。露露不过是廷臣在政治风格中用以指导其事务的指南。宫廷被定义为与自然世界相对的文化领域，如果在这两种相接的秩序之间存在任何漏洞，后果将由皇帝承担。这种遵守纪律的愚昧，反过来又使政府对宫廷外不时发生的饥荒和旱灾无动于衷（p. 111）。然而，这种失职不会危及廷臣的合法性，因为露露还代表皇帝自己。在场的人

---

[1] 有些人会坚持这一点，即任何类型的政权根本上都是基于强制。我指出几个反对意见：第一，大多数时候，强制可能并非问题，或是相对其他"根本"动机来说不再重要，因为更明显和更接近的因素才是决定性的。第二，甚至马基雅维利也意识到，成功的统治在于通过政治象征的使用达到权力的合法化，更不用说政府部门的实际规条。因此，天然的强制产生的不仅是顺从，也产生抵抗和革命，而有时那些政权在失去强制力后，还会持续很长时间。第三，归因于强制，为政治秩序的理想及以其为名义的牺牲提供了一种弱的解释。最后，对精英参与者来说，与其说社会身份通常是强制的，不如说是控制的。

— 105 —

中，他们是各自物种中最小的两个成员，在其他方面也是独一无二的。狗撒尿以标记它们的领域，皇帝也一样，标记那些廷臣。皇帝是犹大的狮子（或天国的动物），象征上帝，他抑制特权者以使他们保持适当的谦恭，同时把持着他们应得的优越地位。廷臣们则通过降格的仪式，重申他们的高贵地位。

这种合法性源于他们成功贯彻了等级原则，把社会置于自然之上，并根据等级的连续性（通常以举止为衡量标准）来规范整个社会。当然，等级制并非宫廷主义社会所独有的，但宫廷主义修辞明显而深刻地体现了等级制。[①] 这种象征结构既是一种主导性的诉求，又是一种无所不在的解释模式，甚至连那些接近等级底层的人也能明白，它是宫廷分发赏赐与恩泽的一种渠道。"我也有幸经历了这光辉、壮丽、显赫的场面。虽然我仅仅被安排在第九等级第八排的第一百六十位。"（p. 89）这些等级秩序主要根据阶层、地位或好感进行分配，它们与宫廷及其附属机关中官员的头衔和职责之间可能存在含糊或不稳定的关联。宫廷等级制的物理顶点是皇帝本人，由此这种等级制得以定义，但皇帝本身是社会角色和个人特质的奇异结合体（将会在下面看到）。更重要的是，这种等级制不仅仅是一种

---

① 我略过了宫廷生活的这种完全为历史学、社会学和人类学研究所捕捉到的常见特征，我也无法进一步推进弗兰克·惠格姆对其主要修辞的分析。参见 *Ambition and Privilege*，chapter 3.

稳定的社会结构，还是一种引导主动性和要求牺牲的主要手段。它既是社会团体中一种具有生产力的法则，也是刺激、驱使和控制个体行为的设计。注意它如何运作：

> 我那时作为一名礼宾部皇家司的官员，专门负责圣明的陛下参加各种礼仪活动的安排和服务。我在那里工作了五年，我恪尽职守，兢兢业业。为了避免出错，我克服了工作中的种种困难，操心操得头发全白了！因为每次皇帝要出访外国或者离开亚的斯亚贝巴，为了能上陪同皇帝出访的名单，宫廷中的野蛮竞争一触即发。这种角逐一般分为两轮。第一轮，每位官僚显贵和王公贵族都要削尖脑袋首先进入陪同皇帝出访的名单；在第二轮角逐中，就是在确认自己上了随访名单后，就要千方百计寻找到一个非常有利的位置……那些低位子的人想要的是高一些的位子。某人得到的是43号位次，可他想要26；得到78的，想换到32；得到57的，执意要换到29；得到67的，坚持要换到34；得到41的，要调到30；得到26的，也要换到22；得到54的，非要换到46不行；那个得到39的，悄悄地移到26；那个得到63的，偷偷摸摸换到了49。就这样每个人都要往前挤，没有休止。宫廷乱作一团，他们来回地奔走于宫廷的走廊上……在这种场合下，一种临时的等级制就随着接近皇帝身体的程

度和官衔的大小形成了。我们的宫廷是一个等级制的关系网，只要你在一个位置上移动了，那么你就可能抓住另一个。(pp. 60—62)

这幅"野蛮竞争"的画面延续了对拭尿男仆的讽刺，对社会地位提升的欲求使廷臣降低到一种原始的自然状态。这也揭示了等级制的说服力是如何在宫廷内部运作的。通常，人们把等级制想象成哥特式教堂，一种宏伟的、拱形的结构，使一切显得崇高，而又极难达到。肯尼斯·博克强调，等级制"是'谜'之根源，其基础是极致完美的形式思维"，提供超越社会异化的手段，以说服个人并使社会合理化，这时博克迷上那种宏伟崇高。[1] 然而，宫廷主义动机的"神学化"（博克也许会这么说）使其他原本同等重要的主题变得不再重要。[2] 宫廷主义风格不仅包括一种宏大的权威体系，还包括为达到更高等级所进行的不断密谋和对自身位置不稳定的持续焦虑。

因此，宫廷的等级制不只有关于顺从与恩赐的排位活动，或关于区分与认同的象征性操作，还使它们生气勃勃——给予它们社会能量和内在诉求。虽然等级制可能蕴

---

[1] Burke, *A Rhetoric of Motives*，p. 232。无疑，这个"谜"很少被理解为几乎可以从意识形态上来看的"谜化"。值得赞誉的是，博克强调了等级制如何是人类动机的基本形式之一，它从来都不能被完全抑制。

[2] 确切来说，博克是在追寻"关于社会等级的术语和关于神学等级的术语之间的修辞转换，这背后的纯粹辩证的动机（最终的言语动机）"（*A Rhetoric of Motives*，p. 232）。

含的是一种静止的世界观且毫无生产力——宫廷生活依靠的是职位而不是生产——但它对活动却少有限制，诱使人们不断地谋划和行动。所以每一个高贵的随员都"乱作一团，他们来回地奔走于宫廷的走廊上"。特别是当这成了日常经验的一种模式时，礼节就包含了等级制的动机，不仅由垂直排列的社会角色（用博克的一个双关语说是逐次"上升"① ）的壮观来展示，而且由极致敏感的焦虑、假造的表面活力以及创造性诉求等迹象来表明，所有这些都旨在拉近自己与皇帝之间的距离。宫廷等级制不仅是秩序的象征，也是社会发明和艺术创造的源泉。它既可激发个体廷臣的智巧，以夺得更高地位，又可促进团体自身不断重组，以适应更大的社会变化。这种风格组成的社会团体将成为"一个等级制的关系网"，有些是永久的，有些是暂时的，每个个体被驱使着"都要往前挤，没有休止"。显然，这种模式并不总是可靠。虽然它仍旧提供一种稳定的功能——"只要你在一个位置上移动了，那么你就可能抓住另一个"——但它的运转又是一个不断被打乱的过程，任何位置都随地位和职务的正确组合而定，现在二者都处于危险中。一切从属于好感的变化，这是你的竞争者的劝说目标，结果通常是突如其来的或偶然的。正如诺贝特·埃利亚斯注意到的另一种宫廷文化：

---

① Burke, *A Rhetoric of Motives*，pp. 301—13.

他们为了等级制中的位置，为了声望而相互挤对、相互斗争。为争夺地位和宠爱而发生的风流韵事、阴谋、冲突无休无止。每个人依赖其他人，所有人依赖国王。每个人都可能伤害任何人。他今天可能位高权重，明天就可能跌入谷底。这里没有任何保证。①

这是一个对所有人都有危险的世界，包括皇帝，所以他不得不依靠其他手段来保护自己，并使宫廷永存。

其中一种策略的原则是："国王的两个身体。"正如伊丽莎白一世（Elizabeth I）的律师们宣称：

国王应该具备两个身体，一个自然的身体和一个政治的身体。自然的身体（若就其本身而言）是可朽的，会遭受自然或事故带来的所有疾病，年幼或年老时都会低能，并受制于同样会发生在其他自然身体上的缺陷。但政治的身体则是看不见、摸不着的，由政策和政府构成。②

这一陈述不仅表明一种带有特定历史的政治哲学，而且表明一种可用以造成影响的普遍有效的定义模式。注意露露

① Elias, *The Court Society*，p. 104.
② Ernst H. Kantorowicz, *The King's Two Bodies：A Study in Mediaeval Political Theology* (Princeton：Princeton University Press, 1957)，p. 7. 注意用男性代词指称女性君主；和露露一样，宫廷中的自然身体是一套指符。

如何再现这种修辞。露露的自然身体最明显的可朽性标志是：动物的形体和身体机能。他在廷臣的鞋子里撒尿而不被踢开的特权，是他政治身体的体现：他代表着象征国家的皇帝。他的动物标志和王室特权的结合显示了宫廷主义风格的深层结构，并不断提醒廷臣，不能把皇帝的身体缺陷和他的权力混为一谈。

换句话说，宫廷政治之所以和其他政治文化不同，是因为它特别重视皇帝的身体，在这种象征系统中，皇帝通常获益于把他的身体进一步分为可朽的和神秘的两部分。这是一个具有广泛影响力的象征系统，为王权提供了物质的和超验的两个轴心。当权力是由皇帝的直接出现来定义时，就可以直接被体验和校准，通过这些经验性的方法，宫廷的整个意识形态结构也将显露无遗。回想一下廷臣们对皇帝出访随员位置的争夺：他们的权力取决于与皇帝身体的实际物理距离，那些留守宫廷的比那些占得一个位置的廷臣的晋升机会要少很多。林恩·亨特（Lynn Hunt）对波旁王朝有同样的观察，"正如托克维尔（Tocqueville）所说，波旁王朝不仅彻底限制了法国臣民的政治责任，还成功地使权力与君主制的象征机制，尤其是君主本人，实际相等。权力可以通过与君主身体之间的距离来测定"[1]。

---

① Lynn Hunt, *Politics, Culture, and Class in the French Revolution* (Berkeley: University of California Press, 1984), p. 55.

米歇尔·福柯（Michel Foucault）对此类问题做了总结："在 17 世纪那样的社会中，国王的身体并非一种隐喻，而是一种政治现实。它的实际出场是君主政体运转的必要因素。"① 但权力的物质性有自身的限度。最终，这可能会导致对国王的处决，并通过这一方式破坏社会政治修辞中的宫廷主义风格。更通常的情况是，国王的臣民不会见到国王的身体——他们将会习惯它的缺席。所以，那种接近的渴望将会放大定位和等待的艺术：

> 皇宫中的生活，尽管看上去很繁忙热闹，其实背后充满了沉默、等待和拖延。每位大臣都会在走廊中选择一个对自己来说最佳的位置，那就是最有可能找到机会被皇帝陛下看见的地方，且当皇帝看见他时，他最有可能立即给皇帝鞠躬。特别是当某位大臣私下得知，有人告发他对皇帝陛下不忠诚、有二心时，那他就更会急于寻找这样的机会。他会一整天都待在宫中，绞尽脑汁不遗余力地想尽一切办法创造各种机会争取在宫中面见皇帝。（p. 50）

对那些千方百计地避免被皇帝注意的人来说，情况则截然相反。但不管是处于皇帝的视野之外，还是寸步不离，臣

---

① Michel Foucault, *Power/Knowledge*: *Selected Interviews and Other Writings*, *1972—1977*, translated by Colin Gordon et al. (New York: Pantheon Books, 1980), p. 55.

民都可以从皇帝那里测定自由的程度。

将君权分裂为物质和超越两个方面，可以平衡对权力集中于君主的这种经验主义的反应。由于这种分裂蕴含的是提喻性对立而非矛盾，因而它造成一种对君主身体的特殊执念。虽然对权力的物质定义和精神定义可以相互补充，但一方必须表征另一方，这一事实使注意力集中于可朽的身体，因为它是这对术语中的可见因素。所以，埃塞俄比亚宫廷需要一个御垫男仆，以便当皇帝坐上御座时，他把垫子恰好放在皇帝陛下的脚下。

> 这个动作要完成得非常神速，因为不能让我们皇帝陛下的脚悬空。众所周知，皇帝陛下本人又瘦又矮，于是，御室要求我们，无论是从皇帝陛下的身份，还是从他的外表考虑，都要提高他坐姿的高度……在增高皇帝陛下的皇冠和提高他外形坐姿高度方面，宫廷内曾产生过分歧，因为满足哪个条件都十分棘手难办。分歧主要是在解决皇帝陛下的腿怎么放的问题。(p. 27)①

皇帝自己也要服从这样的准则。

> 一旦发现有人注视他时，他就会拼尽全身力气，

---

① 你可以在任何一张皇帝陛下坐着的图片上看到 52 个垫子中的一个。我喜欢的是塞拉西自传（*My Life and Ethiopia's Progress*）上的卷首插画，他把脚放在垫子上，一只小狗（露露?）直立地坐在他的两腿之间。

挺直身躯，显示他腿部的肌肉很有弹性，以便保持他至高无上的尊严，让帝王的身影显得笔直挺立、有威严，那时，他所迈出的每一步，都好像是要在威严与蹒跚之间、在倾斜和直立之间进行拼搏。那时，我们这位威严的皇帝早已知道自己年事已高、衰弱而憔悴，但他不想在外人面前表现出自己的衰弱，不想让外人感觉出自己一天一天在变老，更不想因此失去自己在外人面前的尊严和万王之王的威严。可是，我们这些天天伺候在他左右的仆人，每天都近距离接触他，我们知道，他每天为此需要付出多大的努力和艰辛。(p.6)

从塞拉西的角度来看，这种个人准则是"一针及时省九针"：

很难发现皇帝会显露出某种不耐烦、生气或者焦虑狂躁和烦恼的情绪。他给人的感觉是温文尔雅，好像从来都不会生气，不会有焦虑烦躁的情绪，也不会表现得冷酷无情。他的脾气非常好，这也是他天生的特质。我们这位威严的陛下非常善于在不改变自己原则思想的同时使自己得以发展，臻于完美。他认为，焦虑烦躁情绪的暴露是政治上虚弱的表现，这会让自己的对手和狂妄大胆的下臣钻空子，并成为他们言谈中的笑柄。(p.6)

君主的这种准则弥漫于整个宫廷文化，提供了规训宫廷的社会身体的常规。用福柯的话说，权力的具现始于君主造就了社会系统的微观政治学。[1] 这些常规包括权力的身体表现、举止替代言语以及当宫廷陷入麻烦时，君主不动声色的形象。所有这些修辞在《皇帝》中都有所体现。

宫廷生活通常被用于证明政治系统中的表演如何使权力合法化。[2] 典礼、舞会、仪式、戏剧等的制造，显然是宫廷生活的重要组成部分[3]，当然，这并没有涵盖宫廷主义表演的所有形式。埃塞俄比亚宫廷中仪式不断，那些参与者的经历显示了那种贯穿于宫廷象征机制中的权力在个体身上的体现。

> 雷沙德先生！皇帝授权命令的这种强势简直令人不可思议！这些普通的脑袋，曾经可以敏捷伶俐、无拘束自由转动。这些脑袋曾经可以做各种动作，或低头，或扭头。随着他们接受了皇帝的任命，这些脑袋就像被糊了一层厚厚的油一样，突然变得不能自如转

---

[1] Michel Foucault, *Discipline and Punish*, translated by Alan Sheridan (New York: Pantheon, 1977)。

[2] 例如，参见 Wilentz, ed., *Rites of Power*。

[3] 关于宫廷盛会的介绍性研究，参见 Roy Strong, *Art and Power: Renaissance Festivals, 1450—1650* (Berkeley: University of California Press, 1984)。"在文艺复兴人文主义的影响下，节日的艺术作为一种统治手段被新兴的现代国家所利用" (p.19)。

动了，这些脑袋变得只会上下活动，即在皇帝陛下面前，他们只会俯首朝地，在众人面前他们只会仰头朝天。他们的脑袋真的变得一点儿都不自如了，只会循着上下垂直的轨道活动……作为在大厅负责礼宾工作的官员，我特别注意到，这种任命居然能使人的整个身体发生变化，这是一种翻天覆地的变化。这令我感到十分费解，于是我就开始近距离注意观察他们的一言一行。首先，我发现，他们的整个体形都发生了变化。过去苗条、纤细、瘦腰、弯腰驼背走路的人，现在身体的轮廓开始变成了方形。这是一个巨大而庄严的方形轮廓身躯——这种身躯象征着庄严和权力……这种形体的变化还伴随着躯体动作的变化……在接受任命之后，他们的脚步必须显得庄严稳重：脚必须坚定果敢地落在地上一步一步往前移，而且身体要稍微前倾，似乎是在表示，无论在逆境、不幸，还是灾祸、困难面前，都要勇往直前，忠实效忠于皇帝。同时手的动作要显得放松不刻板，避免出现紧张紊乱无条理的手势。他们还得注意，自己的面部表情也要变得严肃、庄重、僵硬、紧绷、刻板和幽闭，但仍能够在瞬间变得欢快和令人赞许……这些人在接受任命之后，甚至眼神的凝视也在变化，凝视的距离和角度都在变化。所谓凝视，对准的是完全达不到的一个点……其实我们也明白，在这种情况下，我们试图把

自己的真实想法说给他听肯定毫无任何意义，并且还会显得太小气太琐碎。所以我们都沉默不语。（pp. 34—35）

这种描述如今也不会陌生——它可以很好地说明我们政治候选人所使用的标准竞选画面，他们自信地凝视着我们展望未来的进步和连任。不同之处在于，宫廷生活有意识地取决于君主超凡魅力的分配。因此，特权和职责的问题、明智和原则的问题，往往主要通过身体的安排来理解和解决。这种取向最终导致自身形式的荒谬。例如，皇帝对政权衰退的应对措施之一是组织群臣每天去做体操。但是，如此可笑的行为不会影响皇帝成功使用化身（embodiment）在宫廷中掌权、获得外国的援助，或思考其中又如何包含毁灭的种子。最终，世界媒体对旱灾受害者身体的报道在一定程度上毁掉了这个宫廷（pp. 108ff.）。记者们之前对皇帝出访期间光辉形象的赞美，以及对他漠视苦难的控诉，二者源于同样的表现美学，它们都重视通过君主和臣民的身体对权力进行描述。①

对权力化身的痴迷和宫廷主义风格的另一常规共同起作用：举止代替言语。即使是文艺复兴时期喋喋不休的意大利宫廷，其最重要的美德，即假装的漠不关心（"优

① 这种关于审美倾向间交叉点的考察不应该使它们之间的不同点模糊不清。不过，也许宫廷主义风格和自由主义的视觉审美之间有一种亲密关系，即以个体肖像刻画普通人来描述社会问题。

雅"）也主要被理解为一种举止品格。① 正如在日渐衰退的旧制度社会中，一个廷臣向路易十六抱怨他们世界的死亡："路易十四统治下人们保持沉默，路易十五统治下人们敢窃窃私语，在您的统治下人们大声议论。"② 宫廷中，言语和举止是两种相互竞争的交流原则和政治秩序，而宫廷制度的生存需要抑制言语。正如埃塞俄比亚的廷臣们强忍着有狗尿的脚，在朝堂之上保持直挺的站姿一样，他们还压制着自己想要说出、喊叫或抱怨的冲动。那只狗没有得到任何评论，没有言语的关注，他的行为也没有被提及。因为一切都被拭尿男仆用圣布擦掉了。廷臣们体现了"身体控制是社会控制的一种表现"这一普遍规则，同时表明把"身体端庄当作秩序的标志、把言语当作失序的标志"这一社会控制的具体形式。③

虽然宫廷孕育着言语，但又被不同交流模式的等级制控制。这种等级制把最低地位归于书面公告（最有可能翻转），然后由口头语言上升到行为举止，最终在沉默中实现政治秩序。

庄严的陛下从不读书。对他来说，不存在什么书面语言和印刷文字，所有的事情都得向他口头报

---

① 参见对"比其他任何规则似乎都要更多地应用于所有人类行为和话语的普遍规则"的讨论（Castiglione, *The Book of the Courtier*, p. 67 及前几页）。

② Elias, *The Court Society*, p. 87.

③ Mary Douglas, *Natural Symbols* (New York: Vintage, 1973), p. 99.

告……对于我们这位帝王来说，他不仅从来不读书，而且从来不写任何东西，甚至从来没亲手签过任何文件。虽然他做了半个世纪的帝王，但是就连他身边最近的臣属也从未见过他的手迹。（pp.7—8）

而且，"在上朝的时间里，我们的陛下通常说话声非常小，似乎看不见他的嘴唇动……再说，皇帝所说的话通常都不直截了当，他常常使用双关语"（p.8）①。相比之下，清楚的是在挤满群臣、伸出许多脑袋的皇宫庭院里，皇帝对任何人的一瞥所授予的力量都是不可思议的："只要能被皇帝注意到，在那眼睛对视的一瞬间，人的心灵就会产生巨大的震撼，就会无比欢欣鼓舞：'啊，皇帝看见我了！'这会让人感到顿时增添了无限的力量，感到无限幸福、无限荣光！"（p.14）因为"众所周知，我们的陛下，尽管既不看书也不动笔，也正因为如此，他的视觉记忆惊人地发达，无人可比"（p.14）。当廷臣接到委任时，对举止的偏爱超过语言这一点也被他们自己的权力化身所复制：

皇帝的宠儿们大都喜欢低头不语。当"任命授权

---

① 当然含糊性不只限于宫廷政治。默里·艾德尔曼（Murray Edelman）说明了大量含糊性特点的政治话语何以使个体占得优势、集体获得灵活性：参见 *Constructing the Political Spectacle* (Chicago：University of Chicago Press，1988)。也可参见 William E. Connolly, *Politics and Ambiguity* (Madison：University of Wisconsin Press，1987)。皇帝的含糊性因与言语一致而得以区分，并被置于交流模式的特殊等级中。

钟头"过后，他就开始变换说话的方式，他不用整句的话语，不用简单明了的词法去表达自己的意思，而是长时间地用并联单音节词在那里嘟嘟哝哝，时不时嘟哝几声，甚至清清嗓子，同时又突然意味深长地停顿或者变换声调，含糊其词地表达自己的意思，好像他早已对一切了如指掌，无须再多说什么。此时，我们就会意识到，没有必要再继续留在这里，该准备离开了。看到这种情形，他就会慢慢抬起头表示与我们告辞。(p.35)

这种等级制最终导致了沉默。"皇宫中的生活，尽管看上去很繁忙热闹，其实背后充满了沉默。"(p.50)有必要意识到这种沉默不只是声音的缺席，它是一种意识的形式。这里有好的和坏的两种沉默 (p.158)，沉默被理解为秩序的一种原则：

> 如果有谁想爬上皇宫再高一点的阶梯，那就必须从一开始就精通这门消极知识 (negative knowledge)。他们所有人必须牢记：什么必须回避，什么不能说或什么不能写，什么不能做……由于皇帝陛下一贯喜欢沉默箴言、不动声色，善于含而不露、善于等待和拖延时间，所以他们也只能保持沉默，继续在诚惶诚恐中等待和拖延时间。(p.49)

策略和沉默的紧密结合渗入整个宫廷生活："每个人根据条件和环境做出自己的选择，或者直言不讳，或者含糊其词，或者直抒己见，或者保持沉默。"（p.94）因此，宫廷生活的节奏似乎源于沉默的调节而非声音的调节。① 说话前，总要衡量一下它和沉默之间的价值。"各派就开始阐述自己的观点，当然开展的是秘密的地下活动。至高无上的皇帝不喜欢搞小集团、分派别，他憎恨人们众说纷纭、说长道短，无法容忍任何压力和破坏和平主张。"（p.126）

对言语的压制不仅为举止修辞创造了一个知觉场，还有其他意涵。例如，通过将言语转入地下，同时将沉默作为社会秩序的原则，由此宫廷把言语和自然的活力及非道德联结起来。"由于产生了这三种派别，他们之间开始互相争斗、互相推诿、互相怪罪、互相指责、互相咒骂、互相争吵、互相训斥、互相讽刺、互相挖苦、互相嘲笑、互相讥讽。为此，皇宫似乎暂时恢复了先前的活力，似乎产生了一种家的感觉。"（p.126）宫廷有了自己的象征性戏剧，既有公开姿态（public gestures），也有私下指责（private accusations），是在低声耳语的密谋之上建立起来的

---

① 关于宫廷的言语控制的一个相关例子，参见 Michael V. Fox, "Ancient Egyptian Rhetoric," *Rhetorica* 1（1983）：9—22。"埃及人的修辞的首要准则是沉默"（p. 12）。对宫廷中沉默的作用的全面理解还需要分清沉默的其他形式。例如，参见 Robert L. Scott, "Rhetoric and Silence," *Western Journal of Speech Communication* 36（1972）：146—58, and "Dialectical Tensions of Speaking and Silence," *Quarterly Journal of Speech* 79（1993）：1—18；Barry Brummett, "Towards a Theory of Silence as a Political Strategy," *Quarterly Journal of Speech* 66（1980）：289—303。

沉默形式的壮丽建筑。

　　同样，宫廷主义意识似乎也被对人类能力的转喻性描述所吸引，这是一种与它的举止取向相一致的明确的实践活动。"人们都说，如果谁能经常凑在皇帝的耳边说话，那个人才是最重要的……为了这只耳朵，宫廷中的人都要进行你死我活的斗争，耳朵就是游戏中的最高赌注……争夺皇帝耳朵的斗争从未间断过……我再补充一句，在与我们这位皇帝陛下端庄瘦小的身体极不相配的那个大脑袋上，还有一对与之不相配的大耳朵。"（pp. 36—37）那些不能拥有耳朵的人会去竞争眼睛，正如他们每天早上在宫廷的院子里，"竭尽全力把脸露出去。而且那些无法挤到人群前面或者被挤到一边、在后面凑不上前的那些人的脸，甚至根据君主国法律无权凑近皇帝的那些人的脸，此时也都往前凑、往前挤。这是真的，不管什么人都往前钻，这里有王公贵族也有达官显贵。这时的景象就如碎片一般：一只耳朵、一块鬓角、一个脸颊或一个下颚……只是为了能离皇帝的眼睛更近一点！"（p. 15）当转喻成了主语，结果是，君主权力的身体化身不再是一种关于国家的有机体概念（这是一种隐喻形式），而是一种对行为因素的普遍分割。"对于我们每一个人来说，所有的事情都完全分开了，看从想中分开，想从说中分开，而且没有人可以将这三种能力融合在一起，并把真相说出来。"（p. 146）如果权力注入身体，那么身体部位的分割就成了权力的分配、所处或丧失的鲜活表现。当宫廷衰颓时，"耳朵到处都是，防不胜防。有的隐藏在地下，到处隔墙有耳；有的飞在空中，附在门拉手上，隐藏在办公室里，潜伏在人群，混迹在市场中……每个人都有自己的选择……或者直抒己见，或者保持沉默"（p. 94）。讽刺的是，君主权力的转喻性集中会产生一种肢解的景象。卡普钦斯基在更深的层次上触及了这一点，他引述普罗科皮乌斯（Procopius）的话来描述宫廷的瓦解：

> 另一方面，查士丁尼一世的随身侍从们在皇宫里跟他待到最后一刻，他们得出这样一个印象：除了皇帝以外，他们好像还看到了一个奇怪的幽灵……可是突然，他的脑袋消失了，而身体还在继续均匀地踱步。一个侍从认为，是他的视力出现了问题，不听他的使唤了，所以他久久地、无助而又困惑地站在那里。这之后，当他发现那个脑袋重又回到他的躯体上时，他感到很吃惊，他看到了以前从没见过的东西。（p. 107）

是那个侍从的眼睛欺骗了他，还是他的感知被象征主义塑造过？

这些转喻促使复杂难解的政治过程简化为国王和廷臣的化身时刻。同时它们还要在那种社会系统中分配权力。任何政治系统都必须既要集中权力又要分配权力。权力不集中就没有价值，权力不分配就没有用处。当权力集中于身体，就必须通过身体来分配。不管是将魔力归功于与皇帝的接触，还是为被他看一眼而竞争并因这一眼而感到心灵震撼，又或者是根据与他的身体距离和接触次数来分配宫廷的职位，这些都是象征行为对超凡权力的分配。因此，宫廷中权力的实际配置某种程度上取决于身体的状况、轮廓、动作和分割，君主权力的任何严重衰退都会被认为是过度的分割，也就是肢解。

权力化身和举止替代言语的一般倾向在埃塞俄比亚宫廷崩溃时变得更加明显。也许宫廷主义风格本身就带有检查和平衡的敏锐系统，当宫廷运转良好时，它能保持言语和举止之间的平衡对抗，这一点在端庄的身体和一系列非个人化的公职、头衔和宫廷职能中都很明显。当宫廷崩塌时，它的基本倾向依然没有受到抑制，功能日益失调，最终导致宫廷瘫痪。

当露露行走于廷臣之间时，他们则"一动不敢动，也不敢弄出任何声响"。在宫廷，面对更高地位的人时的严格自我控制训练和不断参与公共活动，最终会造成无力行动。诺贝特·埃利亚斯留意到路易十五的宫廷："礼节和典礼越来越多……成了一个幽灵般的永动机，无关任何直接的使用价值而持续地运行着，就像一个不知疲倦的马达，被陷入其中的为竞争地位和权力的人们推动着。"① 巴巴拉·塔奇曼（Barbara Tuchman）公布的另一宫廷的一个轶事，同样表明从端庄到静止的变化："17世纪初期，西班牙还有一个国王腓力三世，据说他死于发热，因为他习惯性地在靠火盆的地方坐得太久。无奈体温过高，因为负责移动火盆的随从，叫他时却找不到他。"② 塔奇曼所说的荒唐不止于此。这是一个关于统治者如何受制其特殊且危险的统治常规的故事。这种情况下，不作为的能力是宫廷生活的一个重要因素，是"消极知识"的一个方面。皇帝深谙此道。例如，他在一次政变中没有贸然回归，任由反叛自由瓦解，从而渡过了难关（p.69）。他的垮台（恰好）始于一场时装秀，因为这：

> 同时就给了他们机会。这使众人得以聚集从而使学生们开始了游行示威，引发了整个无序的骚乱运动。这是极大的错误，从一开始就不该允许搞任何运动，既然我们能在静止中生存。静止不动的程度越高，我们就越自信，坚持的时间就越久。所以我们君主所采取的行动就更令我们感到奇怪，既然他比谁都更了解这一切，而且事实上他最喜欢的宝石是大理石。大理石的特点是：沉默、静止、表面极难抛光。至高无上的皇帝陛下的梦想是：他周围的一切都应该

① Elias, *The Court Society*, pp.86—87.
② Barbara Tuchman, *The March of Folly* (New York: Alfred A. Knopf, 1984), p.8.

是静止的、沉默的，即使是刨得光滑的大理石，那也得是切得方方正正的、永远一动不动的，一切都要为稳固他的皇权服务。（p.146）

和沉默一样，与之紧密相连的静止不只意味着运动的缺失，它还代表自我控制的一种准则、宫廷生活的一种伦理。正如其他伦理规范一样，相比于日常活动的恒久品质，它更多地是艰难时刻可以凭借的一种原则。静止是一种姿态，从中宫廷可以自我反省，汲取可靠的力量源泉——其合法性象征的壮观展示——同时也衡量着时间和地点，以便在无序的环境中维护自身。当宫廷衰退时，这种静止便蔓延开来，以前所未有的方式主导日常生活。"我们可以感受到气温在下降，生活也越来越固定化，但也越来越呆板、乏味、消极。"（p.83）宫廷生活变得越来越迟钝，皇帝对所有镇压叛乱或国家改革的提案都予以同样的回应：只是听而不说话。他唯一的行动是筹办更多的庆典。最后，"他静止了，长时间地在他办公室里冥想"，或沉默地坐在他的书桌前（p.156）。

海勒·塞拉西将宫廷的最后时光全都花在遵守日益空洞的礼仪上，如此其他人就轻而易举地废除他的统治。唯一有记录的一次皇帝抗议篡位的时刻，是当他被带到大众汽车上的时候。"'你们不能这样！'皇帝生气地说，'我怎么能坐这种车？'"（p.162）皇帝可以接受退位，但完全无法容忍对得体的破坏。随后，他在监禁中仍像在宫廷中一样：每天"都严格按照他神圣的日程行事"，他所有的活动都"按照礼宾程序进行"（p. 163）。

这看上去怎么都不像可以效仿的模型。而且，这是一种君主制的倾颓，它的成就无非是在现代世界中持续了很长时间，直到它的贪婪、迟钝和死板暴露出来。卡普钦斯基的故事既可以使现代读者安心，又保存了那种被丢进历史垃圾箱的政权的基本形式。《皇帝》一书的结束语集中体现了作者的才能，他把前现代的主题和现代的观念形式融合在了一起：

《埃塞俄比亚先驱报》

亚的斯亚贝巴，1975 年 8 月 28 日电：前皇帝海勒·塞拉西一世昨晚因循环系统衰竭去世。（p. 164）

皇帝的身体在现代文本中安眠：它被公共领域的装饰和医药科学的话语所限定，被当前的政权所控制（这由现实主义风格构成，例如用术语"前"表示未申明的到场——一种无名的物质力量作为授权和发表的基础）。"循环系统衰竭"是最后的讽刺，是宫廷主义机巧与现代生活气息的最后比照。但这一简短的文本同样是由社会身份与自然身份的宫廷主义辩证法、阶层等级、痴迷皇帝身体和皇帝静止的画面组织而成。这一文本实际上是"古老统治艺术的展示"（p. 23），不过它关于特定宫廷崩溃的故事，早已被赋予了宫廷性，并且可在其他时间或地点被激活。

在关于宫廷主义风格消亡的记录中，《皇帝》并不是唯一一部集中体现宫廷主义风格的案例，其他记录也加强了我对这种风格主要常规的识别。例如，注意这种风格如何体现在溥仪关于皇帝随从的描述中：

> 我到宫中的御花园去玩一次，也要组成这样的行列：最前面是一名敬事房的太监，他起的作用犹如汽车喇叭……在他们后面二三十步远是两名总管太监，靠路两侧，鸭行鹅步地行进；再后十步左右即行列的中心（我或太后）。如果是坐轿，两边各有一名御前小太监扶着轿杆随行，以便随时照料应呼；如果是步行，就由他们搀扶而行。在这后面，还有一名太监举着一把大罗伞，伞后几步，是一大群拿着各样物件和徒手的太监：有捧马扎以便随时休息的，有捧衣服以便随时换用的，有拿着雨伞旱伞的；在这些御前太监后面是御茶房太监，捧着装着各样点心茶食的若干食盒，当然还有热水壶、茶具等；更后面是御药房的太监，挑着担子，内装各类常备小药和急救药……在最后面，是带大小便器的太监。如果没坐轿，轿子就在最后面跟随。轿子按季节有暖轿凉轿之分。这个杂七杂八的好几十人的尾巴，走起来倒也肃静安详，井然

— 128 —

有序。①

塞拉西想必知道在这种情景下要做什么，因为这个场景体现了他的政治风格的基本因素，包括通过随从展现等级制、通过身体分割体现君主身份和分配职务，以及用沉默体现秩序。溥仪继续说道，当时还是小孩的他如何以扰乱仪仗队为乐，但这只是让故事变得鲜活，给予宫廷以特有的欢乐和权力，这些源于以下两者之间的持续变换：把自然塞入政治秩序的形式中，并在这些形式使人乏味时打破它们。

这些设计同样充斥于对另一王室倾颓的记述中：在托马斯·卡莱尔（Thomas Carlyle）关于法国大革命的编年史中，包括几处对君主统治最后时刻的同情描述，并遵循他是在做记录的风格形式。该著作从路易十五的病房开始，他致命的疾病象征的"不仅是法国国王的，而且是法国王权的"状态。② 当这变成整个法国的时局时，就会倾向"沉默比任何言语都要好"，并与作为制度崩溃之征兆的静止相对照，使得现代生活的新兴权力和不受抑制

---

① P'u Yi, *From Emperor to Citizen: The Autobiography of Aisin-Gioro P'u Yi*, translated by W. J. F. Jenner (Oxford: Oxford University Press, 1987), p. 41。［译注］中文译文见溥仪：《我的前半生》，北京：东方出版社，1999 年版，第50—51 页。像《皇帝》一样，这一文本记述了个人的宫廷经历，但是从另一个革新的角度写的——溥仪的政治再教育和政治状况的视角包含在了这本书的写作和出版中。

② Thomas Carlyle, *The French Revolution: A History*, 2 vols. (New York: Harper & Brothers, 1870), I: 6.

的言语及书写结合起来。① 这些主题及其怀旧语气在作品接近尾声时回归，即当他记录对玛丽·安托瓦妮特（Marie Antoinette）的审判时：

> 曾经最为高贵的王后，如今失去了所有的光泽，颜面全无，遭人唾弃，孤独地站在富基耶·坦维尔的审判栏中；为她的性命辩护。起诉书于昨晚送达。有什么词语可以形容这种人生际遇的转折？只有沉默最为恰当。

> 很少找到比《革命法庭公报》（*Bulletin du Tribunal Révolutionnaire*）那赤裸裸的记录更悲惨、更骇人听闻的文件了……

> 作为女王，玛丽·安托瓦妮特即便在极度需要帮助却被无情抛弃的情况下，也没有忘记自己的尊严。在宣读那丑恶的起诉书时，他们说她的面容始终保持着镇定，"她只是不时像弹钢琴一样动一下手指"。在那份阴森恐怖的革命公告里，你能不无趣味地看到她如何使自己保持着女王般的风范。她的回答迅速、清晰，通常还很简洁……经过两天两夜的审问、指控和其他的诬罔，周三早上四点结果出来了：死刑判决。"你还有什么要说的吗？"她只是摇摇头，没有说

---

① Carlyle, *The French Revolution*, I; 27, 28, 2, 10ff.

话……坦维尔的大厅除了她站的地方外都暗淡无光。她安静地走了出去，赴死。[1]

我们也许会感到惊讶，卡莱尔的这种二手记述为何会如此生动。他不需要亲身经历，因为他已经掌握了将这一事件描绘成王权典范所需的一切。当阶层等级被剥夺的时候，王后则诉诸其他方式：通过举止的掌控和沉默的规范使她远高于她的控告者，而控告者的公告和口头辩论则使她的地位更上一层。这种沉默既是皇家秩序的象征——其神秘性之一，因为它在这里进一步与永恒结合在一起——又是危机中可以凭借的行动原则。卡莱尔用这些方式充实了这种描述，即注意一般姿态和瞬间动作、举止表现的转喻细节，她被包裹在顺从礼节的强烈诉求中。虽然"颜面全无"，但她仍然保持自我控制的模式；虽然被指控，但她的身体背叛的只是审美记忆。面对"诬罔"，她始终是一种诚实的形象，当场景结束时，在大厅的聚光灯下熠熠生辉。此时此刻，场景已难以令人信服，但又在读者的想象中继续存留。卡莱尔对君主政制的同情，通过娴熟运用宫廷主义风格来创作他的政治史得以表达。

这种风格并不限于这些案例。当转向宫廷生活的其他记录时，不仅能看到我所指明的那些修辞持续出现，还

---

[1] Carlyle, *The French Revolution*，II：303—5。这一段还揭示了宫廷主义风格和现实主义风格之间的某种相似性——例如二者都使言语附属化以创作权力、权威或合法性——同时也表明了它们之间的明显不同。

— 131 —

能看到那些未指明的。领会这种风格的全面说服力的关键在于，注意宫廷中女人们的眼睛。例如，在清少纳言（Sei shōnagon）的《枕草子》（*The Pillow Book of Sei Shōnagon*）中，不仅可以看见等级的重要性，还可以看见它的壮丽性，不仅有错综复杂的对得体穿着和仪态的规定，还有既能释放艺术生活的压力，又能强化艺术准则的"笑声崇拜"[①]。同样，在《自语》（*The Confessions of Lady Nijō*）中，可以看见的不仅是宫廷中各等级的地位、喜好和职责，还有它们遍及各处的强制性力量。而礼节性的高雅舞会和宫廷里的肉体交易之间的张力，则通过另一种转喻体现：眼泪不断地流下来，弄脏了她华美的衣装。[②] 这些记述既是亲身体验的，也是边缘性的，并在公开展示和幕后操控间交替，在审美上扩展这种风格的同时，也显示了它的代价。此处，这种风格自觉的是一种更关于日常生活的艺术，而（某种程度上）不是一场政治竞争，它很少用沉默静止来表现，更多地是用宫廷的诗歌和音乐，这可用以消磨闲暇的时间和缓解漫长的等待，不过其顶点也不

[①] Sei Shōnagon, *The Pillow Book of Sei Shōnagon*, translated and edited by Ivan Morris (New York: Columbia University Press, 1991)。初稿大约流通于 996 年，并在之后得到完善。大量的例子包括：阶层和华丽，34—35、56、109—10、132—34、146—47、155、181、192—93、228—29、232；得体，47—48、71—72；笑，24、28、48、101、104、109、113、162、251。清少纳言的观察完美地证实了博克对笑声崇拜的讨论（*A Rhetoric of Motives*，pp. 226—27）。

[②] Nakanoin Masatada, *The Confessions of Lady Nijō*, translated by Karen Brazell (Garden City, NY: Doubleday/Anchor, 1973)。原本完成于 1307 年。眼泪是常用手段，例如，pp. 5、9—11、28、35、44、48、66、253。

是在活动中，而是在享受耽美静思的时刻。

此时，这种风格与现代主义美学产生共鸣，因而变得隐蔽：它似乎是一种与现代政治力量毫无关联的优美却迟钝的形式。相比之下，塞拉西的不体面就成了一种美德，因为它激发了一种更具批判性的心态。不管埃塞俄比亚宫廷是多么可笑和腐朽，它还是统治了几代人。这可能要归功于寄生现象，不过阐述这一点的实在太多，也不是本章的主题。所以，还是让我们看看政治行动的实际基础是如何由一套行为规范提供的，包括严格的等级制、通过皇帝的身体来分配权力、言语从属于沉默以及其他此类宫廷主义修辞。虽然这些表现的常规有时只不过是真正起作用的权力的一种伪装，但其他时候，从严格意义上来说，宫廷权力就是象征作用的同义语，以公开表演和礼节互动为特点。这种宫廷主义风格可以构成政治经验，因为它也包含权力、自我等相关概念。换句话说，某种程度上，一种政治风格可以被理解为一种政治理论的艺术表现（有些政治理论也许可被看作特定互动风格的合理化）。潜藏在宫廷主义风格中的理论是令人好奇的，因为它关于政治现象的基本观念与现代主义的权力观念是不相容的。

塞拉西不是因哲学话语而著称，他对权力的理解不是在宪法原则中，而是在对各省市的出访活动中总结出来的。面对可能会发现管理不善的突击查访和被隆重接待的预定停留，他的选择是清楚的：

政府部门不能在毫无准备的情况下、在恐慌的气氛中工作！政府工作就要按部就班，墨守成规，一成不变，就必须按已经建立的统治规则工作……朋友，你想想看，皇帝陛下走下飞机，空空如也！荒凉空寂无人，到处是沙漠，举目四望，毫无人烟。看不到一个人，不能发表讲话。没有灯光，没有欢迎的拱门和队伍，甚至连汽车也没有。你能做什么？你怎么表现？安放御座，铺开地毯？这样效果会更坏，更荒唐。皇帝代表尊严，但必须有周围谦卑的环境做依托。只有这种谦卑才能烘托出皇帝的伟大和震撼，才能让皇帝具有真正的意义，没有这些，御座就仅仅是一个装饰，是一个令人不舒服的、天鹅绒和弹簧已经破损了的带扶手的座椅。把御座放在荒无人烟的沙漠上——那等于丢尽名声名誉。还要坐在上面？等待着什么事情的发生？……让皇帝现在做什么？放眼环视四周，回到飞机上，然后再飞向北方？在那里人们都在热情地翘首等待着他，急切地盼望着他的到来：礼宾、欢迎仪式，亮得像镜子一样的省城。（pp.40—41）

谁是国王毫无疑问，但如果没有王权的成功表演也就没有国王，成功表演需要国王和臣民各自扮演好自己的角色。有些王权可能先于它的展示，但大多数王权通过典礼的运用和观众的参与产生，并且，如果舞台残破或观众轻蔑嘲笑，那么所有的王权就会失效。这种意识极易导致各种典型的滥用行为，包括挥霍钱财以确保舞台始终辉煌，以致疏忽其他责任。甚至连皇帝陛下也不能掩盖这样的事实：权力是他人授予的。沙漠中的御座是荒谬的，因为在自然状态中没有政治权力。政治始于意义的创造，而意义通常是共享的、相互的，是一种表演与回应的过程。没有什么东西是可以被占有而不能被收回的，没有什么东西像没有演出的道具一样无用。

简言之，宫廷主义风格激活了在很多现代政治理论中升华了的社会和审美意识。宫廷主义的行动者明白，权力通常会从它的集中点分散，会无规律地运转，并在任何时候都可能既是可达的又是不稳定的。个体获得的权力是成功表演的副产品，制度中的权力则通过它的观众网来分配，这些观众的资格总是处于波动之中。即使在埃塞俄比亚宫廷，焦点似乎完全集中到皇帝身上，大多数廷臣的日常政治活动也是在彼此面前扮演自己的角色。宫廷衰落的这种极端例子表明，对观众赞同的结构性需要给予了制度生活以必要的张力。正如弗兰克·惠格姆对另一宫廷文化的观察：

在这种情境中，如果所有的言辞首先具有了展示性的力量，如果风格的表现超越了实质的问题，如果

— 135 —

谈话的主题逐渐变为争吵，如果谈话不是被听而是被看，那么说者和听者之间的权力关系一般会偏向听众。言语及其他意指所显示的不是权力而是无力，是请求听众去听、去理解、去认可。[1]

这种关系根本上是反复无常的，因为表演者和观众的角色频频互换，精彩演出的标准也往往通过表演来协定。"实际上，这里没人负责。"[2]

因此，宫廷主义风格产生这样一种极端情况：每当政治关系受修辞实践的审美态度调节时（在任何政治文化中，有时都是如此），都会产生一种效果。正如弗兰克·兰特里夏（Frank Lentricchia）在解读肯尼斯·博克把政治和审美融入修辞时指出的："某种程度上，审美效应是不受控制的。""没有统一的、完全'居中'的读者，因为没有统一的、完全'居中'的意识形态：因此没有统一的文本和统一的权力作用。"[3] 兰特里夏抓住了任何对政治风格的理解都潜藏着的基本意涵：某种程度上来说，权力是表演的产物，是自发的、现实的和不稳定的。就像一个埃塞俄比亚廷臣的沉思自语，"其实很难界定，哪里是真正的

---

① Whigham, *Ambition and Privilege*, pp. 38—39.

② Ibid., p. 39。惠格姆的陈述是关于痴迷纯粹表演的宫廷的，但加以必要的变通，我认为可适用于任何宫廷文化，乃至所有惯常生活。

③ Frank Lentricchia, *Criticism and Social Change* (Chicago: University of Chicago Press, 1983), pp. 106—7.

权力——可以征服一切，能创造一个世界，同时也能毁掉一个世界——的界限，哪里是活生生的权力——伟大的，甚至可以说是令人毛骨悚然的——的界限，哪里是表面的权力——像打哑语似的，只是作为一个傀儡在那里起着作用，看不见世界，听不到外界的声音，只能看见自己——的界限"（p. 145）。在这种构想中，任何人都有可能获得权力，因为权力完全是被创造的，并足以控制整个人类，只是这要依赖受众反应的千变万化。这就是为什么关于得体的批判意识会令那些习惯于将魅力常规化的人不安。关于政治风格的分析表明，政治决策通常取决于短暂的审美知觉，政治系统在预定的和自发的表演中持续被重塑，政治权力很难控制，取而代之的是理性治理、组织结构和政治问责。① 换句话说，权力可以是一种关系，它通过表演或先前表演或反复表演的残留属性产生，不太可能和武力的使用或管理活动的理性操作一样。

这种政治权力的观念不一定是宫廷中唯一的权力观念——显然，权力可以是武力、法规及官僚系统，它们可能同样有效。但表演性权力的观念通常是一种内在的观

---

① S. R. F. 普莱斯（S. R. F. Price）简要总结了权力的传统分析（现实主义的、理性主义的）和对照性视角（戏剧主义的、结构主义的）之间的差别，前者把权力定义为能够有效运用武力或掌控某一行政机构的个体占有物，后者把权力定义为由象征行为构成的关系结构的属性。参见他的 *Rituals and Power：The Roman Imperial Cult in Asia Minor*（Cambridge：Cambridge University Press），pp. 9—11，240 ff. 。

念。它的重要性要通过与自我观念的相互作用才能被突出，这种自我观念是宫廷主义修辞的另一因素和效用。理查德·兰纳姆（Richard Lanham）关于假装的漠不关心的讨论，提供了进入宫廷主义风格此一面向的出发点："一种诗意潜藏其中，正如潜藏于所有政治理论中……因此，自我作为一种审美的而非道德的实体脱胎于《廷臣》，并最终成为一种品味问题。"[1] 必须重申这一点，宫廷主义话语中形成的自我观念根本上不同于现代的自我观念，前者既缺乏心理自主又缺乏道德基础。[2] 人只有通过宫廷授予的角色，才能获得个人价值的先决条件——身份和效用。身份的归属源于对表演的回应，当品味、修养和风度等主观因素与受众对表演的评估相匹配时，它们就成了政治行为的客观因素。一种制度越专制，这种角色就越依赖皇帝的承认，也就越不得不无时无刻满足"他的虚荣，他的自恋，他对舞台和镜子、姿态和皇位的热情"（p.154）。怪不得他们会向前挤，以期获得皇帝的注意："现在脸和名字对上号了，那么一个人就诞生了，就有可能成为某一职位的候补人选。因为单独的脸是无名的，单独的名字则是

---

[1] Lanhan, *Motives of Eloquence*, pp.155, 156.

[2] 关于现代主体性的文献很多。代表性的批评包括：Christopher Lasch, *The Culture of Narcissism*（New York：Basic Books, 1978）, and Richard Sennett, *The Fall of Public Man*（New York：Random House/Vintage, 1978）。周到的辩护，参见 Charles Taylor, *Sources of the Self：The Making of Modern Identity*（Cambridge：Harvard University Press, 1989）and *The Ethics of Authenticity*（Cambridge：Harvard University Press, 1992）。

抽象的。你想让自己在皇帝心中更有形，就不得不使自己具体化，让自己呈现出某种形状和造型，这才能显出你的与众不同。"（p. 15）这种制度中，廷臣从来不会对自己诚恳，即使不怀有良知，也能融洽相处。"所有人都屈服于这种操纵，因为他们存在的唯一缘由就是皇帝的赞许，如果哪天没能得到皇帝赞许，那么这些人就会在当天从皇宫中消失得无影无踪。是啊，他们凭其本身什么都不是，但只要皇帝王冠上闪耀的荣光照到了他们，他们就立马变得有形可见。"（p. 29）然而，即使在权力不那么集中时，宫廷自我也不可挽回地是一种社会性自我，总是以他人为导向，正如他人反过来以它为导向一样。廷臣只有照镜子时，他才能看清自己的模样。

廷臣关于自我的意识是审美的，因为它的实现是戏剧性的，通过取悦他人生效，并通过在自己的表演中获得乐趣而得到部分回报。[1] 存在即表演，现代所重视的那些关于自我的因素，自主性、完整性、稳定性、内在性等即使出场，也只能作为副产品。对于宫廷自我来说，最直接且重要的因素是以下这些品质，例如对表演场景的驾驭能力、在常见剧目中的独特表现力、对他人地位归属的理解，以及对自己身体欲望和影响的调节。现代人高度重视的伦理上的正直和一致，虽然并不是缺失，但从来没有得

_____

① Lanham, *Motives of Eloquence*, pp. 147—48, 152, 155.

到重视。在宫廷，伦理上的考量被转化为一套审美的术语，并由其引导。那种对现代人来说显得无原则的行为，会（但不必）成为廷臣竭力避开的东西，不过，这主要因为它是坏品味。相反，有一些事情是廷臣不会做的，因为那违反了好品味，但现代人却毫无顾虑地违反，认为那样做不会造成伤害，因为道德行为的原则没有被侵犯。

道德术语转换成审美术语还有其他一些微妙之处。虽然这一文本并未提供充分的材料以划定宫廷文化中道德生活的范围，但它表明了那种范围的两个因素。第一，宫廷伦理是高度个人化的，个人的出场通过得体的表演来确定。人们有责任成为具体的人物（和人的区别也很重要）并被尊敬，某种程度上就是他们可以在宫廷表演中被认出来。因此，如何存在于宫廷是极其重要的，尤其是要在正确的时间和正确的地点被皇帝认出来。这并不是说责任只涉及个体，因为廷臣可以代表其他的支持者，而是说这并不等于当代自由主义意义上指向总体的伦理责任。第二，在宫廷主义修辞中，动机总是被假定为混合的。甚至拥有双重的或矛盾的动机并非缺陷，拥有单一的目的也并非长处（恰恰相反：目的的单一性是危险的，通常会被当作坏品味的一种形式和潜在的覆灭因素）。普遍存在的混合动机反过来也说明某些宫廷主义修辞在某些时候的功能：转喻性描述是分析动机的有效手段，例如，跟着感觉（heart）走或跟着理性（head）走，离开（to vote with feet）

是明智的。而且，考虑到一个人会处于不同的等级制中，这使得在不同的责任之间做选择时有一定的余地。

这种自我只能以技艺性为基础，但又十分平凡。它由通常运转于宫廷主义话语中的众所周知的常规构成，正如惠格姆表明，廷臣的身份是在等级秩序之网中作为网上结点确定的，通过晋升和竞争的方式动态（且自觉）地建立起来。[1] 埃利亚斯指出，廷臣的自我保护依赖观察和互动的艺术，一个人凭此理解另一个人的行为中瞬时且复杂的信号，以识别信息和动机，并控制自己的情绪，这又为他人提供同样微妙的文本。[2] 格尔茨认为，权力和盛典的等同，使得对个人或内在的观照持续从属于公开表演的普遍虚构。[3] 我通过指明宫廷主义话语如何触发了一种严格的得体规范、等级制的生成原则、通过君主的身体来理解和分配权力、充权的身体表现、言语从属于沉默、一部关于公开姿态和私下指责的象征剧、政治行为的转喻性描述以及一种顶点是静止的自我控制伦理等，进一步扩充了这些研究。当这些及其他修辞得以展开的时候，权力和个体身份等相关概念就被连带激活，成为构建某种政治秩序的手段，无论其是多么临时或短暂。不管怎样，宫廷自我承受着依赖外表的焦虑。如果说以表现来定位一个人的身份，

---

[1] Whigham, *Ambition and Privilege*.
[2] Elias, *The Court Society*, pp. 104—16.
[3] Geertz, in Wilentz, *Rites of Power*, p. 33.

会不断带来更新和提升的新契机，那么它也需要对个人欲求和举止的方方面面进行持续的且最终可能无效的控制。

对这种情形的一个对策是，去探索那些可以激活权力并建立自我的得体表现的技巧。宫廷主义风格的例子至少揭示了将得体转化为权力的另一种设计。一种行为规范通过压倒另一种规范而出现，具体来说，就是压倒另一种从自身推定的次级版本。这种辩证关系最明显地表现在两种规范间的对抗：例如，在纽约一个夜总会的外面，名人和流浪汉彼此冷落对方，但他们都厌恶中产阶级的旁观者。[①] 拭尿男仆的故事揭示了得体的内在机制，这不仅通过严格遵循某套行为规范得以表明，而且通过在遵守某套规范形式的同时需要忍受对另一套的违反来显示。在埃塞俄比亚宫廷，随地小便（不然为什么有男仆?）和当众被尿（不然为什么有狗?）都是合适的，某种程度上，宫廷得体性的达成就在于引起并控制这种矛盾。

确信的是我们不会过这种生活。我们不是廷臣，也几乎没人曾是现存宫廷文化的宾客。但我认为这种文化的常规如今继续存在，尽管是作为"一系列往往可见却又片段

---

① 托马斯·罗斯特克（Thomas Rosteck）和迈克尔·莱夫总结了肯尼斯·博克对这一点的理解，"对一种视角的系统拒绝产生的不是缺失，而是转向了对一种新的且同样系统的秩序规则的坚守" 〔 "Piety, Propriety, and Perspective: An Interpretation and Application of Key Terms in Kenneth Burke's *Permanence and Change*," *Western Journal of Speech Communication* 53（1989）：328〕。

化的劝说"，"偷偷摸摸地"存在着。① 考察埃塞俄比亚宫廷的政治文化有助于理解那些依然寓于我们的政治事务中的片段化的礼仪。在当代美国社会，这种风格既作为充权的一种临时手段，例如在社交午宴或家庭聚餐上出现，也可以作为特定场所或团体的主导风格出现，例如公司办公室或艺人的随员。总之，大多数人对这类劝说技巧都会有一种莫名的熟悉感，因为它们嵌入了所有事物中，从儿童读物到通俗小说，再到《国家询问报》（*National Enquirer*）或《时代周刊》（*Time*）关于英国皇室的新闻报道等。在特定的劝说交流中，任何人都有可能会受使用这些修辞的人影响。但大多数时候，这种企图可能会失败，因为它违反了我们更加熟悉且习以为常的例示性的劝说习惯。

余下的问题是，如何在没有宫廷的情况下发现宫廷礼仪。显然，第一步是要注意君主政制的性质。例如，路易斯·拉帕姆（Lewis Lapham）敏锐地把华盛顿政府描述为一个充满皇家舞会、封建关系、贵族特权、廷臣谄媚的世界。② 拉帕

---

① Burke, *A Rhetoric of Motives*，pp. 221，232.

② Lewis H. Lapham, *The Wish for Kings*：*Democracy at Bay*（New York：Grove Press，1993）；"Adieu, Big bird：On the Terminal Irrelevance of Public Television，" *Harper's*（December 1993）：35—43. 某种程度上来说，我与拉帕姆的解释的差异在于公共评论和学术写作之间的不同——相比之下他的占优势。也要看到，他的主要兴趣是挑战那种权力，我的兴趣是指出既可用于善亦可用于恶的政治艺术。把某个基金会的主管称为君主是一回事，指明这实际上是按照高度得体、身份等级、着迷于君主身体等常规来组织言语和行为则是另外一回事。但这两种方法是互补的，尤其是当不同的作者分享着同样的公民共和主义的观点时。

姆的目的通常是极端的，这些描述可能在某些情况下才是恰当的，在其他情况下不过是关于无根据的特权、不受约束的自私、不道德的行为以及其他不限于任何特定政治风格的恶的隐喻。而且，对宫廷主义权力的谴责是公民共和主义话语的一个次级传统。有人会怀疑，如果共和主义的批判家无法指出宫廷，就不得不创造一个，而且有时语言除了谴责并不适合做更多事情。另一个出发点是寻找具体的宫廷主义修辞，因为一个修辞清楚了，便一定能接近其余的。不幸的是，从这一步出发很容易陷入排中律的谬误。例如，虽然廷臣和学生都使用转喻，但不意味着学生是廷臣。虽然一种显著的修辞，例如关于王权的故事，通常应被看作礼仪的一个合适标志，但仅凭这一点，还不足以作为证据。因此，对宫廷主义风格的解释不得不包含一些关于它可能在现代社会的什么地方起作用的假设，然后证明它作为一种十分广泛的劝说模式在特定的地方起作用。

让我对它在当代的传播做一个初步的解释：第一，宫廷主义风格在宫廷之外继续存在，游荡在现代社会的话语领域，依附于其他社会结构。第二，它成了一种触手可及且非常有效的手段，在那些聚焦于特殊个体的决策或表演，以及与民主责任相对隔绝的社会环境中组织经验、赋予意义并劝说自己与他人。第三，在某种程度上，它至少作为一种认同形式在大众媒体中起作用，与那些漂亮的或有权势的身体的转喻性表现相结合。

这种风格之所以继续存在，因为它是包含着有效的动机经济的一套技巧，涉及广泛传播的典型政治关系，并继续为那些精通它的人所用。它之所以是游荡的，是因为它不再限于政治精英或为其所控制，而是处于现代社会的主流话语和制度合法化策略的边缘地带。它依附于某种特定的场所，因为它构成具有形式直观、稳定性、确定性等特征的交流关系，而这些特征适于构造那种环境下的社会关系，还因为它为那些在该环境中占有优势或试图获得优势的人提供一种默会的劝说手段。在社会经验是围绕某种形式的个体君权而组织起来的地方，这种风格最有可能发生：宫廷主义修辞促进以重要个体为中心的交流，既定义也增强个人权威，并在一种导向政治权威或审美特性的个人表演的社会秩序中分配权力。当这种表演以某种身体为主时，这种风格就会占据主导：特别是当社会环境以视觉表现为导向时，表演者和观众都高度关注身体的表演，并进行细致区分，这是宫廷主义政治的通用语言。当这种风格与某种特殊环境中的社会实践和交流技术相协调时——不管是MTV还是系主任办公室，它获得了操作性的话语所具有的全部指代和行事功能。一旦观众习惯了集中注意身体的形状、装饰和举止，尤其是习惯了集中注意通过片段化的身体图像来传达不同的态度、情绪或经验的转喻性描述，他们就会无意识地接受宫廷主义的所有诉求。

批评者可以假定，只要一种政治风格的某一修辞被反复使用，并且没有受到其他风格、意识形态规范等的妨碍或扼杀，那么这种政治风格就有可能存在，而且随着它的更多修辞被激活时，它就能在特定的环境中塑造决定和行动。总之，要证明一种风格活跃在某一特定的环境中，需要的不只是简单观察或推论演绎：谈论"现实主义"并不需要使某人变成现实主义者，"美德"并不必然标示公民共和主义者，或"规则"并不必然代表官僚主义者。对于宫廷主义风格，我们需要比平常多一点想象力，因为它在现代的、民主的社会中并未得到公开承认。因此，批评者需要指出它可能发生的地点，然后思考其全部诉求如何起作用。突破口可以是社会的，也可以是修辞的：即要么考察相对未被制度规范控制而以个体行动者为主的社会实践，要么考察重复使用一种或多种宫廷主义修辞的劝说实践。为了充实这种风格，可以考察这种风格的其他因素或效用，并思考它们如何与交流者的政治关系和审美习惯相对应。

虽然并不想否定日常生活的互动中的宫廷主义劝说，但这种风格确实在某些特定的话语领域最为活跃，这源于大众传播交流的直接影响，或就处于其中。宫廷礼仪在三处最为突出：名人文化，特别是在娱乐业，还包括政界和商界的人物（原因不言自明）；广告，特别是涉及女性身体形象时；美国总统的职位。在这三个地方，宫廷主义风格似乎特别适用，并且鉴于与大众媒体的关系，它们有可能影响媒体在其他场合的使用。

说好莱坞的精英是美国的王族并不新鲜。这种描述是一种让人放心的声明，因为它还表明这类精英完全受娱乐的限制，对民主政治秩序几乎无害。这种定义中的限制措施集中体现为提喻的使用，"好莱坞"是一个远离政府中心的小地方。当政治上的考量增加时，通常就会涉及"大亨"在政治中的意义或典型的对罗纳德·里根（Ronald Reagan）表演技巧的揭发等故事。但这些方式没有注意到这一重点：媒体在给名人带来成功的同时，还会根据其生产法则来组织那些相关事物。此外，媒体报道还创造了其本身表现方式的贵族气派，我认为这是通过宫廷主义风格的片段化投射赋予的，当这种风格在名人组织化的日常生活中再现时，它便得到了证实。根本上来说，这种亚文化和国家政府之间的关系与其说是一种金钱或门路关系，不如说是宫廷主义常规在多大程度上会成为模仿对象的问题。

当宫廷主义的言语和行为常规在媒体制作文化中被激活时，它们就完全成了劝说他人的基础。极端的身份意识，关于接近、顺从和行动的等级制定义，通过个人表演来充权等基本结构无须再被证明。源源不断的传记、小说、电影、电视剧、脱口秀、闲话栏以及其他关于名人的媒体报道，每天再现着这些常规，它们在有关私人生活、媒体制作、公司营运等的诸多细节中证明了自己的作用。而且当宫廷主义风格的次级修辞也在起作用时，名人的宫廷主义风格的系统化程度变得愈加明显。例如，媒体巨星是如何通过举止转喻来定义的。媒体上的成功，需要一个人在观众面前通过表演使自己脱颖而出。这些表演，从限制级电影到摇滚音乐会再到夜间新闻，基本上都是举止性的。为了成为名人，一个人必须在举止修辞中控制自己并使自己脱颖而出，实际上，每个明星都有特定的举止或举止效果（这也解释了一些毫无艺术造诣的人何以成为明星，他们需要的只是实现举止独特的特殊诀窍）。正如个体凭借一种举止——竖起眉毛、提起手指、舔着上嘴唇——变得个性化时，身体部位成了焦点知识的一种形式。权力集中于身体，身体就成了分割权力的手段。当名人的身体（暂时）承载着君主的地位时，它就成了一种从达官显贵中辐散开来的权力分配的模式。

这一过程通常存在于准备用演员的身体来表演的媒体实践中。正如宫廷的职务由皇帝的穿着打扮来定义，某种程度上来说，媒体名流则通过他或她的身体为表演而做好准备的任务来定义。如今，即使大权柄不再由服装、发型和打扮来承担，但它们仍代表着宫廷主义定义的一种模式，是形成和分配魅力过程中的重要因素。权力确实源于被他人装饰和装扮，这一过程把对受关切的身体的分割作为一种社会组织形式。"例如黛米·摩尔（Demi Moore）有六个助手：一个管她的衣服，一个管她的头发，一个化妆，一个保镖，一个保姆，一个多用途的个人助理，个人助理还有自己的私人助理，而这个私人助理也打算雇一个自己的助理。但与她丈夫相比，黛米是'自己动手'的女王，她的丈夫布鲁斯·威利斯（Bruce Willis）在拍摄《义胆风云》时需要二十二个助手，包括四五个保镖，一个司机，一个私人厨师，一个私家教练，一个按摩师和一个形象设计师。"① 根据身体的分割而组织起来的名人的生活世界，是与大众媒体对名人身体部位的迷恋相匹配的。当一个男演员因为他的肩膀或一个女演员因为她的腿而受到崇拜时，魅力的分配就通过肢解得以完成。只有少数人可以接近整全的身体，但每个人都可以拥有其中的一部分。

通过对君主身体的分割来分配权力与让言语从属于举止是一致的。理想情况下，皇家生活通过交流中微妙或强力的举止而得以确证，这些举止本身即是精心管理的沉默的证据。

胡里奥·伊格莱西亚斯（Julio Iglesias）正走在他小木屋前的草坪上，跟着一个穿比基尼的金发美女和一个矮胖的管家。他找了一个最佳位置晒太阳，并打了个响指，两条毛巾便被放在地上，一条给他，另一条给他的同伴。十五分钟后，太阳的位置变了，胡里

---

① Eric Konigsberg, "No Hassle," *The New Republic* (1 March 1993): 22.

> 奥站了起来。他的管家立马注意到并拿出新的毛巾，
> 然后放到前两条西边几度的地方。[①]

并非无须再说什么，而是无须与只能在说话时他才能说话的人说话，权力就展现了出来。

其他修辞也显而易见。霍华德·休斯（Howard Hughes）是陷入静止的一个例子；"国王的两个身体"在"魔术师"约翰逊（Magic Johnson）和其他境况不佳的运动员的神秘化中是明显的；八卦专栏再现了一场象征剧，祥和自信的盛会背后隐藏着一个充满流言、影射和讥讽的残酷但又鲜活的世界。甚至拭尿男仆就生活在我们中间："亨利·基辛格喜欢保健散步，通常还会带上他的狗阿米莉亚，他的保镖则跟在后面负责清理狗的排泄物。"[②] 当它们穿行于世界时，不管是构建大众对遥远的精英的认知，还是控制精英的主要日常活动，这种宫廷主义风格都是当代生活的一种活跃因素。

也许现代娱乐的"非政治"角色和宫廷主义修辞的激活是对应的。这种前现代政治制度的典型风格，当且仅当它清除了先前的政治教条时才是可被接受的，但娱乐业的社会环境再生了许多贵族制的特点，包括大量财富集中于一个小阶层，它生产和控制着社会的各种盛会，同时被身

---

① Eric Konigsberg, "No Hassle," *The New Republic* (1 March 1993)：22.
② Eric Konigsberg, "No Hassle," *The New Republic* (1 March 1993)：22.

体诉求和性爱的规范所定义。在现代政治论坛中肯定君主制会被视为神经质，但宫廷政治的风格为组织一系列与现代治理的体制结构几乎无关的社会、文化实践提供了象征资源。当这种风格塑造着大多数媒体作品时，对媒体受众来说，就可能成为社会知识的一个来源，尤其是对那些官方宣称"非政治的""社会的"或"个人的"实践的政治维度在理解上会陷入困境的受众。

考察宫廷主义风格如何被艺人们熟练掌握是很有意思的，在此以两个艺人为例，奥普拉·温弗瑞（Oprah Winfrey）和麦当娜（Madonna Ciccone），作为意义特殊的素材以帮助我们理解艺人的生活。奥普拉和麦当娜似乎没有什么联系，有的只是她们都是世界上收入最高的艺人，并使用同一门技艺。奥普拉以减肥的戏剧性事件打造她的节目：她能减到穿上那条特别的牛仔裤吗？当然，她大张旗鼓地做到了。结果，她的节目引来对她身体的持续评论：体重、身体各部位、运动、饮食和打扮，由此稳固了节目的地位。这好像在为那些遭受同样命运的女人提供实质性的建议——但谁会相信，比如那些准备减肥的观众，每一个人雇一个全职的私人厨师？在提供建议的幌子下，奥普拉对自己身体的痴迷激活了宫廷主义风格的核心修辞，这赋予艺人巨大的吸引力和权威性，同时，也给受众提供相应的词汇，以理解在不同的社会环境或其他追求形式中举止充权的微观政治学。并且，这个节目的主题兴趣是致力于社会风俗的磋商，乐意去探讨他人的身体行为、机能、体验和创伤。和其他一些脱口秀一样，最终，谈话是最不重要的——以戏谑和自由虔诚为背景的话语取代了其他所有形式的言语，以表现君主特有的姿势和赞同的动作。随着时间的推移，节目会根据其体裁的特性充实这种风格：公共道德、社会礼节、医疗隐私等规范暂时被抛弃，以创造一种新的得体模式，力图影响主持人在该问题上的最终立场。时尚和娱乐中隐含的等级制在舞台上生效，八卦杂志则上演了私下指责的补充剧。主持人在热烈讨论的舞台混乱中的自制力成了合法性的标志，她的资历首先成了权力的标志，然后当问题出现时，即没有她的出场节目是否还能继续，焦虑就来了。

奥普拉的自我形塑相对保守。麦当娜在她的时代是传奇般的人物，也是宫廷主义风格依然有效的最好范例。[1] 虽然她是一个极有天赋的流行音乐的作者、编舞者、表演者和制片人，但她的公众形象却随着她不断装扮和裸露她的

---

[1] 关于麦当娜的其他讨论，参见 Cathy Schwichtenberg, ed., *The Madonna Connection*: *Representational Politics*, *Subcultural Identities*, *and Cultural Theory* (Boulder, CO; Westview Press, 1993)。这一合集是文化研究中倾向于使用后结构主义的术语，但仍试图追捕关于表演背后的现实、表演者的真实性以及艺术表现的政治学等现代主义问题的好例子。我的兴趣更加温和，假设也十分不同；我只考虑麦当娜的表演如何展现了一种特殊的政治风格，我认为本体论上的身份、真实性和表现问题可能成为理解劝说性文本的障碍。毫无疑问，流行文化由多种因素决定，包含多种规范，我在某种程度上把意识形态批判悬搁了，因为其他人已经做了充分的研究。正如一般的文化研究一样，这一合集引发了关注，并为流行文化的分析提供了方法和洞见。

身体而变换。作为制片人，她的策略是聚焦于对身体的使用——不像典型的女性名人固定在一种单一的形象上，而是让她的身体成为社会表征的一个鲜活多变的场域，在挪用其他形式的女性肖像的同时，集中并引导着社会能量的流动——而它的实现依赖她作为一个表演者装腔作势（strike a pose）的独特能力。自始至终，她的优势在于巧妙操控对身体各部分——肚脐、胸等——的迷恋，并用各种原型的拼装来创造某种角色。在她的自传式影片《真实或勇敢》（*Truth or Dare*）中，这些及其他创作因素清晰呈现。影片由三种模式构成：演唱会电影体裁的传统，包括台前幕后的交替，并遵循演唱会制作与巡回的常规程序；描述她作为"母亲"对剧团内部摩擦的掌控，这是"麦当娜"主题和时下流行的家庭隐喻（电影最后进行了模仿）的变体；宫廷主义风格的常规。

毫无疑问，麦当娜的身体是影片的焦点：她是每场演出的中心和幕后的主宰。跟着她从一个场景到另一个场景，我们的注意力不断导向对身体本身的关注，她总是做一些明显与身体有关的事情或让她的身体被别人注意到：她吃东西、喝东西、做运动以及穿衣服或脱衣服，或者按摩、调整、化妆。这些并非行为的偶然性的伴随物：它们被突出了，不管是吃从一个极大的汤盘中盛出的汤羹（当她打电话时不得不放下碗俯身啧啧地吃），还是一些（好笑的和其他的）用语，例如必须"补充液体"、保护嗓子、调整妆容等。这种关注并非一种激发性欲的方式：实际上，非常清楚的是，舞台上的性欲只是一种表演（例如舞伴是同性恋者），她的幕后世界则兼具任何工作场所都会有的禁欲节制和个人失落。总的来说，持续聚焦于麦当娜的身体，产生的不是性欲而是权力：宫廷主义的权力创作，是通过君主的身体集中和分配政治能量。在任何特定的场景中，额外的效果都是以举止来构造对话的框架，从而使任何话语都从属于身体的贩卖和在随从中流动的魅力。

这种君主化身的修辞为宫廷主义创作中的许多其他因素所支撑，这些因素可能是琐碎的或偶然的，但都可以充实这种风格：如二条夫人的眼泪弄脏了她的华服，麦当娜的眼泪弄花了她的妆容；如清少纳言为她的朋友吟诵诗歌，并享受笑声崇拜（无疑，诗是粗俗的，充满对诗人身体的关注）；如皇太后[①]被对她没有性欲的男男女女（她的舞伴）环绕着；如海勒·塞拉西仰仗她的新廷臣阶层（孩子、工人阶级的家庭成员和朋友），与好莱坞的贵族气派融合；如玛丽·安托瓦妮特最后没有说任何东西，影片的结尾是她的帽子（王冠、头）掉在地上，成为最后一帧无声画面中的唯一物体。麦当娜的整部影片中，转喻是主导的言语修辞——通常是由于频繁使用秽语，但也包括一些对

---

① ［译注］指麦当娜。

身体部位以及"丽塔·海沃斯（Rita Hayworth）有张漂亮的脸"这句台词（向女性电影偶像致敬）的讨论。女主角的两个身体是她损失嗓音的戏剧性背景，也是她"与时间赛跑"的结局。这部影片甚至还包括关于自我的审美讨论，例如，是否她只为摄像机存在、她身体的哪部分为真（第一个问题是悬而未决的，第二个问题直接转化为她的珍珠是否为真的问题）。这种创作模式不时被把她当作盛大场面中心的演唱会片段强化，被涉及的相关流行故事强化——例如，一个含泪的哀求者让她做孩子的教母，还被宫廷生活的一般符号强化——演唱会大量使用法老时代埃及和罗马天主教的装饰，在舞台上她向父亲叩头以示尊敬。甚至"麦当娜"这个名字成了君主制的一个条件——非凡的政治身份——激活了或转换了相关的原型：例如，神圣的圣母玛利亚、基督之母，她把先验的王权置于一个女人的身体里；或世俗的圣母玛利亚、性表达的倡导者，她取代了国王，把她的性欲当作一种反常的先验形式。也许麦当娜对角色的创作，最独特的地方不是如何挪用王权，而是如何模糊国王和王后、廷臣和情妇之间的区别。这些流动性的变换可能就是宫廷主义风格在制度结构外起作用的典型，也是它与政府职能分开而毫不违和地与女性形象结合的典型。①

———————————————

① 这一看法很容易被夸大。进一步来看，也许这种风格的现代实例给我们的是没有宫廷的宫廷礼仪和国王的女王身体这双重的讽刺。奥普拉和麦当娜是世界上收入最高的女艺人，并体现了这种风格。这种风格很少由男艺人激活。虽然（转下页）

— 155 —

然而，宫廷主义的诉求并不总是一种充权的手段。当这种风格达到最大范围的传播时，可以看到创造君权的过程也是使附属性具有吸引力的过程。这一过程还从另一向度表明，在后现代文化的修辞实践中，前现代的社会形态何以再生。通过考察大众媒体的广告如何依赖宫廷主义的劝说方式，就可以思考它如何再现了一种特定的社会特征：融合审美知觉和个人欲望、强调阶层和身份的等级、大多由身体和举止语言构成、主要聚焦于女性身体、把所有诉求简化为关于女性身体部位的装饰和暴露、广告文化与情妇的角色是一贯的。

在一个本身与其他更加传统的"政治"场所分割开来的空间中，我们被安排好的、片段化的用以展示的身体所吸引。当观众的注意力集中于迷人的身体，集中于专门设计出以凸显产品特点或代表其诉求的特殊姿势或身体部位时，欲望和消费之间扩散性的关系被激活，表现和回应的整个过程由转喻修辞构成。虽然转喻无处不在，但在现代

（接上页）埃德·麦克马洪（Ed McMahon）每次在约翰尼·卡森（Johnny Carson）《今夜秀》的开始都对他的君主示以顺服的姿势（双手合十到胸部并低下头），卡森自己也在每次独白后以高尔夫球挥杆的姿势结束（曾是贵族的标志），但这种表演是相对不具实质性的。相反，琼·里弗斯（Joan Rivers）在试图创造一种沙龙气氛时，把她的身体当作幽默的一种持续主题和她回应的专用语言。关于查尔斯王子和戴安娜王妃的报道是有差别的：二人都处于装饰和裸露身体的修辞中，但她的身体受到更多的报道，有更多可能成为丑闻的主题。所有这些情况表明，不管这种风格的作用程度如何，它都允许行动者在重申现状时获得自由表达的声誉。

广告中，它成了一种尤为强力的劝说设计。之所以这样，是因为媒体的特殊本质：在言语创作中的一种相对有限的修辞，通过图形设计和电子再现等工艺获得了更强的生动性和独特性，反过来，这些工艺由于自身的制作局限而又倾向于依赖修辞。这种对特殊表现形式的强调还实现了一种重要功能：由于每一种表现性实践（representational practice）都构成权力关系，所以在表面看来非政治的媒体中，对身体图像的持续关注和不断分割会成为一种默会的政治语言。因此，宫廷主义的作用及反响在政策审议中被认为是危险的或令人为难的，其为控制集体想象的领域提供了有效手段。

当被用于激起观众的欲望时，这类诉求会变得相当奇怪。打开报纸，你会看到内衣广告与世界新闻并置在一起。她就在那里，但不管怎样，只有她的部分身体。大图片展示了一个戴着胸罩、穿着内裤的女人，却剪掉了大腿下段。在它下面是几幅展示女人胸部的小图片，每一幅都只有脖子以下的半截躯干。有些胸大，有些小，有些丰满……有些读者会注意胸罩，有些会注意胸，而没有人会看到整个女人的身体。在报纸的整个排版中通常会嵌入本地商场的广告语，围绕广告边框不断重复："包您满意，包您满意，包您满意。"不管是寻找便宜货还是好时机，动机的构造是一样：使注意力集中于身体部位的同时，承诺满足无限的、所有的欲望，以便用女人激起男人性欲上的认可。

这种创作极其寻常，创作因素也类似：美容师和眼镜师的广告展示的是无身体的头；袜类广告展示的是脚和腿，或剪到大腿中段或躯干中段；鞋类广告展示的是包含女人的脚和腿的鞋子，或刚好把脚踝以上部分剪掉。同样，我们可以看见一双戴着手套的女人的手，而不会看见那个女人；一个女人的臀部，单独就可以表明冬季减肥诊所的必要性；沙滩上一排无头的身体，激发去加勒比度假的欲望；而一排微笑的脑袋，证明一种新改良的食用油的质量。毫无疑问，这些表现与媒体对男性的常规描述形成鲜明对比。① 由于所有广告既是局部性的又是互文性的，

---

① 很少有人怀疑广告对男性和女性的描述的两个基本不同点：广告始终是根据男性和女性的常规理想来描述男性和女性的，并且刻画女性的图像要远远比男性的多。目前关于这些最具说服性的设计的讨论，包括 Diane L. Barthel, *Putting on Appearances：Gender and Advertising* (Philadelphia：Temple University Press, 1988) and Alice E. Courtney and Thomas W. Whipple, *Sex Stereotyping in Advertising* (Lexington, MA：Lexington Books, 1983)。其他例子和评论，参见 Erving Goffman, *Gender Advertisements* (Cambridge：Harvard University Press, 1979)；Trevor Millum, *Images of Woman：Advertising in Women's Magazines* (Totowa, NJ：Rowman and Littlefield, 1975)；Joseph E. Dispenta, *Advertising the American Woman* (Dayton, OH：Pflaum Publishing, 1975)。不能低估广告在一种父权制的框架中建构性别的方式和程度。但我避开了这一点，因为它只特别聚焦于一种政治风格如何随着意识形态规范而嵌入文本，同时因为关于性别规则早已有了非常全面的分析。关于瓦尔特·本雅明对现代表现性媒体、文化与意识形态之间关系看法的极佳阐述，参见 John Berger, *Ways of Seeing* (New York：Viking Press, 1973)。例如，在戈夫曼那里，更多地是通过展示而非讲述的方式来证明女性身体被频繁分割。苏珊·R. 鲍德 (Susan R. Bordo) 把这当作性别表现的一个更为一般的特征来讨论，"The Body and the Reproduction of Femininity：A Feminist Appropriation of Foucault," in *Gender/Body/Knowledge：Feminist Reconstructions of Being and Knowing*, edited by Alison M. Jaggar and Susan R. Bordo, pp. 13—33 (New Brunswick, NJ：Rutgers University Press, 1989)。

因此这种劝说方式的一般文法在于将消费过程与对女性身体的关注相结合，以及把特定的产品等同于一般的、普遍的快乐。当一个女人注意她的臀部、指甲、腿、头发、嘴唇、眼睛、睫毛等时，她的身体就成为被注入很多社会知识的大商店——零售市场已经刻在她身上①——她要学着用分割了的身体去生活。讽刺的是，女人自我控制的成功，即表面上控制了她身体的诸多部分，分割并再分割自己的身体，直到她关于自我的意识支离破碎。

这种"自我身份的政治符号学"② 之所以有如此强力的作用，其中一个原因是它通过高度常规化的劝说实践来

---

① 对身体图像和身体部位图像的修辞效果的分析，无须使我们必然接受关于嵌刻 (inscription) 过程中无嵌刻身体的优先性之争论的任何一边，或对自然和秩序之间结构差别的批判等。朱迪斯·巴特勒（Judith Butler）对其中一些问题提供了具有说服力的讨论，*Gender Trouble: Feminism and The Subversion of Identity*（New York: Routledge, 1990），pp. 128ff.，并主张这样一种性别观念，即性别"就其本身来说，作为一种身体风格，一种'行为'，既是意向性的又是表演性的，其中'表演性的'表明一种戏剧性的和偶然性的意义建构"（p. 139）。巴特勒的观点同样代表了目前许多关于社会意义和意识形态设计嵌刻于身体的研究，她利用欧洲大陆尚有疑问的结构主义/后结构主义与精神分析/女性主义，以及由玛丽·道格拉斯（Mary Douglas）和维克托·特纳（Victor Turner）所发展的英美文化人类学的研究，提出一种关于日常社会戏剧的作用的观点，现在被称为"风格化的重复演练"（stylized repetition of acts）（p. 140）。她这样做是为了推翻本质主义的主体性观念，并促进福柯关于话语实践的物质主义观念。其他简要评论，参见 Bordo，"The Body and the Reproduction of Femininity"。更早的作品，例如，参见 Beverley Brown and Parveen Adams, "The Feminine Body and Feminist Politics," *M/F* 3 (1979): 35—50。还可参见一些文章，载于 Susan Rubin Suleiman, ed., *The Female Body in Western Culture: Contemporary Perspectives* (Cambridge: Harvard University Press, 1986)。相关书目可参见 Catherine Burroughs and Jefferey Ehrenreich, eds., *The Body as Social Text* (Iowa City: University of Iowa Press, 1993)。

② Richard Harvey Brown, *Society as a Text: Essays on Rhetoric, Reason, and Reality* (Chicago: University of Chicago Press, 1987), pp. 57—58.

实现。一般情况下（除了高档出版物中一些明显"附庸风雅"的广告），身体部位的展示通常很容易理解，对这一劝说任务也有一种合理的反应——我们不会期待眼镜戴在脚上等。但在电视广告，特别是针对男性观众的广告中，即便是这些因素似乎也会萎缩。例如啤酒广告流经荧屏，上百帧画面快速连续地变换：女人们的笑脸，旋转的头发，扭动的臀部，（男人们带着装啤酒的冷藏箱在沙滩上迅速奔跑），一双闪烁的眼睛，一个裸露的腹部，（男人们在沙滩上打排球，或跃起或蹲下），一排胸部，一个裸露的后背，现在是完整的图像——在后宫舞中挑逗性地跳着——然后是一排笑脸，（两个男人侧面击掌）……这些更加极致的情况只会扩展这种规则。不管是理智的还是想象的，不管是聚焦于产品还是理想化地使用观念，不管是营销还是娱乐，这些广告的累积效应是一种普遍的对女性身体各部位的固化。

但这还不是唯一的效应：这些广告或全部或部分地提供了一种补偿性设计，让观众把头发、耳朵、嘴唇、手臂、胸等形象复原为一个令人愉悦的整体。每一个观众可能都在学习着宫廷主义的常规，但并非所有人都被分配了同样的角色，其中情妇扮演了完成这种身体形象的修辞所需的审美一致性的角色。专业模特是这一角色的缩影：在商业拨付结构中，她受训以在男性的注视下服务，成为一个具有魅力装扮和举止的偶像。她小心谨慎地创造并控制着性欲，精通自我控制和"自然"高雅的结合，她的体态、微笑和大笑都象征着宫廷主义审美化生活的理想，同时表明其是可供或以备愉悦的特定角色。正如情妇期待毗连权力的通道一样，广告紧靠着那些更具合法性的话语，正如情妇是女性对顺从与表演的政治的补充，如今广告为女性仿制了那些特性。

还有一个更深层的变化。宫廷主义风格如今在没有宫廷的地方起作用，广告给我们的是没有国王的情妇。具体来说，国王从表现者的位置换到男性观众的位置：这样，女人和男人都将审视形象，一个为了得到另一个的认可而与形象竞争。因此，第二种替换产生，并完美适于劝说实践的目的：在表现领域，情妇的身体代替了国王，权力的新容器遍及整个社会秩序，如今，这种秩序完全是一种欲望和消费的秩序。就是说，在广告领域，女人的身体形象成了聚集和分发社会能量之洪流的象征形式。这种能量包括零售市场经济的巨大强制力（和焦虑）——如果她不具吸引力，如果媒体呈现的话题让人漠不关心，销量就会下跌，订单就会减少，利润就会降低。还包括社会的性欲能量，它早已被控制以服务市场。她成了无处不在的性欲的缩影，装饰了几乎所有产品的推销——从汽车零件到香烟到家具到照明器材到运动设备到自动贩卖机——推动着社会对其商品的普遍性欲化。最后，当她自信地微笑或无休止地装饰她的脚、腿、腰、手、头发时，总会有新的产品出现，她甚至体现了进步解放和无尽繁荣的现代神话。不管怎样，女人身体的增殖和分割遍及整个表现领域，再现着魔力化的社会关系。通过回应她的诉求（买那种产品，模仿她的生活方式），一个人就受到魔力性的触动，接纳了社会能量的潮流，那么，此人表现出的惊异特征，只有将其作为从比自身更伟大的存在者那里得来的一种恩赐才能被理解。

因此，宫廷主义风格导引着欲望的流通，这种欲望由现代广告的强力技术刺激产生。现代的劝说实践和前现代的象征形式之间还存在其他关系。有关化身和举止的广告语言使人们对得体、身份和魅力有了敏锐的感知，同时助长了对地位而非产品、礼节而非政策、显眼沉静的姿势而非局促的言语的偏爱。它反复灌输着宫廷主义风格关于权力的表演观念和关于自我的审美观念，某种程度上，在这些方面它是成功的。而且这些主题正不断扩展，例如，广告史显示了举止修辞对言语的频繁替换。当言语文本持续萎缩，而广告的规范越来越成为事物的规范时，广告本身也将在沉默中达致顶点。由于身体部位主导了感知领域，广告劝说产生的不是评论——也不是议论、分析和争论——而是具体的行为。如果社会能通过广告被完全表达，那么它将会是一场和谐消费的宫廷舞会，一场打扮、装饰身体的选美比赛，然后取悦自己和他人。在因成功劝说而变得优雅的竞争环境中，当消费者轻易地就满足了欲望时，他们将轻松地在购物中心穿行。当然，其中有言语，只是这种言语同样符合这一风格的象征剧：要么充当直接的交流手段——"你想在这里买还是去其他地方?"——要么作为商业诉求外观下残酷的社会和政治斗争的麻烦标志。这种社会秩序在沉默中达到顶点，并在静止中灭亡。这种理想的零售市场不冒任何使言语生活复杂化的危险，这体现在交易中可能会避免不惜一切代价的状况，只是这样做就加剧了社会秩序将止于沉默的风险，当极具活力的交换过程移至别处的时候，我们将会变得太过习惯于当下社会的消费形式。

当然，风格并不能单独地影响经济行为，而且现在描绘后现代宫廷主义的影响可能还为时过早。但至少可以下定这样的结论：宫廷主义修辞在广告中的持续使用创造了另一种"转变、滑动或替代"，这已经发生在我们时代关于女性身体的表现上。[1] 关于女性在话语上的片段化所造成的政治结果已经得到很好的说明，也没有理由认为视觉片段化会有其他作用。[2] 当女性形象与其他女性片段化的手

[1] Suleiman, *The Female Body*, p. 1.

[2] 在关于性别的文化构建的重要批判中，片段化通过医学和法律的话语得到突出，见 *The Woman in the Body: A Cultural Analysis of Reproduction*（Boston: Beacon Press, 1987），艾米丽·马丁（Emily Martin）考察了医学话语。尤其是马丁利用保罗·谢尔德（Paul Schilder）的成果，*The Image and Appearance of the Human Body*（London: Kegan Paul, Trench, and Trubner, 1935），以强调身体的片段化与神经官能症的关联，以及身体的完整性与精神健康的关联。关于身体与象征性的社会秩序之间关系的深入分析，参见 Elaine Scarry, *The Body in Pain: The Making and Unmaking of the World*（New York: Oxford University Press,（转下页）

段互文性地起作用时，影响会进一步扩大，而片段化的男性形象作为定义男性身份的文本是相对异常的。[①] 关键的差别也许在于对女性身体部位的描述与拜物现象有所重合。[②] 所以，宫廷主义风格的这种再生对性别政治有着特

（接上页）1985），特别是关于折磨的讨论。通过法律话语来讨论片段化，参见 Zillah R. Eisenstein, *The Female Body and the Law*（Berkeley：University of California Press，1981）。艾琳·卡查克（Ellyn Kaschak）讨论了片段化是女性建构的一个特有结果，见 *Engendered Lives：A New Psychology of Woman's Experience*（New York：Basic Books，1992），pp.113—13，203—4。

[①] 在性别和性角色的建构中，对片段化和整体性辩证作用的批判，参见 Monique Witting，"One Is Not Born a Woman," pp.9—20 in *The Straight Mind and Other Essays*（Boston：Beacon Press，1992），and *The Lesbian Body*，translated by Peter Owen（New York：Avon，1976）。通常以整全的身体描述男性，以身体片段描述女性的地方，这两种形象作为相互补充的修辞起作用。女性身体片段化的主要修辞被男性整全身体的次要修辞所定义（男性与非身体图片的领域进一步结合）。

[②] 拜物者和廷臣都被转喻吸引，这种修辞给他们提供了共同的基础，或使宫廷政治性欲化，或控制性欲话语。拜物通过转喻的双重替换而运转：以部分替换部分，同时以对物体的专注替换对抽象观念的专注。正如胸，然后是胸罩，成了欲望的对象。欲望的定义也是如此，通过替换并使替换部分及其特殊装饰中的所有性欲意识和神秘性具体化而起作用。还要指出的是，关于拜物的起源，我的解释完全独立于心理分析的解释，我把它看作这样一种形式，即"双关，可以从时间的优先来表达逻辑的优先，反之亦然"［Kenneth Burke, *A Grammar of Motives*（Berkeley：University of California Press，1969），p.430］。我还试图避开关于弗洛伊德体系和拉康体系之间的争论。于此有两点要说。第一，我认为拜物是一种普遍化的现象——不是某种特殊的"异常"个体的"变态"，而是我们社会中性别表现和两性关系的一部分。类似的视角，参见 Katie Berkeley, "The Fetish in *Sex, Lies & Videotape*；Whither the Phallus," in Arthur and Marilouise Kroker, eds., , *The Hysterical Male：New Feminist Theory*（New York：St. Martin's Press，1991）；"不过，在'景观社会'，拜物性交易也许在视觉经济中有特殊意义，使某种程度上'标准的'变成弗洛伊德专注的'倒错'（尽管他还注意到，'倒错的倾向是人类性本能的原始倾向'）。"（p.174）第二，正如拉康体系中所设想的，如果片段化是先于从真实转到象征系统的小孩的身体体验，那么成人身体形象的片段化就是从秩序回到原初的（自然的、身体的）无意义，因此是表现政治失序（例如处于衰退和谋反期间的宫廷）和女性附属化的有力手段。关于雅克·拉康对婴儿身体体验的解释，参见 *Écrits：A Selection*，translated by Alan Sheridan （转下页）

殊的重要性。女性的权力首先是分散的，必须重新集中；男性的权力一开始就是集中的，只是有可能分散。当片段化的身体变得普遍时，整个身体就变得危险，即权力集中的潜在危险。因此，大众媒体化的身体充权是矛盾的：每一片段的充权是局部的，但总体的结果是要避免权力过分集中于某个完整的女性形象上。它赋予女性身体以超凡权力，可以通过一小部分身体的简单装饰或展示得以激活，但它同样使女性身体形象彻底片段化，从而阻止任何女性形成清晰的个人身份。正如其他风格一样，虽然它的运作对行动构成不对称的大范围的限制，但也为出色的风格家在与那些限制相抵触时提供获得暂时优势的手段。（还应注意，政治中的"暂时"通常是足够长的。）换句话说，这种风格激活了一种本身并没有战略意图的话语结构。经由宫廷主义充权的修辞，女性被附属化了，但任何女性都可以通过熟练运用那些修辞而得以充权。显然，结构偏见和战略能力之间的分离助长了这种风格的持存。

（接上页）(New York: W. W. Norton, 1977), pp. 4—5。女性主义和精神分析结合而对身体意义的讨论，例如，参见 Elizabeth Grosz, *Jacques Lacan: A Feminist Introduction* (New York: Routledge, 1990); Teresa Brennan, ed., *Between Feminism and Psychoanalysis* (London: Routledge, 1989); Jane Gallop, *The Daughter's Seduction: Feminism and Psychoanalysis* (Ithaca, NY: Cornell University Press, 1982); Elizabeth Gross, "The Body of Signification," in *Abjection, Melancholia, and Love: The work of Julia Kristeva*, edited by John Fletcher and Andrew Benjamin (London: Routledge, 1990).

在这一表现领域中，整个男性身体的留存成了系统理解权力现象的最后一块保留地。这就是留意美国总统职位的原因之一，也是关于宫廷主义风格在当代媒体实践中如何被激活的最后一个例子。总统职位仍是一处仅由男性掌控的公职，在那里，暗杀频繁出现并带来政治创伤。总统职位最可能成为宫廷主义时刻的象征容器。正如迈克尔·诺瓦克（Michael Novak）所断言的那样，"一种由选举产生的王权是否会使我们的国家更优越是另外一个问题；然而我们选举的是一个国王，必须要足够认真地对待"[①]。思考一下，宫廷主义风格的重要因素，包括专注君主的身体、对举止的强调，乃至沉默和静止的条件，这些是如何通过电视制作而成为可能或被增强的。电视报道一定有图片，对总统活动的报道通常通过总统的图片来呈现，这加剧了用总统身体代表行政活动的倾向。"今天总统乘直升机到大卫营"（总统下舷梯的图片）；"今天总统健步走了"（总统沿着沙滩健步走的图片）；"今天总统的医生报告称总统在危机期间瘦了"（总统立正在停机坪上的图片）。这些及其他类似的如总统打高尔夫、慢跑等例子表明，大众媒体起反作用的与其说在于对恶化的意识形态的宣传，不如说在于微妙地改变我们公民活动发生的基本语

---

① Michael Novak, *Choosing Our King* (New York: Macmillan, 1974), p. 19.

境。① 有时我们具有一种没有宫廷的宫廷主义风格，一种不受自身使用传统约束的动机形式。

宫廷主义风格的这种运用在里根总统时期非常明显。大部分评论者同意里根的遇刺经历是他第一个任期的转折点。把对政治可行性的关心并入总统的身体状况问题中，成了随后对其新闻报道的一个固定设置。② 这些报道表达的宫廷主义风格正是我们平时所经历的——以片段化的形式。当他似乎在逃避通常的民主政治责任时，媒体却促使选民集中关注总统的饮食、运动、打盹、发色和衣橱。这种对国王身体的迷恋，时常由里根不同身体部位的持续出现来引导。当阅读着关于里根的皮肤、耳朵、鼻子、肠和膀胱的详细报道时，公众看到的是一个肢解了的里根，并确信君主恢复得很好。白宫也没有反对——实际上，他的廷臣在看他的时候和公众的眼光一样。比如，作家佩吉·

---

① 不同角度的相关主张，参见于尔根·哈贝马斯（Jürgen Habermas）关于公共领域"再封建化"的说明，见 *The Structural Transformation of the Public Sphere*, translated by Thomas Burger and Frederick Lawrence（Cambridge：MIT Press, 1989）。哈贝马斯的社会理论缺乏实践交流的审美维度，再封建化是由制度变化所决定的一种长期而渐进的过程；我认为它（或类似它的东西）可以通过风格的变化迅速发生。

② 例如，戴安·鲁本斯坦（Diane Rubenstein）认为" '伊朗门' 的病态政策由里根的住院和手术从话语上构成"〔"Open Letters/Covert Operations：Rhetorical Readings of Iran Contra," in *Rhetorics of International Relations：Analyzing the Arguments，Myths，and Symbols of Foreign Affairs*, edited by John S. Nelson, （forthcoming）〕。通过美国总统对国王的两个身体修辞的内在化的全面说明，还可参见 chapter 3，"The King's Tow Bodies：Lincoln, Wilson, Nixon, and Presidential Self-Sacrifice," in Michael Paul Rogin, *Ronald Reagan，The Movie，and Other Episodes in Political Demonology*（Berkeley：University of California Press, 1987）。

努南（Peggy Noonan）回忆起她第一次瞥见总统的情景，注意宫廷主义修辞是如何组织话语的。"我第一次看到他（里根），是一只脚，一只高度抛光的棕色科尔多瓦皮鞋在一个垫子上愉悦地摇晃着。我是通过门窥探到它的。一只漂亮的脚，光滑而又有光泽。随意高雅，线条简洁。但不是一只很大的脚，也不可怕，也许甚至有一点……脆弱。"[1] 努南确实是一个优秀的作家。她的转喻性描述既抓住了贵族的审美价值，又让人感觉到两个身体，同时单一身体部位的形象显示了这样一座宫殿，它既围绕君主的身体组织起来，也表明局部的、瞬间的、片段化的、具有审美一致性和政治效果的相遇是有生命力的。这种文化可能包含协商、决策等明智的行为，但也可能产生一种特殊的成就感。正如拉里·斯皮克斯（Larry Speakes）自豪地回忆道，"我指出，'我敢说这个词是第一次在简报室被提起'。对总统阴茎的公开讨论？是的，就发生在我负责的里根总统办公室"[2]。

---

[1] Peggy Noonan, *What I Saw at the Revolution：A Political Life in the Reagan Era* (New York：Random House, 1990)，p. 48. 这些贵族气派的时刻让人想起早前关于适合总统职位风格的争论：参见 John C. Miller, *The Federalist Era* (New York：Harper and Row, 1960)，pp. 6—12；Henry Ford James, *Washington and His Colleagues* (New Haven：Yale University Press, 1921)，pp. 1—25。埃利亚斯在《礼貌史》(*The History of Manners*) 中认为，得体观念是 18、19 世纪迅速发展的中产阶级与掌权贵族之间的一个阶级冲突点。贵族的和民主的审美规范之间的张力继续影响着社会实践和文化批判：参见 Debora Silverman, *Selling Culture：Bloomingdale's, Diana Vreeland, and the New American Aristocracy of Taste in Reagan's America* (New York：Pantheon, 1986)。

[2] Larry Speakers with Robert Pack, *Speaking Out：The Reagan Presidency From Inside the White House* (New York：Charles Scribner's Sons, 1988)，p. 202.

斯皮克斯试图通过推翻一种得体形式以激活另一种得体形式。通过违背医学机密和个人礼节的常规，他创作了一部廷臣围着国王转的戏剧，通过身体政治的话语来引导对政体的思考。当国王和廷臣的舞台演出包含了共和主义的辩论实践时，最终会是无话可说和无事可做。总统的身体（部位）摆放在我们面前，政治生活在媒体化的静止中走向安眠。我们创造了我们的美国国王，与其说是无视宪法，不如说是用一套礼仪替换了另一套礼仪。

　　里根时代早已远去，而且在任何情况下，人们都很容易将行政官员的彬彬有礼视为民主法则中少有的例外，即便如此也是微不足道的，因为它只是礼貌问题而非政策问题。我们无须否定这些因素的真实性，也要认识到它们还代表着现代政治解释中的基本倾向和假定。宫廷主义风格可能会出现在某种认为自己已经取代了君主制和贵族制的政体的边缘，而且它混淆了那种将政治从其他社会实践中分离出来的理论术语。结果，宫廷主义风格被当作流言来对待，即另一种围绕得体因素展开的广泛的社会交流实践。在任何组织中，流言都是一种无处不在的且通常还很重要的交流方式，只是没有得到公开承认或不足为信。同样，每当礼仪被发现具有政治上的重要性时，就不得不否定它、重新定义它或压制它。这种边缘性使宫廷主义风格更容易被用以构建关于家庭、办公室、职员俱乐部、剧院等的"非政治"的政治实践。它也为那些更具工具性的安排提供一种刺激性的补充。当人们不能或不想根据严格的法典律令、官僚主义程序、经济计算等来生活时，就会被那些替代性的、更具体的生活和工作方式吸引。宫廷主义风格提供一种交流权力经验的政治表达模式，它使一个团体可以定位、追踪、控制劝说技巧的具体形式，并在制定决策时看到习惯、身份、情绪和品味的作用。

然而，在一个团体中宫廷主义风格在构成权力关系的同时，也会使这个团体静止化。虽然它可能会使广泛的社会活动融入政治意识之中，并允许政治行动者扩展个人嗜好，但它也会堵塞关于团体的目标、价值和方向的讨论（就像在宫廷，这类讨论通常被压缩转化为继位的过程，而继位过程往往过于简短，难以表达当前的任务）。随着时间的推移，同一类修辞设计由生气勃勃、井井有条变得极为拘束，妨害了其适应性和革新性。这种风格呈现了国王身体的命运：正如每个个体，不论多么有权势都是有朽的，因此关于国王的每种肯定都不得不服从象征形式的法则。自然和文化、行动和礼节、言语和沉默的辩证关系等都被置换了，因为宫廷主义修辞在艺术上的持续发展，不可避免地导向一种关于其原初活动的排他性定义在形式上的完善。宫廷一开始是一个独立的地方，与普通世界隔绝开来，最后成为一个自成一体的世界，这样一个吞噬一切的专制国家不会承认任何超出其礼节范围的事物。讽刺的是，宫廷统治艺术要克服其过度生长的社会性和道德盲视之间的奇怪结合，似乎只能依赖风格的失败或庸俗化。但这些被刻意地避开了，因此廷臣的技巧和优雅成了他们失败的原因。诉诸王权、等级、得体、礼节及其他君权符号，对社会凝聚和政治权力来说是古老且持久的形式，只是在特殊的情况下，它们衰退了，成了过多特权的脆弱堡垒，这将被那些被剥夺特权的人彻底清除。

第四章

演讲如生活:
西塞罗共和主义风格中的公民表演

　　西塞罗大概不会喜欢自己在 20 世纪的接受情况。虽然他的作品受到行家的重构、翻译和评论，对政治思想却毫无影响。在美国，这种讽刺还有另外的意思，不关注西塞罗会让美国共和政体的建立者感到吃惊。正如罗伯特·弗格森（Robert Ferguson）指出，西塞罗是这些建国者的古典模型，是他们永恒的"参考和灵感"①。当然，时过境

① Robert A. Ferguson, *Law and Letters in American Culture* (Cambridge: Harvard University Press, 1984), pp. 74n. 58, 76。史蒂芬·鲍腾（Stephen Botein）提醒我们，西塞罗不只是有影响，还是模仿的榜样；"Cicero as Role Model," *Classical Journal* 73 (1978)：313—21。古人的作用，特别是西塞罗的作用，被生动载入宪政时期关于公民共和主义的学术文献中：例如，"他们在布鲁图（Brutus）、卡修斯（Cassius）和西塞罗那里，发现了他们理想的自我，某种程度上发现了他们的声音。西塞罗的反喀提林演说使 23 岁的约翰·亚当斯（John Adams）欣喜若狂，夜晚独自在他的房间里大声宣读"［Bernard Bailyn, *The Ideological Origins of the American Revolution* (Cambridge: Harvard University Press, 1967), p. 26］。还可参见 Gordon S. Wood, *The Creation of the American Republic, 1776—1787* (Chapel Hill: University of North Carolina Press, 1969) and *The Radicalism of the American Revolution* (New York: Alfred A. Knopf, 1992)。还可参见 Garry Wills, *Cincinnatus: George Washington and the Enlightenment* (Garden City, NY: Doubleday, 1984)。

迁，但现代对西塞罗的忽略是不幸的，他仍有许多东西可教导我们。不管民主的理想是多么崇高，民主政府仍旧只是一种试验，它的不稳定性是明显的，不仅是因为世界范围内的民主革命十分脆弱，通常以失败告终，而且是因为在既有国家中它的维持需要巨大的社会能量。我认为民主政体的成功某种程度上依赖其实践者在特定政治风格中的能力，这种共和主义风格被设计出来是为了最大限度地利用竞选运动和议会审议中的政治机会。

西塞罗集中体现了这种风格，这种风格充斥于他的大部分著作。尤为明显的是他的书信，这些书信是古代保存下来的最广泛的个人信件集合，并因显著的公开性而更加突出。① 这些关于公共生活的个人省思讲述了西塞罗如何

① 目前，这些信得到了极好的呈现，见 D. R. Shackleton Bailey：*Cicero's Letters to Atticus*（Cambridge：Cambridge University Press，1965—70）；*Cicero：Epistulae ad Familiares*（1977）；*Cicero：Epistulae ad Quintum Fratrem et M. Brutum*（1980）。第一本著作包括拉丁文本、英文翻译和注释；翻译也有平装本：D. R. Shackleton Bailey，*Cicero's Letters to Atticus*（New York：Penguin，1978）。其他的则是带有注释的拉丁文版本。在洛布丛书中也能找到。通常信件被用作语言学的分析，或作为说明西塞罗其他更公开的文本的旁注，或作为了解作者及其世界的一般历史的灵感和材料。以信件为基础的作品包括 Gaston Boissier，*Ciceron et ses Amis*（Paris，1897），英文版见 Adnah David Jones，*Cicero and His Friends*（New York：Cooper Square Publishers，1970）；Warren Stone Gordin，*The Estimates of Moral Values Expressed in Cicero's Letters：A Study of the Motives Professed or Approved*（Chicago：University of Chicago Press，1905）；Anna Bertha Miller，*Roman Etiquette of the Late Republic as Revealed by the Correspondence of Cicero*（Lancaster，PA：Press of the New Era，1914）；E. B. Sihler，*Cicero of Arpinum*，2d corrected ed.，（New York：G. E. Stechert，1933）；J. P. V. D. Balsdon，"Cicero the Man," in *Cicero*，edited by T. A. Dorey，pp. 171—214（New York：Basic Books，1965）；D. R. Shackleton Bailey，*Cicero*（London：Duckworth，1971）；Magnus Wistrand，*Cicero Imperator：Studies in Cicero's Correspondence*，（转下页）

超越一切、努力地成为罗马共和国政治文化的化身，也给我们提供了塑造这种文化的常规诉求和反应的纲要。信中人物的缺陷显露无遗，但这也说明缺陷不仅属于独特的历史人物，还可以是政治人格的一种模型。通过考察故事中的独特智慧，可以思考共和主义风格何以是我们时代民主倡议的一种资源，并指明其内在的弱点。沿着这条路，我试图挑战把西塞罗当作二流的学者、伪善的道德家和优柔寡断的领导者的传统看法[1]，这也是民主政治家如今的通

(接上页) 51—47 B. C. (Gothenburg, Sweden: Acta Universitatis Gothoburgensis, 1979)。此外，还有大量关于西塞罗的传记，不过大多遵循同样的编年模式和主题。除了已经提到的书目，我还以不同原因，挑选了一些作为参考：H. J. Haskell, *This Was Cicero: Modern Politics in a Roman Toga* (New York: Alfred A. Knopf, 1942)，附注有先前传记的书目 (pp. 368—76)；R. E. Smith, *Cicero the Statesman* (Cambridge: Cambridge University Press, 1966)；D. Stockton, *Cicero: A Political Biography* (Oxford: Oxford University Press, 1971)；W. K. Lacey, *Cicero and the End of the Roman Republic* (New York: Harper and Row, 1978)；Elizabeth Rawson, *Cicero: A Portrait*, rev. ed. (Ithaca, NY: Cornell University Press, 1983)；Christian Habicht, *Cicero the Politician* (Baltimore: Johns Hopkins University press, 1990)；Thomas N. Mitchell, *Cicero: The Ascending Years* (New Haven: Yale University Press, 1979) and *Cicero: The Senior Statesmen* (New Haven: Yale University Press, 1991)。一般背景，参见 Claude Nicolet, *The World of the Citizen in Republican Rome*, Translated by P. S. Falla (Berkeley: University of California Press, 1980)。

[1] 尼尔·伍德对西塞罗作为政治哲学家的地位的历史波动做了简要说明：*Cicero's Social and Political Thought* (Berkeley: University of California Press, 1988)，pp. 1—13。在现代学术研究中，德国古典主义者西奥多·莫姆森 (Theodor Mommsen) 对西塞罗进行了最恶毒的抨击：例如，西塞罗"是一个没有洞察力、想法和目标的政治家……从来都只是一个目光短浅的自我中心主义者"，他"在感情和判断上使每一个读者感到厌恶"；关于他的文学作品，他是"一个半吊子……一个有着最糟感觉的新闻记者"；作为一个人，他是"浸透着浅薄与无情"的典型 [*Mommsen's History of Rome*, translated by William P. Dickson (New York: Scribner's, 1899), vol. 4, pp. 724—25]。莫姆森的判断基础某种 (转下页)

常看法。

任何政治风格通常都会以一种修辞设计、传统惯例和哲学理据的混合状态来运作，而这些因素需要在具体的历史时期和文化场所中形成。虽然没有政治风格被限制在某种明确的制度环境中，它也不同于某种政治理论，但它们显然有着很强的对应关系，反映出共同的起源和兴趣。与其他风格相比，共和主义风格似乎特别注意这套关于人性和好政府的观念。这种政治生活的观念把自制作为最高的道德律令，坚持公民的政治活动应该由公民美德来推动和引导，同时要提防私人利益，尤其是商业利益的影响。① 相应地，这些规诫需要公共机构（例如立法机

（接上页）程度上首先显示在对西塞罗的相关评论中——"他的重要性依赖对风格的娴熟掌握，只有作为一个风格家的时候，他才表现出对自身的自信"（p. 724）——他相应地评价了恺撒的特点——"完全是一个现实主义者和有理智的人；不管他着手于什么或完成了什么，都被他冷静清醒的精神渗透和引导，这构成他天赋的最显著特性"（p. 540）。莫姆森判断的准确性通过他对西塞罗演说技巧的评估显示出来："西塞罗没有说服力，没有激情；他不过是一个律师，还不是一个好律师。"（p. 726）即便是当时更中性的评价，也强调西塞罗"是由易变的材料构成……经常摇摆不定，因此并非一个合格的政治家……所以他在参政上做的尝试，只是暴露了他的全部弱点"［*Teuffell's History of Roman Literature*, revised and enlarged by Ludwig Schwabe, translated by George C. W. Warr (London: George Bell, 1891), vol. 1, p. 276］。伍德总结道，"西塞罗终其一生都只是一个优秀的政治道德主义者，而不是能干的政治家"（p. 204）。伍德的讨论与我的类似，他从"罗马的一些鲜为人知的作品"中，寻找关于"政治活动本质的敏锐思想"，这可被理解为一种"政治艺术"，以此来对抗现代对西塞罗的忽视（p. 176）。

① 目前关于公民共和主义观点的最好阐述：Wood, *The Radicalism of the American Revolution*。学术兴趣的复兴始于伍德更早的作品，*The Creation of the American Republic*，以及 Bailyn's *The Ideological Origins of the American Revolution*。主要推动力来自 J. G. A. Pocock, "Virtue and Commerce in the Eighteenth （转下页）

关）、公共实践（例如演说实践）以及公众人物（例如总统）在全体公民中培养起一种道德感，结果就是任何决议的制定首先关心的是公共利益。任何时候好政府的实现都需要个体的积极参与，并通过共同审议成功克服私人利益，随着时间的推移，共和政体的稳定就依赖它能使每个个体都具有这种德性。

尽管关于公民共和主义在美国历史中的作用有着大量研究，并肯定了古典范例的重要性，尤其是西塞罗对公民共和主义者的影响，但关于公民共和主义的学术重构往往忽视了西塞罗本人的作品。[①] 这种兴趣的缺乏是一种妨害，

（接上页）Century," *Journal of Interdisciplinary History* 3（1972）：119—34，and *The Machiavellian Moment*：*Florentine Political Thought and the Atlantic Republican Tradition*（Princeton：University Press，1975）。对共和主义理想的同情理解，参见 Ferguson，*Law and Letters*。加里·威尔斯（Garry Wills）的著作提供了方便法门，尽管在主题和术语上有些不同：*Inventing America*：*Jefferson's Declaration of Independence*（Garden City，NY：Doubleday，1978），*Explaining America*：*The Federalist*（Garden City，NY：Doubleday，1981），and *Cincinnatus*。丹尼尔·T. 罗杰斯（Daniel T. Rodgers）提供了关于学术文献的优秀评论，"Republicanism：The Career of a Concept," *Journal of American History* 79（1992）：11—38。以自由主义反对修正方案的典型，John Patrick Diggins，*The Lost Soul of American Politics*：*Virtue*，*Self-Interest*，*and the Foundations of Liberalism*（New York：Basic Books，1984）；Thomas L. Pangle，*The Spirit of Modern Republicanism*：*The Moral Vision of the American Founders and the Philosophy of Locke*（Chicago：University of Chicago Press，1988）；and Joyce Appleby，*Capitalism and a New Social Order*：*The Republican Vision of the 1790s*（New York：New York University Press，1984）。阿普尔比试图表达一种中间立场，*Liberalism and Republicanism in the Historical Imagination*（Cambridge：Harvard University Press，1992）。关于争论的详细记录，参见 Rodgers，"Republicanism," p. 23，特别是 note 26。

① 罗杰斯注意到，"共和主义的观念是 20 世纪 80 年代的成功故事之一"，他还证明它如何被用于殖民地的历史、劳工的历史、南方的历史等（"Republicanism：The Career of a Concept," p. 11）。弗格森描述了西塞罗模式在联邦制和杰斐（转下页）

尤其是当公民共和主义的论述成为当代政治评论的一种语言时。很少有人会否定它完成了双重的任务，即一般而言其要么反驳了洛克主义的政治戒律，要么（较少地）批判了某种独裁形式。① 我认为对西塞罗本人文本的忽视会导

（接上页）逊时代的美国的主导地位（*Law and Letters*，pp. 20n. 22 and 74ff.）。还可参见肯尼斯·克米尔（Kenneth Cmiel）关于这一时期雄辩文化的大纲，*Democratic Eloquence: The Fight over Popular Speech in Nineteenth-Century America*（New York: William Morrow, 1990），chapter 1. 弗格森提供了关于西塞罗及《给阿提库斯的信》（*The letters to Atticus*）如何被刻画成共和主义模式的讽刺画的一个适切例子："南方是农场和种植园的集合体，由我们复合的农业英雄西塞罗·辛辛那图斯管理着……肯塔基的这位老先生每天下午都会在他前院的老糖枫树下阅读西塞罗给阿提库斯的信。"［*Law and Letters*，pp. 295—96；引自 Allen Tate, "A Southern Mode of the Imagination," *Collected Essays*（Denver, CO: Alan Swallow, 1959），pp. 563—64］

① 在当代政治理论中，自由主义的个人主义的主要挑战是社群主义的复兴，它相应地利用了公民共和主义的模型。关于这一争论的评论，Michael J. Sandel, ed., *Liberalism and Its Critics*（New York: New York University Press, 1984），and Shlomo Avineri and Avner de-Shalit, eds., *Communitarianism and Individualism*（Oxford: Oxford University Press, 1992）。尤其参见桑德尔具有影响力的论文，"The Procedural Republic and the Unencumbered Self," *Political Theory* 12（1984）: 81—96, reprinted in Avineri and de-Shalit, *Communitarianism and Individualism*, pp. 12—28. 在法律学术界对公民共和主义的讨论中，提供了它如何被用以反驳保守主义权威和自由主义霸权的具体例子。弗兰克·米歇尔曼（Frank Michelman）的《法的共和国》（"Law's Republic"）一文，某种程度上是对新保守主义的司法"独裁"的抨击［*Yale Law Journal* 97（1988）: 1493—1513］；还可参见 "The Supreme Court: 1985 Term—Foreward: Traces of Self-Government," *Harvard Law Review* 100（1986）: 4—77. 还可参见关于这一问题的其他论文，载于 *William and Mary Law Review* 29（1987），and *Florida Law Review* 41（1989）. 斯坦利·英格博（Stanley Ingber）借助共和主义的文献，对第一修正案做了社群主义的解释，"Rediscovering the Communal Worth of Individual Rights: The First Amendment in Institutional Contexts," *Texas Law Review* 69（1990）: 1—108. 作为共和主义风格感的另一标志，米歇尔曼和英格博例示了某种程度上更具原则性和人文性的法的精神，而非主要倾向于官僚主义结构中的技术理性；法律思想中的基本（部分是审美的）差异，参见 Ferguson, *Law and Letters*, Chapter 3 and ff., and pp. 281—90. 我还把关于女性历史的作品，就像对抗独（转下页）

致对公民共和主义的误解和无谓的乌托邦政治理论。①

公民共和主义研究的史学问题具有两个面向。一方面

（接上页）裁（此处指父权制）的一种手段一样，当作恢复共和主义的一个例子，参见 Rodgers，"Republicanism," n. 43。这一策略因共和主义与过分局限的公民定义的历史性结合而复杂化了，尤其是因共和主义文献中的男权主义倾向，这些文献通常把男性、军事价值、雄辩和对共和政体的维护结合在一起；参见例如，Wood, *Creation*，pp. 52—53。关于一般意义上的演说的男性主义定义，参见 Kathleen Hall Jamieson, *Eloquence in an Electronic Age：The Transformation of Political Speechmaking*（New York：Oxford University Press，1988），chapter 4。关于女性主义和共和主义之间关系的讨论，参见 Suzanne Sherry, "Civic Virtue and the Feminine Voice," *Virginia Law Review* 72（1986）：543—616。关于性别化的语言如何可能在共和主义的话语中以一种更复杂的方式起作用的讨论，参见 James Jasinski, "The Feminization of Liberty, Domesticated Virtue, and the Reconstitution of Power and Authority in Early American Political Discourse," *Quarterly Journal of Speech* 79（1993）：146—64。对某些共和主义学者保守论调的批判，参见 Isaac Kramnick, *Republicanism and Bourgeois Radicalism：Political Ideology in Late Eighteenth-Century England and America*（Ithaca，NY：Cornell University Press，1990），chapter 1。在关于公民共和主义的学术文献中，对政治和意识形态设计的关注，并不与罗杰斯主张的文献繁荣是因为在一些分支学科中解决了解释的危机这一观点相矛盾。至于西塞罗，毫无疑问他是一个精英，他无法逃避属于罗马生活结构的奴隶制、父权制、阶级统治和帝国主义。但这些意识形态的话语在他的艺术性中几乎没有影响，他也没有促进这些话语，他既不是庞培也不是恺撒。至于共和主义风格，它可以囊括从保守到革新的政治态度，充当精英主义的设想和社群主义的理想的一种准则。我不是假定所有这些主张在结果上都是可能的，而是认为这些问题在实践中都是可协商的。

① 参见，例如 William M. Sullivan, *Reconstructing Public Philosophy*（Berkeley：University of California Press，1986），特别是 chapter 5，"A Renewal of Civic Philosophy"。我的批评不是为了诋毁此类作品，只是为了指明那个关键的限度。在法律学术界，马克·V. 图什内特（Mark V. Tushnet）把公民共和主义的主张描述为反形式主义的一个版本，这在他看来纯粹是乌托邦 ["Anti-Formalism in Recent Constitutional History," *Michigan Law Review* 83（1985）：1544]。他的主张某种程度上基于这样的评估：由于社会形态的变化，"共和主义传统是否随时可供我们利用，这是不清楚的"（p. 1540）。虽然这一看法是有益的，但对有些人来说，恢复（recuperation）一般看来更像是问题，因为他们假定了：⑴话语变化通常是附带现象，从来不是决定性的；⑵整个传统都不得不恢复；⑶不得不作为一整套观念被恢复。我希望我是从相反的假定出发，这一点是清楚的。

是倾向得到一套连贯的政治观念，不管是否被标上意识形态、传统、哲学、幻想等标签。因为研究对象通常是活跃的政治领袖，所以毫不奇怪，哲学上的不连贯性（或更确切地说，易变性）立刻成了公民共和主义研究的一个难题。约翰·亚当斯（John Adams）在1807年就抱怨过这一概念的不清晰性，当代学术研究似乎也只是导致"概念含混"①。另一方面，人们倾向于发现一个政治言语的鲜活世界，以替换无形的观念。美国的公民共和主义者敏感于话语，熟练地掌控并混用各种政治习语以达致某种修辞效果，同时培养着一种"雄辩崇拜"②。这一发现提供了摆脱上一个困境的出路，但也只会使共和主义的讨论更加混乱，这可能是因为现代的历史研究在理解自身的发现时缺乏适当的批判术语。③ 虽然公民共和主义在当代学术研究中复兴的一个优势是，它聚焦于小册子、演说及其他大众修辞实践，并非常重视它们——就其本身而言，把它们当作政治经验和活动的重要决定因素——但混淆随之发生，

---

① Rodgers，"Republicanism，" p. 37.

② Ibid，，pp. 35—38。"雄辩崇拜"这一术语源于弗格森，*Law and Letters*，pp. 72—78，他强调共和主义者熟练掌控着各种体裁的表达。还可参见 Isaac Kramnick，"The 'Great National Discussion'：The Discourse of Politics in 1787," *William and Mary Quarterly* 45（1988）：3—32。克拉姆尼克注意到了"政治语言的丰富性和混乱性"（p. 4），并将其区分为四种习语，公民共和主义、洛克式的自由主义、工作—伦理的新教主义、以国家为中心的权力和主权理论。

③ 罗杰斯总结道，加强共和主义的范式转换，"需要的是一种更具策略性的语言观，而非共和主义的发明者和借鉴者通常渴求的观念和语言的结构"（"Republicanism，" p. 38）。

部分是因为共和主义的规范很快被用于解释所有的政治话语。公民共和主义在政治言语中茁壮成长，却又在自身的环境中枯萎。[①]

这里还存在实质性的和方法论的问题。一方面，我们可以探讨公民共和主义的定义，或探讨它对18世纪后期或19世纪早期政治决策的影响程度。另一方面，我们可以追问如何判定公民共和主义或任何政治立场是否存在于某一特定文本中。第一组问题取决于第二组问题。但一般来说，要确定是应该突出关键的术语还是特殊的论证形式，反复出现的暗示还是位置与功能的价值，对特定文本的控制还是与普遍的意识形态结构的关联，都是不容易的。由于简单范例的缺乏、大多数文本的复杂性以及现代学院读者可以在任何地方找到他们想要的解释技巧，所以这些问题混合在了一起而变得复杂。

考虑到公民共和主义是一种政治风格、西塞罗是其范例这些问题能得到部分解决。公民共和主义仍可以被理解为一种哲学或一种宪法原则或其他政治原理的构型，但有一个条件，它还是一套在表演中激活那些观念的修辞技巧。就是说，公民共和主义的完全展现只会发生在它的原

[①] 克里斯托弗·拉什（Christopher Lasch）以这样的理由否定了修正方案："当这类术语扩展至所有政治劝说时，共和主义的综合并不比自由主义的综合更好。"[*The True and Only Heaven: Progress and Its Critics* (New York: W. W. Norton, 1991)，p. 176]

则被修辞所充实时，它的观念被修辞技巧和共和主义风格感所补充时（有时是转化）。没有这些修辞因素的增补，公民共和主义的模式是完不成的。凭借这一未完成的模式，观察它在某些历史时期如何发挥作用（特别是因为政治生活的表演性维度通常很难恢复），或指出它在当今仍然有效，会变得更加困难。通过说明构成共和主义风格的劝说诉求的全部技巧，可以更可靠地评估共和主义在特定文本、争论、事件或政治文化中的影响。[①] 对于此类分析来说，首要条件是选择一种适当的模型。考察西塞罗对其积极生活的省思，可以发现共和主义创作的各因素，尤其是当它们被这位风格大师运用时。

我对书信的阅读，既是有选择的也是联系当下的。但这不是要对作者的意图或社会环境进行历史重构，也没有必要由此再现他在其他一些著作中的重要主题、观念或技巧。这是一种诠释，对象是过去与现在，以及如果不是全部也是他大部分作品的共同点。诠释的方法利用了汉斯-

---

① 这里我利用了实践批评的常识：我们可以合理地断定，一种特定的政治风格是政治经验创作的手段，某种程度上其所有常规会被连贯呈现和展示，可全面地（广泛地和深入地）应用于当前的主题和任务，通过位次或独特的交互作用（例如一些诉求推翻另一些诉求或使之无效）控制其他诉求，并关联决策和行动。它或许只能以片段化的形式实现，或只有给出折中的基础才能占优，或者与具体的意向陈述不符，但它仍是决定性的。如果它只能以部分和不一致、偶然和附带等方式呈现，它就可能会被认为是无足轻重的。（即便如此，特定具体风格的标准可以发生一定变化；参见第三章的相关讨论。）本书主要在于厘清具体风格的重要因素及其连贯性的独特形式。我还附带说明了它们如何在特定事务中起作用、如何与其他风格相互作用以及如何产生特定的结果，虽然很多，但关于这些额外的关注点仍有更多要说。

格奥尔格·伽达默尔（Hans-Georg Gadamer）在哲学诠释学上的一些洞见，但突出了伽达默尔留给特定学科去发展的修辞形式。伽达默尔强调诠释通常需要文本与其当下重构之间的明确调解。^① 这种调解的典型是翻译过程，它必然包含凸显或隐藏原始文本的某些特征的决定。这种对原始文本的凸显和隐藏的交替过程，极点是"视域融合"，在那里，新意义"不仅是我的或我的作者的，而且是共同的"。^②

对一个文本来说，激活这一方法的关键在于设想文本意义的问题本身就是一种答案。^③ 比如一封信接着一封信，比如西塞罗评论他的阅读、写作和等待，比如他讨论大量的问题和忧虑，一种趋于一致的倾向开始产生。西塞罗向他人写下他的想法、害怕、抱怨和计划，结果可能是他回答了这一单一、持续的问题：西塞罗如何为公共生活创作自己？他如何表现自己——通过他所有的决定，从挑选居住地到选择盟友再到决定下一次演说——他是否会成为想要成为的那种公众人物？通过这些关于公共身份的个人省思，他塑造了一个他将用以影响他人的角色，也就获得了一种内在的宁静。如果他成功地（再次）化身为共和国的领导者西塞

① Hans-Georg Gadamer, *Truth and Method*, 2d, rev. ed., translated by Joel Weinsheimer and Donald G. Marshall（New York: Continuum, 1993），pp. 384ff.。我认为伽达默尔否认了提供诠释技巧模型的任何意向。我是那些相信他在哲学诠释学和技术诠释学关系问题上已竭心尽力的钦佩者之一。《真理与方法》（*Truth and Method*）包含如何开始一种诠释的深入洞见，这里我试着充分利用这一点。

② Gadamer, *Truth and Method*, 2d, rev. ed., pp. 386—88；还可参见 p. 306。

③ Ibid., pp. 373ff.

罗，他就可以利用他的所有权力，但他也知道，他所拥有的这些权力从来都是不稳定的，因为他不是通过贵族地位或军事力量或财政资源得来的，而是由于成功的表演。

一旦这一问题摆了出来，就可以解决诠释的核心任务，即把文本的对象带入语言中。[①] 不管还有其他什么用处，西塞罗的信将清晰呈现他可以利用的资源，以回答他的核心问题，即他如何创作自己。换句话说，西塞罗的信的对象是修辞常规的一览表，包括计算、焦虑以及代表共和主义政治的典型人物特征。尽管具有临时的性质和片段的形式，但这些书信提供了表明这种风格的丰富文本，因为它们自身就是通过凸显和隐藏他的其他文本来展现的。在他对自己计略的赞颂和奚落中，与其说西塞罗显示的是自负和肤浅（关于他的声明的常规解释），不如说他把书信用作一种诠释的空间：它们成了对他的其他文本的一种明确中介，因此是一种理解的媒介。书信体裁的这种使用是理想的，因为它本质上符合伽达默尔的要求，"所有认真进行的翻译总比原文要更清楚和明白"[②]。通过把西塞罗诠释为他正在诠释自己，可以发现那些他试图掌控的创作公共生活的技巧。当西塞罗通过凸显和隐藏遵守写信的常规时，他创造了一个更为清楚和更为明白的空间，以反映

---

① Gadamer, *Truth and Method*, 2d, rev. ed., pp.386—88.
② Idid, p.386.

他许多话语的对象。

本章，我将聚焦西塞罗给阿提库斯的信。这本通信集的优点在于，它包括从公元前68年到公元前44年这段时间发生的事件，其连贯性和敏锐性源于它们是写给那单一的、博学的和敬爱的受众，并且对当代大众来说也是易懂的。在归纳出它们的一般特点之后（这有助于把它们与西塞罗的其他著作区别开来，或与其他作者的书信区别开来），我将提取出共和主义风格的具体因素。虽然还可以从通信的余下部分获悉很多东西，但对那些想要了解西塞罗职业生涯的内心生活的人来说，西塞罗关于他和阿提库斯之间友谊的坦白，证明了他们的通信的特殊价值："我必须告诉你，我现在最需要的就是一个知己——一个可以和他分享那些让我焦虑的任何事情的人，一个智慧的、亲切的朋友，我可以毫不虚伪、从不回避，也不会遮遮掩掩地和他交流……你的话和建议常常能减轻我心灵上的担忧和烦恼，你是我公共生活中的同伴、私人事务中的密友、所有谈话和计划的参与者。"（18/1.18）①

---

① 翻译来自沙克尔顿·贝利（Shackleton Bailey），*Cicero's Letters to Atticus*。括号注中首先给出版本的编号，然后是拉丁文本的书、信的传统编号。我没有引用类似情况的另一例子，尽管通常可用作——例如，与阿提库斯关系的另一证言，参见17/1.17。我希望我解决了这一问题，即在提供足够的例子使读者对古典研究感兴趣的同时，避开了让那些不是很熟悉这一时代的读者感到费解的东西。不管怎样，我的主要目的是把书信用作一种托辞以指明共和主义风格。这种诠释可能会被那些拥有我所缺乏的专业知识的人延伸到古典语言和文献中，其他读者可能会转向西塞罗的书信和演说以亲身体验他的才能。

虽然书信随事件的流动展开，但它们在文学上的感染力源于主题和情绪上的内在调节，每一种模式都给予书信基本的形式。基本主题是玩笑、生意、政治和个人负担。与阿提库斯的玩笑包括调侃友谊，并说些俏皮话，分享熟人的讽刺故事等。这些题外话充当一支接合与脱离的舞曲，通常需要不断地关联。生意主要包括西塞罗称为"私人的"问题：特别是财务交易和通常的家庭经济的管理。在关于债务、房产、遗嘱、嫁妆、私人财产如书籍和雕像的频繁讨论中，阿提库斯既是听众又是代理人。政治构成与私人生活相对的另一世界。这类主题是明显的，内容占通信的绝大部分。私人和公共的两套规范共同组成书信的经纬线：注意他（从亚细亚）对"世界、广场、罗马、我的房子、我的朋友"（108/5.15）的思念中，它们之间的相互作用（和比例关系）。当他因个人负担而苦恼、焦躁或不堪时，第四个主题间或插入。在那个鲜有坦白的时代，这类问题通常在私人生活中被藏得严严实实：正如当他开始以一系列的财务问题来记述他的"个人"麻烦时，最后不可思议地总结道，"我的其他担忧更加私密"（74/4.2）。有时，这些干扰不断插入他的写作中，尽管他为此感到抱歉，但还是影响着书信。这里我们可以看到，他对兄弟昆塔斯（Quintus）的恼怒、他被放逐出罗马的创伤以及他失去女儿塔利亚（Tullia）后的极度悲伤。

最后的主题还显示了情绪的变换，这是书信的第二种模式。主要有四种腔调：论战的乐趣、沮丧、烦恼和痛苦。第一种表明其本身即是兴奋与自大的混合，他积极参与日常的政治交流。与此相反的情绪是沮丧，难以名状的恐惧感和压迫感以及只要从公共生活中抽离出来就感到绝望。第三种情绪很容易和沮丧混淆，即无休止地烦恼。这里会看到前执政官不厌其烦地向阿提库斯唠叨着，要求他提供一些书的送达或债务的偿付或任期结束的信息。这种情况在公元前49至前48年的内战期间达到极点，当西塞罗要在两个不断变化的阵营之间保持平衡时，他不放过从一个庄园到另一个庄园反复游走的任何细节，不管是多么微不足道。最后，书信有时是他发泄那些个人落魄时期所经历的痛苦的地方，比如"前三头联盟"时期失去他热衷的宪制，或放逐时期失去他的政治身份，或迟暮之年失去他的女儿。这种最低落的情绪代表书信的情感模式：它的强烈呼应着其他情绪的普遍性，表明西塞罗故事的基本活动是情感活动。①

　　西塞罗的情绪变化不仅充当了故事的情节，还表明了故事的文学色调。但在这点上西塞罗自然会令他的许多读者感到失望，他不是悲剧作家。充其量，西塞罗的视野都

---

① 这种感情驱使的行动意识与西塞罗的修辞理论是一致的，它把劝说活动分为三种基本功能：我们可以通过教导、取悦或感动受众来劝说。虽然他强调完整的演说需要全部实现这三种功能，但最重要的任务是情感的控制，使受众按照演说家的请求行动。"证明是必要的，取悦使人高兴，感动带来胜利。"〔我对《演说家》(Orator) 69 的翻译〕

没有超出一种平衡生活的构想。有时书信是十分坦率的，比如为塔利亚的嫁妆感到苦恼，他说："哦，天呐，我可以写些什么或期望些什么吗？我会长话短说，眼泪早已夺眶而出。我想留给你，你来决定最好。此时此刻只希望不要让任何东西伤害到她。我祈求，原谅我。眼泪和悲伤不敢让我在这一话题上停留太久。"（218/11.7）书信中的这种表现技巧和情绪激动让人不禁联想到情节剧。

西塞罗对情节剧的品味表明他既是典型的罗马人，又是共和主义风格的发言人。正如贵族派的批评者经常指出，在这一为了造成广泛影响而设计的公共剧场中，共和政府将会精疲力竭，而充其量它只是平庸的艺术。转向西塞罗，可以看到构成这种风格的主要修辞及相关的感觉。共和主义风格始于对创作和发表劝说性公共话语的乐趣的享受，它还包括其他交流模式，并因为把达成一致视为基本的统治手段和目的成了一种更为集中的行动模式，顶点是一种公民文化之个人化身的领袖模型。当这些修辞被相关的诉求和态度增强时，这种风格凝聚为一种迷人的程序而参与到公民生活中。特别是这些设计在西塞罗的书信中几乎没有任何遗漏，允许依次对其进行讨论。

共和主义风格始于政治活动与公共演说创作技巧的融合。在共和主义精神中，说服是政治的实质，修辞才能是政治本领的最明显标志，公共演说是主导的艺术。共和主义的风格家可能会花一生的时间去写作和阅读小册子、报纸社论、宣言或其他出版物，但这些都被理解为演说的某种形式，并因其措辞而大受赞赏。所以，共和主义精神极易通过一系列的提喻关系来回移动：从整个政治到政治劝说，从整个政治劝说到演说，从整个演说到一些词语的突出使用。注意西塞罗愉悦地报告他的活动时的语句变化：

> 那么，只要我有元老院的权威去辩护，我会轻快有力地"插足到争斗当中"，观众也会聚集到我周围，为我热情地欢呼鼓掌。如果你能相信我在公共生活中的胆略，那么你必然会在那种事务上赞赏我。当克洛狄乌斯（Clodius）在会议上发表演说，并以我的名义挑起敌意，天呐，这就是我造成的战斗，我造成的破坏！我对庇索（Piso）、库里奥（Curio）及所有这些人的攻击！我公然嘲弄不负责任的老头和放肆的年轻人！绝无虚言，我渴望你不仅是一个我可以听从的建议者，而且是那些精彩较量的观众。（16/1.16）

修辞技巧和政治效果的等同，因共和主义风格家不加掩饰地享受着公共辩论中的字字珠玑或打击了对手而被突出。

> 天呐，在我的新观众庞培（Pompey）面前，我大肆炫耀！难得环形句、复调、修辞推理、辩证推理响应了我的召唤，在那种场合，它们帮了大忙。总之，我博得了所有人的喝彩。对于这种主题，没有理由不

这样……现在你应该知道，我如何能在这类话题上令人震撼。我想你在伊庇鲁斯也一定听到了这场轰动。(14/1.14)①

此刻，政治等同于演说表演，成功的标准在于享受那种表演的方式，而非结果。②

现代读者可能会认为西塞罗是一个愤世嫉俗的人，也不相信他的演说内容，因为他可以指出甚至嘲弄自己对形式的操控。当他如此轻易地就奚落某事的表现时，他又如何可能喜欢它？注意这段话是如何产生效果的，它恰好结合了伽达默尔认为是有意义的翻译之关键的两种态度：凸显和隐藏。西塞罗再次使演说的光辉时刻出现在眼前，同时又把它放在自己之后。他嘲笑自己的乐趣表明，我们正

---

① 这段翻译了四个古希腊的修辞术语：περίοδοι，καμπαί，ἐνθυμήματα，κατασκευαί。

② 杰伊·弗里杰尔曼（Jay Fliegelman）对美国共和政体建立者的修辞准则的分析，是深入了解演说表演文化的一种有趣方法。遗憾的是，我的手稿修订后才发现 *Declaring Independence: Jefferson, Natural Language, and the Culture of Performance* (Stanford: Stanford University Press, 1993)。弗里杰尔曼的研究和我的研究之间的相似点包括：我们都看重修辞传统，对"劝说的动力学"和"政治权威的动力学"之间的关系感兴趣，他对建立者的文化考察与我对共和主义风格的研究特别相合。共同因素（用我的话来说）包括：演说的首要性、艺术（和声音）表演的意识、达成一致的理想、人格的创作和展示、模仿的重要性、情感的作用、实践的焦虑和矛盾以及仪礼规范等。我们之间也有不同：最主要的是，弗里杰尔曼强调极具现代性的自我表现、情感认同、自然语言等观念如何出现并改变了18世纪的政治文化。总之，弗里杰尔曼发现了当时广为传播的共和主义风格的某些因素，却把它们展现为不同整体（古典共和主义诉求和现代自由主义诉求的过渡体系）的各因素。相比之下，我的分析不限于某一时期，而是聚焦于共和主义理想类型中的连贯因素。

处于书信的翻译时刻，它呈现了其他文本的对象。他没有因相反的态度拒斥自己的语词，隐藏只是为了确立他的技巧就是他的主题。演说的目的是创造一种公共人格，因而成为一个公共人物，确切地说，它的成功在于对手段的成功选择。西塞罗相信政治包括通过个人表演来产生影响的实践，并且他享受那样的时刻，熟练运用吸引公众注意的技巧获得了政治成功。写信这种行为并非给一种更加理论化的知识提供依凭，作者很快就再次投入争斗中。这一将某种情势抽象化（就其创作的形式因素来定义它），且之后又把抽象物弃置一旁（因此回到原有情势和行动）的能力，是这种技巧性才智的本质活动。

自负在这种风格中或许占有一席之地，因为它可以凸显纯粹的表演。自负使人无法意识到自己的行动会面临许多限制——特别是受众的不同反应和矛盾的动机——以致技巧本身可以被看见。注意这段话：

> 我禁不住地想提到，当我在所有的执政官中第一个抽签表决时，元老院一致认为必须把我留在罗马。在我之后，同样的事情也发生在庞培身上，所以这样看来我们两人好像都被留了下来，也许有人会说是作为共和国的担保被留了下来。为什么终究我还是要等待他人的喝彩，尽管我自己是如此擅长这种游戏？
> （19/1. 19）

再次，凸显和隐藏他的文本的双重运动在起作用，西塞罗的自负凸显了他在修辞上的考量——他与议会观众的关系、累加的影响力以及共和主义人格——然而，这一轻微自嘲的记述却是通过把它当作一种自负来完成的，这样就再次把它弃置一旁，以提醒读者书信是欣赏表演的一个特殊场所，而非它的替代。

关于修辞才能的此类描述，主要聚焦于劝说过程中政治能量的移动，并假定这一过程会克服其他所有的权力形式。有时这一假定被强调，比如，西塞罗幸灾乐祸于一个同僚对人身恐吓意图的反应："克洛狄乌斯的叫嚷占据了所有通道。选票没有得到任何'同意'就被分发。加图突然跳上讲台，狠狠地训斥了执政官庇索一顿，假如我们确实可以把这样一种术语用在这一最引人入胜、最强力，实际上也最审慎的演说上。"（14/1.14）或者，在其他场合，例如，西塞罗向阿提库斯详细叙述了他如何通过反转一场公开审判中消极结果导致的士气消沉，从而支撑起整个共和国。他描述了他如何一个接一个地劝说同僚，如何凭借一些手段使他的敌人苦恼，并使之统合于"一场令人印象深刻的严肃演讲中，以及一次愉悦的交叉询问中……你可以在各处体验到，但如果没有斗争的刺激，接下来就不能保持其效力和趣味"（16/1.16）。随后，书信提供了与克洛狄乌斯在元老院大厅的交叉询问中巧妙应答的详细情况，直到"他获得长时间雷鸣般的掌声，克洛狄乌斯则在沉默中溃败"。这种记述全然表明共和国的政治稳定性可由或不得不由修辞技艺来维持。对西塞罗来说，当事情进展顺利时，他把政治视为一种演说艺术与政治功能完美结合的过程："你知道我抵达了以弗所，实际上你也在那天的集会上祝贺了我，这是我人生中最辉煌的经历之一。在那些途经的市镇中，我都受到了热烈欢迎，7月31日我到达了劳迪西亚。在那里，我极负盛名地度过了两天，并用殷勤的演说扫除了之前所有的不满。"（113/5.20）此类描述有时赋予政治行动者权力，提供确定和调动有效劝说方式的手段，但在其他时候则是一种错觉。西塞罗那天确实获胜，其他人都反对克洛狄乌斯——"总而言之，我用这类妙语和郑重其事的演说，教给这一恶棍以礼仪"（21/2.1）——但他也只能眼睁睁地看着他的敌人将他放逐、破坏他的财产，因为他太过依赖"普遍善意的权力堡垒"（45/2.25）。

对修辞艺术的青睐并不限于演说，而是延伸至他的其他作品、活动，甚至是每一个举止、每一处富有表现力的生活细节。关于另一作品，他评论道，"现在我的书已经耗尽伊索克拉底的整个香料柜，连同他学生的香料盒，以及亚里士多德的一些胭脂"，几行之后，他提请阿提库斯"注意这本书在雅典和希腊的其他城邦都有现货。我认为这也许能给我的成就增加些光泽"（21/2.1）。再次，这种有意识的自负被用于突出他的艺术技巧性及影响力，对这一作品的满意更多是因为它的艺术成就，而非主题的重要性。但在恺撒和庞培的战争期间，当他审视自己的行为，千方百计地避免耻辱和死亡时，他的语调会更加严肃些。政治被折合成一种控制表象的致命游戏，连同它的话题、主题和动机都系于结果，但这只是暂时把它悬挂于为纯粹技巧提供的平衡物上。

不管怎样，西塞罗对修辞艺术的迷恋显示出一个似乎矛盾的自我，这种自我既能深深地致力于某种事业，也显然是在表演。

> 我认为在你走了之后，克洛狄戏剧才开始上演。我想我找到了一个抑制放肆并给年轻人上一课的机会。因此我**全力以赴**，全身心地投入到这种努力当中，这不是出于任何个人的恶意，而是充满希望，我也不会说这是为了改变我们的社会，而至少是治愈它的伤口。(18/1.18)

劝说和舞台表演的这种融合产生了一种独特的政治操行，但它更多地是一种中庸的审美规范，而非由单纯地坚守原则或遵循必然性来定义：

> 在我们变质的、放荡的年轻人的心中，那种对我的敌意强烈地冲击着我，现在则因我所谓的友善而缓和了，以致他们都把我作为特别的关注对象。事实

上，现在我避免得罪任何人，但没有迎合大众或牺牲原则。我的全部行为完全平衡了……我想现在你看到了我的生活和行为方式的一个轮廓。(19/1.19)

西塞罗对修辞技巧的强烈意识本身，通过自我一致的实践得以平衡。任何情况都可归结到它的劝说手段，但面对许多观众的困难要求一种既稳定又灵活的人格。这种实践在古典得体观念中客观化了，对西塞罗来说，这是一种包罗万象的法则："演讲如生活，这一普遍规则可用于思考适当性。"① 这些得体的准则，例如场合、主题和品格，把所有说服性创作的任务组织起来，不仅可用于演说，也可用于"行为及言语，脸部表情，举止和步态"②，有时，还可用于一个人在两个将军之间的地理位置。在任何情况下，"不管得体还会是什么，它在一个人的整个生活方式中，以及个体的活动中，根本上来说是一种平衡"③。在共和主义风格中，影响力和正直在于平衡断言和推论、美德和技艺，或劝说艺术中类似因素之间的张力。

---

① Cicero, *Orator* 71, translated by H. M. Hubbell, Loeb Library (Cambridge: Harvard University Press, 1962)。注意这种延伸仍把演说视为主要艺术。关于得体在西塞罗的修辞观念中的重要性的其他讨论，参见 A. E. Douglas, "A Ciceronian Contribution to Rhetorical Theory," *Eranos* 55 (1971): 18—26; Elaine Fantham, "*Orator* 69—74," *Central States Speech Journal* 35 (1984): 123—25; Michael Leff, "Decorum and Rhetorical Interpretation: The Latin Humanistic Tradition and Contemporary Critical Theory," *Vichiana* 3a series, 1 (1990): 107—26。

② Cicero, *Orator* 74.

③ Cicero, *De officiis*, translated by Harry G. Edinger, Library of Liberal Arts (Indianapolis: Bobbs-Merrill, 1974), 1.111.

有些评论者对这种感性并不满意，主要是因为它在书信中不加掩饰地显露出来。当彼特拉克发现这些书信时，他几乎以一种震惊的状态写道，"为你的缺点感到羞愧和不幸；因此正如布鲁图（Brutus）那样，'我不相信你所精通的那些艺术'"①。这一主题，即把他的人格缺陷和艺术能力联系起来，自那时起就经常被那些指责西塞罗肤浅和不诚实的人反复论述。奇怪的是，这些批评回避了一个问题：在共和主义的政治世界中，是否一种思想比另一种思想更具美德。西塞罗的立场是清楚的，他精彩描述了源于这种行为的愚蠢想法，政治似乎可以按照哲学的样子来定做。加图（Cato）是他的反衬："事实依然是，他所具有的全部爱国精神和正直有时候是一种政治缺陷。他在元老院演讲就好像他生活在柏拉图的共和国，而非罗慕路斯的粪坑。"（21/2. 1）② 在其他人觉得西塞罗肤浅的地方，西塞罗认为那是他在其所实际参与的游戏中

---

① Francesco Petrarca, *Letters on Familiar Matters*：*Rerum familiarum libri XVII - XXIV*, translated by Aldo S. Bernardo (Baltimore：John Hopkins University Press, 1985)，24. 4。注意彼特拉克如何首先通过把西塞罗颂扬为一个哲学家（而非政治家），然后（24. 5）是一个文学上的风格家来复原西塞罗。

② 注意西塞罗还如何暂时激活了现实主义风格的主要修辞：通过把加图标示为话语性的，并处于柏拉图对话的影响下，从而使之显得不现实。它的全部意涵是，加图的替代方针只可能在《理想国》勾勒出的理想的、虚构的世界中起作用。共和主义的演说家可以熟练地扮演现实主义者，但也有被同一把利剑刺到的危险。（现实主义风格及其对共和主义的影响在第二章中已经论过。）然而，在为西塞罗的权宜之计辩护时，现实主义并非必需的。例如，见他对加图的斯多葛主义的辛辣讽刺（*Pro Murena* 61—66）。

最得心应手的。①

对那些赞赏西塞罗的人来说，权宜只是次要问题，雄辩才是更高等的理想。意大利文艺复兴时期的公民人文主义充满了西塞罗的明智行为和绝妙好辞的等式。② 他丰富的公共演说观念成了美国公民共和主义的标志。③ 正如肯尼斯·克米尔（Kenneth Cmiel）指出，"几乎没人不会同意，雄辩的语言对新政权来说是关键性的。与法令的强制相对，共和主义是以商讨为基础的政府。相比于任何其他政体，演说对共和政体更加重要"④。弗格森总结道："共和政体的领导者们时常争辩，但不会超出公开表达的意义。对文人雅士来说，不论其党派为何，信息都是一样

---

① 代表西塞罗视角的一篇优秀文章，参见 Paul F. Izzo, "Cicero and Political Expediency," *Classical World* 42. 11 (7 March 1949)：168—72。

② "作为演说家的西塞罗尤其吸引文艺复兴时期的人文主义者。"［Victoria Kahn, *Rhetoric*, *Prudence*, *and Skepticism in the Renaissance* (Ithaca, NY: Cornell University Press, 1985)，p. 36］卡恩总结了文艺复兴初期人文主义者对修辞的态度，他们巧妙地捕捉到西塞罗对适当的演说和有效的政治行动的融合："实践的确定性相应地在语言运用、修辞常规和社会习俗的共同惯例中清晰可见。因此，语文学和修辞学（作为语言共识的理论和实践）以及政治学（作为社会共识的理论和实践）被断定为类似的和不可分的。"（p. 27）还可参见 Nancy S. Struever, *The Language of History in the Renaissance*：*Rhetoric and Historical Consciousness in Florentine Humanism* (Princeton：Princeton University Press, 1970)。

③ 弗格森（*Law and Letters*，pp. 74—84）、克米尔（*Democratic Eloquence*）以及上面提到的其他人很好地证明了，美国人对公民人文主义的挪用和对西塞罗的尊敬。有一个文本值得特别提出：凯莱布·宾汉姆（Caleb Bingham）对《哥伦比亚演说家》［*Columbian Orator*（1797）］的全面理解，例示了雄辩和共和主义政体的等同，以及它们都依赖模仿教学法。有人疑惑如今它是否不应该被重印，或许也不应该被更新。

④ Cmiel, *Democratic Eloquence*，p. 39.

的。他们的地点是讲台，方式是演说。"① 不管学理上还会是什么，公民共和主义都是一种由公共辩论的社会实践和演说艺术的表演理想所促动的思维方式。它是表演性的，因此比生活更壮丽；它是审美性的，因此是体验的而非声明的；同时，因为它所处理的是当下的事件，所以它是短暂的，或许是一场突破了生活常规的沉闷阻力的辉煌胜利，但我们知道，它总在结束前就消逝了。②

对演说的强调并把它当作共和主义风格的主要艺术具有多重意涵，超过把政治行动者置于公共舞台上的范围。这种风格明显是争辩性的，还充满身体阻抗和听觉共鸣的强烈意识，这源于公开说话，尤其是在诸如元老院议事厅之类的地方说话。"你应该知道，我如何能在这类话题上令人震撼。我想你在伊庇鲁斯也一定听到了这场轰动。"由于辩论和演说的这种相通，共和主义的风格家对文本语词中的举止有一种敏锐意识，即举止成了理解话语表演的一种隐喻。对于这一点，西塞罗提供了一个典型例子，当

---

① Ferguson, *Law and Letters*, p. 78.

② 也许公共演说的短暂性，对公民共和主义者来说，还具有讽喻意味，他们在痴迷于共和政体的稳定性的同时，把雄辩和自由等同起来，或者，也许一种基于公共演说的政治文化，比其他文化更具有一种强烈的短暂意识。公共演说的短暂性还为艺术的鉴赏和创作设置了特殊的问题：如何可能欣赏正在消失的东西，以及为什么要仿效将被遗忘的东西？共和主义的雄辩崇拜，尤其是对模仿古典文本的依赖，可以视为对这类问题的一个回应。关于公共演说的学术研究中对这些问题的讨论，参见 Herbert A. Wichelns, "The Literary Criticism of Oratory," in *Studies in Rhetoric and Public Speaking in Honor of James Albert Winans*, edited by A. M. Drummond, pp. 181—216 (New York: Russell & Russell, 1925)。

他苦恼于在恺撒和庞培之间选择时，他想象自己被召唤到元老院讲话："但我该做些什么？我不是指万不得已——如果战争将做出决断，那么我就知道，和一个一起被打败比和另一个一起胜利要好——我的意思是，在开始的诉讼中，要重新阻止缺席的他获得候选人资格，并使他放弃他的军队。'说吧，M. 图留斯！'我应该说什么？'能否等我见到了阿提库斯再说'？这里没有中立的余地。"（124/7.1）[①] 这里，关于荣誉、权宜、原则、忠诚、品格、境遇等的复杂考量（充满这一时期的许多信件中），被压缩到一个单一的、戏剧性的时刻，即演说者在安静的议事厅紧张而又怀着期待地慢慢站起来。还要注意这段话中关于公共演说的假定：它规定有严格的责任，它是一种行动方式，它是决定性的。与只是作为文人的阿提库斯的境况的比照（西塞罗也是毫无敌意地提到），这突出了演说的重要性：它不仅塑造了他的想象，为他们的通信提供了话题和焦点，它还是一种可以决定一个人命运的说话方式。

西塞罗站在元老院里的画面，呈现出一种急迫的举止表现，他需要做出决定，然而决定不得不是有声的。同样，在演说者的感觉中，文本作为一种声音的陈述而最终

---

① 从拉丁文来看，这种想象的命令更加尖刻——"dic，M. Tulli"——这种对照被接下来的话的韵律和语调增强："Quid dicam？'Exspecta，amabo te，dum Atticum conveniam'？"还可参见 126/7.3，130/7.7，171/9.5。作为前执政官，西塞罗将是第一个或最早要求发言的人之一。

完成，连同具有的全部意涵以融合思想与言语。因此，政治在共和主义风格中被理解为一种口头辩论的形式——一种让理念经受公共辩论的考验的形式，要把劝说成功看成理念的充分展开。西塞罗抓住了政治的这种意义，强调了他们通信的反思空间与其所映照的政治活动之间的诠释学关系，正如他对阿提库斯说："显然如你所说，在政治领域，事情就像你在信中表达的那样是不确定的；但正是这种多样性的讲话和评论，我发现是如此有趣。当我读你的信时，我觉得我是在罗马，接二连三地听到各种各样的事情，就像面对大事时一样。"（35/2.15）共和主义的创作在强化的口头表达中繁荣发展，不管是由处于事件压力下的公开辩论引起，还是因朋友间的谈话激发。当做得好时，庭辩性的和戏剧性的冲动之间、解决争辩和演一场好戏之间不再发生冲突，因为相互满足的公共讨论的达成，既需要艺术，也需要分析，既会被当作美德的标志，又会被当作技艺精湛的标志。

共和主义风格还带有公共演说所特有的全部体验和焦虑。这些体验既包括一个人雄辩且有效地讲话时的极度愉悦，又包括一种长长的意识跌落，这种意识即一个人的语词就是现实，它们沿着意义损耗来运行，这种损耗之所以发生是因为受众再次成了个体的集合，每个个体显然限定了或不同意或误解了演说者的意思。针对这些情绪波动，共和主义者倾向一种中间道路，这似乎是自制的一种补偿性幻想。长期的焦虑既包括不能取悦受众的担心，又包括没有机会讲话的担心。注意西塞罗如何烦恼："当我写下这些的时候，我想我的演说也一定到了你那里。哎呀，我是如此紧张你将会作何感想！可是，那对我又意味着什么，因为它将不会发表，除非自由的宪制得以恢复？"（417/15.13a）之后，他继续在担心他的作品的接受情况和渴望发表间交替："我很高兴你能喜欢我的作品。你还引述了最为精华的部分，你的意见也很好，使它们在我眼里更加璀璨。那些红色小纸条（阿提库斯订正的标记）让我感到惊恐！……我只希望我可以看到那篇演说自由流传的那一天，甚至进入西卡的房间！"（420/16.11）也许共同美德和公众一致的共和主义的价值观，可以认为是基于公开辩论这种实践上的自然结果，甚至可以认为是观众认同的理想化，以及对言语即是一种行事方式这样一个世界的重申。

这种导向也许还会把那种显而易见的共和主义感解释为妄想。[1] 首先，演说者无条件地依赖受众，与受众赞同和否定所产生的强烈的情绪波动连接在一起，很快地把不同意或漠不关心看成背叛。尽管大多数时候，西塞罗的社会智力对纯粹的妄想非常敏感，但有时他的观察却带有猜疑的色调：西塞罗曾公开嘲笑过的一个死敌迫使他流放，

---

① 参见 Bailyn, *Ideological Origins*。

尽管如此，西塞罗悲伤地说道："我只能说，并且我认为你也知道是这样：不是敌人，而是妒忌的朋友毁灭了我。"（54/3.9）一般说来，假如政治（现在是最高呼召）要公开地实施，作为公众，也深知公共事件的无常，那么个人的安排就会变得错乱。当共和主义政治被认为是一种在全体合乎德行的公民中所进行的公开劝说过程时，共和政体的最大威胁就会被想象为少数阴谋家操控或规避共识的某种秘密安排。在一种口头辩论的政治文化中，私密成了颠覆活动的标志。

共和主义沉浸于演说还有其他意涵。共和主义风格强调对政治话语的一种更具建构性的理解，而不是对个人政治理念的全面陈述。西塞罗坚信，国家建立在公众意见的具体条件之上——元老院的权威与秩序的和谐——这相应地通过对公民礼俗的尽职恪守和公开辩论中的娴熟表演来维持（例如，18/1.18），书信反复地搜集和评估与那些手段和目的相关的信息。西塞罗很好地意识到，共和主义政治包含阶级或团体间的利益冲突，他强调政治过程是统合它们的手段——任何成功协商的条件必然是在协商活动中创造出来的。换句话说，劝说性话语的目的，更多地是形成有道德的公民共同体，而非表现它。[1]"当我向你称赞你

---

① 这种建构性功能被贯彻到底：西塞罗的修辞理论以这样的断言开始，即演说是文明化进程的首要工具（*De inventione*，1.2）。这一断言的根源是伊索克拉底（*Antidosis*，pp. 253—54）。

的一个朋友时，你应该这样想，我是希望你能让他知道我是这么称赞他的。你应该记得前几天我写信给你，关于瓦罗（Varro）对我的友善，然后，你回信说你很高兴听到这个。但我更愿意你写信告诉他，我对他十分满意，不是因为实际上是这样，而是因为也许会变成这样。"（45/2.25）西塞罗的语调表明，这里的态度是喜剧性的，言语构成的政治关系是通过假装其首先不是这样达成的。而且，这需要当事人和许多中间人付出各种各样的努力，需要从重要讲话到致谢函等各种各样的文本，甚至还可能导致演说者和受众产生极端的心理反应。① 这种对公共演说建构性功能的强调，助长了共和主义者对政权不稳定的认识。西塞罗不仅把自己联系于共和国，还认为它的健康直接取决于他与罗马的距离、他的演说能力等类似状况。他不仅担心商业贪婪和军事力量带来的威胁，而且担心公共辩论的一般品质及其对演说者和受众美德的意义。共和国总是处于

---

① 弗格森注意到鲁弗斯·乔特（Rufus Choate）"曾经以如此激昂的方式说话，以致担心出现内伤，通常他都会在演说后感到恶心和精疲力竭"（*Law and Letters*，p. 83）。克米尔引述韦伯斯特（Webster）的一个反应："有三四次，我想我的太阳穴将突然鲜血喷涌。"（*Democratic Eloquence*，p. 23）通过话语产生一个共同体的任务，有赖演说者的不同寻常的情感能量和受众强烈的情感回应。西塞罗关于加尔巴（Galba）的故事，提供了一个关于演说者应如何竭尽全力煽动他的受众的模型，故事的教导是：

　　演说家必须拥有两种主要的品质：基于证据的精确论证和对听众情绪有强烈的吸引力，煽动整个法庭的演说者要远胜于那些纯粹教授它的人；简言之，莱伊利乌斯（Laelius）很精确，加尔巴有力量。[*Brutus*，translated by G. L. Hendrickson, Loeb Classical Library（Cambridge：Harvard University Press, 1971），pp. 85—89]

危机当中，总是需要来自内部的支撑，某种程度上却不考虑来自外部的敌人——这也不足为奇，因为它立于如空气般稀薄的事物。所以，书信是表演专业的训练，需要长期保持。它们使演说者可以为了当下的表演不断调整，为了将来的使用收集材料，在面对适当的受众时，它们作为共和国持续再现的一部分直接起作用。

由于共和政体是用话语建构的，所以公共演说一方面要对人格的持续关注，另一方面要特别考虑受众。这些驱动力可以在异常复杂的情感中得到统一和发展，例如，弗格森描述的"审美一致性"[①]，但它们对共和主义本身的价值可以通过呼吁公民美德而成功地把公民结合在一起的程度来测量。如此，关于共和政体脆弱性的这种共和主义的忧虑似乎不仅源于对历史经验的考察，而且是共和政体本身的风格特性造成的主观和客观结果：共和主义的风格家具有一种强烈的社会性，这种社会性通过演说表演体现出来，他或她能敏锐地意识到自己政治基础的薄弱性。由话语构成的共和政体对立足点的需要不会超过另一个演说者。它甚至会因沉默而处于危险的境地，没有关于公共责任的持续讨论，美德就会衰退，公民就会错乱，变革的势头就会随着政治能量的消散而聚集。因此，不断地讲话会相应地增加经常说错的风险。客观上来说，以雄辩作为主

---

① Ferguson, *Law and Letters*, pp. 80—84.

要守卫的共和政体实际就处于危险当中。雄辩文化支撑的共和主义政体，可能会不明智地替换那些更加明智的考量——例如马基雅维利矫正过的武力和欺骗。这种内在脆弱性的意识，我们最熟悉的就是公民美德如何代代相传的问题。虽然这一问题看起来是可解决的，一旦知道它如何只依赖一定的公民实践，尤其是雄辩的实践（而不是，例如公民自卫队，马基雅维利把它视为共和主义美德的一个支柱），但这些实践本身却无法承受文化的变迁。对公民生活来说，新的话语模式和交流技术成了尤为不安的威胁，在对当代技术行话和大众媒体的指责中就隐含了这一点。

也许这就是共和主义风格要把演说与文学艺术、戏剧艺术联系起来的一个原因。正如其他政治风格一样，共和主义风格把各种有效的交流模式置于一种等级制中，这种共和主义的等级制通过抬高演说并广泛评估其他所有的言语艺术形式得以凸显。（沉默是对言语的否定，是阴谋家的伪装，处于最低地位。）西塞罗通常把他的书信、诗、哲学作品、修辞论著和演说理解为一个统一的整体，部分是因为他把它们看成各不相同但又相互关联的艺术。而且，它们总是彼此可资利用的资源。书信提供了证据和例子：可以看到西塞罗讨论并创作诗歌和戏剧时毫不费力地引经据典。演说依然是最高的成就，只有在表演中，人的所有才能才会被激发出来，它既利用又构成集体生活的其他所有因素，至于其他艺术，只有在它们是为表演而备或为当下的表演提供资源时才会得到重视。① 内含于这种文化中的政治策略，首先是保证每个人的阅读、写作和讲话，其次是提供一种雄辩文化，它是多功能的，可以适应各种变化，原因在于它植根于多种言语艺术。正是这样的政治策略支撑起共和国。

然而，西塞罗并非只专注于政治的游戏领域，他还发现那里有更好的和更坏的决策，有合理和荒唐，有公共生活的快乐和风险。那么，他如何从那些行动方针中选择一种更可取的？对这一问题的回答，通常会关联到他的论著以发现一种政治哲学。书信提供了一种不同的视角，突出了他对共和主义风格中第二个主要修辞的运用，即共识被视为成功的政治行动的基本条件。演说者要从观众那里获得同意和赞赏的倾向变得普遍，将审议和达成一致的过程联系到所有的公共决策。这种看法始于议会生涯的第一个先决条件，即竞选活动，这相应地使候选人接受了以选举为生的诉求和需要："如果你愿意持一种更加严厉的观点，

---

① 西塞罗在《论演说家》中深入讨论了关于不同艺术的构想和地位。演说是人类技艺的最高形式和政治实践的本质构成。因为人类本性的内在局限，所以它是不可或缺的，它的作用不能简化为一种关于技术的知识。雄辩需要精通人类的所有才能，利用并贯穿人类文明的其他所有艺术，通过对风格的娴熟运用而使之现实化。因此，演说艺术的最佳准备包括各种不同学科的教导。参见，例如 De Oratore 1. 16—19, 30—34, 3. 74—76, 122—24。西塞罗再现了伊索克拉底关于修辞的本质和地位的许多主张；参见，例如 Against the Sophists 12 and Antidosis 253—54, 271。

那么你可以认为是我的候选人身份成了绊脚石……你应该明白我现在参与的游戏，不仅要留住老朋友，还要认识新朋友，我认为这一点极其重要。"（10/1.1）这种态度并非意味着纯粹的数字统计和随波逐流，即使有时候会是这样。这更多地是指，对形势的恰当分析，需要协调所涉及的其他人是怎么想和情况应该会是怎么样这二者的关系，做出的决定必须既要维护政策的明确目标，又要维护支撑着政策制定的政治关系。①

注意到骑士阶层为此不服气时，尽管他们没有公

---

① 共和主义对共识的诉求是一个复杂的观念，它必须包括特设的文化假设和政治实践。这种丰富性可以通过对那些附随于它的观念的分析而得到发展。在古代，它与友谊产生共鸣，这种友谊包含但又完全超出现代意义上的亲切或友善关系，并为公民生活提供模型。亚里士多德的《尼各马可伦理学》（*Nicomachean Ethics*）中对友谊的分析是他对政治的理解的关键，西塞罗的《论友谊》（*De amicitia*）是他政治理想的另一表达，是对《论职责》的诗意补充。平衡（balance）的观念（审美的和政治的；举止的和社会的）在西塞罗对共识的理解中占据重要地位，而且，在北美制宪时期也明显有着重要意义；参见 Fliegelman, *Declaring Independence*, pp. 100—107, 189—90。（弗里杰尔曼尤其善于表明古代观念如何遭到现代的重释。）按照彼得·B. 克努普惠尔（Peter B. Knupfer）的看法，和解（compromise）的观念是宪法争论的基础，并在下一世纪的奴隶制冲突中成为达成一致的主导诉求；参见他的 *The Union As It is*: *Constitutional Unionism and Sectional Compromise*, *1787—1861*（Chapel Hill: University of North Carolina Press, 1991）。思考每一个阶段如何包含它的前身观念，尽管每一个观念都随着时间的推移而式微。如今友谊的古典理想几乎已经消失（只是明显存在于"他是联盟的一个好朋友"这样的短句中），平衡主要是饮食和身体舒适的问题，和解在都市身份政治和郊区飞地中失去了它的能量。此外，某种程度上，这些观念都是共和主义实践的一种形式，它们都带有一种相对乐观的人性观点：我们不是否定我们的恶，而是坚持我们可以依照"我们人性善良的一面"来行动的可能性。艾伯特·福特万格勒（Alburt Furtwangler）表明这种理想如何影响了《联邦党人文集》的风格，参见 *The Authority of Publius*: *A Reading of the Federalist Papers*（Ithaca, NY: Cornell University Press, 1984），pp. 78—79。

开说出来，我向元老院提出了我觉得是极其深刻的指责，在一项不是十分体面的事业上，我的讲话并非毫无影响，而且表达流畅。现在与骑士们一同而至的是另一幻想，这几乎是难以忍受的——但我不仅要忍受它，还要为它说话……这种要求是可耻的，是对鲁莽的供认。但是，如果它被完全拒绝，那么最大的危险就是元老院和骑士阶层的彻底决裂。这时，主要是我又再次掺和进来……我充分论说了两个阶层的高贵与和睦……因此，在维护我所制定的政策时，我尽最大的努力保卫我促成的同盟。(17/1.17)

就议会同盟而言，政策的频繁界定，一般来说很容易在两方面受到批评。一是使政策的理性评估服从于意见的汇集，二是为了权宜而牺牲原则。但在共和主义政体中，这些结果在任何情况下都并非不可接受，也不是不可避免。并且，它们因这一认识得以平衡，决策因那些相信他们在审议过程中有发言权的人而更有可能被判断为可接受的和可通过的。因此，一个人的考量是否明智，把它们带到集会广场就能得到充分检测，个人的雄心（ambition）（源于 ambio：走访、游说）并不一定与公共利益相冲突。这是共和主义者被证明有一种乐观主义人性观的地方——因为达成一致需要坚信存在一种制定政策的共同能力和遵守协议的道德能力。"精于世故的人们以其全部历史、格言，甚至诗歌来告诫我们，要提高警惕，不要相信他人。我遵循了其中一条戒律，提高警惕，但另一条，不要相信他人，对我来说太难。"（40/2.20）

这种对他人的依赖在书信强烈的社会性中是明显的。它们不谈论"善""公正"等，而是谈论昆塔斯、克拉苏（Crassus）、提洛（Tito）以及其他人。而且，每一个问题的处理方式基本相同，不管是抓捕一个贪污犯，还是调解昆塔斯的婚姻，或是在内战中选择阵营：西塞罗评估他人的观点，并把自己的观点（暂时地）置于它们当中，然后询问阿提库斯自己的及其他的观点。"昨天（25号），我抵达了卡普阿，并会见了执政官和许多元老院议员……在我们的争论中有各种各样的观点。大多数人说……我自己的观点是……我在等你关于这一切的看法。"（139/7.15）即使意识到可能会发生错误，但也不能阻止西塞罗追求和享受一个一致同意的世界：注意他的幽默，他告诉阿提库斯"朋友们的信示意我的胜利，考虑到我的这次重生，我觉得我不应该无视这件事情。所以，我亲爱的同伴，你也一定要开始需要它，以便我看上去不会那么傻"（121/6.6）。

这种持续地把达成一致视作政治活动的基础，通常被错误地描述为西塞罗犹豫不决的特性。

我必须告诉你，我的决定，目前看来已基本确定，是摇摆不定的……如果你抱怨我的犹豫不决和变化无端，那么我的回答是，我和你谈话就像和自己谈话一样。在这种大问题上，一定没有人翻来覆去地和自己争论？况且我想听听你的意见——如果仍然没变，我将更加坚定，如果变了，我将赞同你。（164/8.14）

他来来回回地与自己和他人辩论，总想找到让最大多数人满意的解决办法。但有时他被自己的方法误导，以致误解了喝彩而把这类满足当作恩惠，或者忽视了其他领导者以不同方式工作的可能性。不过，我们应该意识到，虽然犹豫不决不仅是他的特性，也是共和主义思考方式的特性，但是，相对于可能会吞噬它的权力意志，这种与达成一致相对应的价值观要更加人道和人性化。

西塞罗对共和主义政体的这种基本准则的理解有很多东西可说，我认为也有必要多说一点。达成一致之政治的价值、社会实践和主观过程彻底包围了西塞罗的生活，以致对它们的强调都不能为故事增加太多东西。甚至，这种准则还是现代民主政权的一个固定设置，而且公民共和主义和其他有关达成一致的观念之间的任何差异，都不太可能是政策或理论协商中的症结所在。由于这些原因，我将让这种相对简单的说明更加充实，以便再次转向西塞罗共和主义风格的更加鲜明的特征。

这种风格的第三种主要修辞，整合了其他修辞以使政治效力最大化。对劝说技巧的自觉意识和达成一致的行动基础，共同汇入西塞罗终其一生都在试图成为的共和主义政府的个人化身中。我们知道他成功了：例如，注意恺撒遇刺的故事，布鲁图从已死的独裁官转向人群，缓慢而庄重地说出一个词："西塞罗。"不管这个故事是不是真的，故事中，没有一种更好的方式来激活共和国的观念，除了说出那个努力成为其符号代表的人的名字。如今，那些阅读西塞罗的人继续把他视为他想成为的人：例如，克里斯坦·哈比希特（Christian Habicht）在总结他关于西塞罗的政治生涯的杰出评论时宣称，"实际上，西塞罗成了罗马共和国的理念"①。

这种神化的发生并非偶然。首先，这是西塞罗讲述自己故事的关键。根据这一故事（就像任何好故事一样，并非完全依照事实），当西塞罗还很年轻的时候，就受到召唤抛开学术和享乐的生活，而去为共和国服务，他的政治命运和共和国的政治命运永久地融合在了喀提林危机的白热化当中，而且在他职业生涯的最后，他与安东尼的争斗再次表明，没有一个共和国的敌人不向西塞罗宣战。这种故事是修辞扩展过程中的核心文本，贯穿了他的整个职业

---

① Habicht, *Cicero the Politician*, p. 99。这种自我吹嘘还造成其他影响，例如使西塞罗成为很多权力主义知识分子如莫姆森的替罪羊。

生涯。^① 故事中的决定性时刻是，作为执政官的他揭露和控告喀提林的政变意图：本就具有执政官权威的西塞罗的强力演说和果断行动击溃了阴谋家们，结果他被拥戴为以一己之力拯救共和国的领袖。在这一过程中，雄心勃勃的个体、选为国家首脑的意义、为维护共和国所采取决定性的历史行动以及公众对这种行动的赞誉等独立因素，在一种修辞手法中得到统一。这成了他不厌其烦地重述的事情。"对我来说，从神圣的 12 月 5 日以来，我达到了也许可称为不朽荣耀的顶峰，并伴随着不得人心和诸多敌意，我继续在政治中不顾自我地扮演好自己的角色，继续维持那时我所承担的职务和责任。"（19/1.19）虽然他从最高职位上退了下来，但自我和政体的融合已经发生，并且没有结束的打算。对他独特角色的这种定义经由他的演说，尤其是危机期间发表的演说得以确立，同时因那些作品的发表以及在其他作品中的不断重述和引用得以维持——"我常常在我的演说中渲染整个主题"（14/1.14）^②。他关于自己的故

① 关于西塞罗对他和共和国之间关系描述的持续性和文学性，参见 John Glucker, "As has been rightly said ... by me," *Liverpool Classical Monthly* 13（1988）：6—9。西塞罗后来与共和国的结合最明显的是在第二篇《反腓力辞》中，他以这样的话开始："元老院的议员们，在这二十年里，任何一个反对国家的人也同时对我宣战，我应该把这种事归咎于我的何种命运？"Cicero, *Philippics*, edited and translated by D. R. Shackleton Bailey（Chapel Hill：University of North Carolina Press, 1986）, 2.1。

② 詹姆斯·M. 梅（James M. May）提供了西塞罗使用这种手段的简要讨论，尤其是在他放逐回来后的演说中，参见 chapter 4 of *Trials of Character : The Eloquence of Ciceronian Ethos*（Chapel Hill, NC：University of North Carolina Press, 1988）。

事，即一个个体冒着一切危险去拯救共和国的故事，不只是对那些事件的自我吹嘘的记录：它提供了一种修辞，将共和国的权威转移到讲述这个故事的人，并在涉及政策问题时，激活共和主义的理想。这个人物甚至还被其他人使用，以达到他们的目的。例如，克拉苏

> 以最恭维的措辞在这个话题上侃侃而谈，竟然还说，他作为元老院议员和公民的身份，他的自由和他的生活，都要归功于我……我就坐在庞培旁边，能看到他非常不快，不管是因为克拉苏获得了本属于他的荣誉，还是认识到我的成就如此重要，足以使元老院很乐意地去听它们被赞颂。（14/1.14）

化身表示一种成就，是独一无二的，同时还可成为其他人的手段。实际上，它集中体现了共和主义的政治和劝说的同一，化身是修辞的一种完成，相应地融合了演说和行动、演说者和主题、技艺和政治状况。

西塞罗关于得体的分析在这里可以引导我们的理解。他剖析了四种得体类型，涉及人性、个体品格、处境以及最重要的职业生涯的选择，这把我们带回到书信的基本问题："首先，我们必须确定我们想成为谁，想成为什么样的人，想过一种什么样的生活。"① 每一种政治地位都有一

———————

① *De officiis* 1.117.

种相应的表演风格，"行政官的特定职责是要意识到他代表国家的品格，应该维护它的尊严和荣誉"①。西塞罗的修辞理论还为探索这种修辞提供了线索。例如西塞罗在《论演说家》（De oratore）中评论道，非理性的诉求应该"像血液在我们的身体里"一样，贯穿于演说之中②，因此任何关于人格的强烈断言都应该弥漫于公共表演的其他所有因素当中。实际上，正如詹姆斯·梅（James May）的总结："关于西塞罗的演说事业和公共生活的故事，正处于过度简化的危机中，即一部关于他拼命建立、维护、重建并使用那一极其重要的演说和政治武器，一种具有尊严、名誉和权力的人格的编年史……在西塞罗的演说中，我们发现了修辞人格的艺术性应用，这远胜于希腊演说中，或他的前辈们的相当零碎的演说中，所已知的任何东西"。③

这种观察表明，人格在共和主义话语中扮演着特别重要的角色。美德的表演适用于手头的许多政治任务，通常包括达成共识的问题，这是共和主义话语的一个核心要求，这一导向最明显地表现在共和国的个体化身中。我们

---

① De officiis 1. 124.

② Cicero，De oratore，translated by E. W. Sutton and H. Rackham，Loeb Classical Library (Cambridge：Harvard University Press，1976)，2. 310. Cf. May，*Trials of Character*，p. 167.

③ May，*Trials of Character*，pp. 11—12，166。梅勾勒出西塞罗的职业生涯，这位演说家以"新人"（*novus homo*）的人格开始，然后具有执政官的权威，归来后，通过更加明确地将自己与共和国的观念等同起来而恢复自身，在《反腓力辞》中加强对这种修辞的使用而完满结束他的职业生涯。

可以通过突出他关于名声的辉煌和放逐的恐惧的讨论，在书信中找到这种表演意识。名声对西塞罗来说并非附属性的东西，正如沙克尔顿·贝利坦率地指出，"名声，不是博爱或美德的美，而是西塞罗的马刺"[①]。不幸的是，他的作品《论荣耀》（De gloria）遗失了，我们无法知道他在这一话题上的思考深度和精妙之处。但可以说，他对名声的喜爱完全超过那种短暂的奉承，以致包含一种强烈的历史感和随之而来的更高基准。"在此后千年的时光里，历史将如何评价我？我对此的畏惧要比同辈们的闲话多得多。"（25/2.5）同样重要的是，要意识到他对名声的喜爱与他对共和国的赞赏是结合在一起的。当他摧毁一场政变时，他达到了"不朽荣耀的顶峰"，并在之后追忆道："再没有共和国能给我欢乐和慰藉了。我能处之泰然吗？是的，我能。要知道，我有她短暂的辉煌表演的记忆，也就是我掌权的那一刻，同时我得到了感激作为回报。"（92/4.18）西塞罗的这种合理化暴露了他的方法：他为他的政府和他的

---

① Shackleton Bailey，*Cicero*， p. 114。Forrest McDonald，*Ordo Seclorum*：*The Intellectual Origins of Constitution*（Lawrence：University of Kansas Press，1985）。关于美国共和政体的建立者如何把对名声的喜爱视为最高尚的激情和共和政府的一个支柱，这本书提供了有益的讨论（pp. 189—90）。更早之前，道格拉斯·阿代尔（Douglass Adair）就认为，共和主义者对名声的喜爱把不顾他人的利己主义转变为了良好的政府，参见 "Fame and the Founding Fathers," in *Fame and the Founding Fathers*：*Essays by Douglass Adair*，edited by Trevor Colbourn，pp. 3—26（New York：W. W. Norton，1974）。还可参见 James M. Farrell，"John Adam's *Autobiography*：The Ciceronian Paradigm and the Quest for Fame," *New England Quarterly* 62（1989）：505—28。

影响力的暂时衰退找到了同等补偿，即二者都在同一时刻——他作为执政官的时刻——以同样的方式——通过危机期间他关于共和主义决议的"表演"，达到不朽。因此，他既热衷于一个有美德的统治者的政府，又渴望尽快摆脱这一任务，这表明他将个人正直与个人荣耀等同起来。"我认为名声，我正在追求的公正和正直，能让一切变得更加闪耀，如果我能很快放下我的职务。"（110/5.17）西塞罗努力做的不只是一个好人（例如阿提库斯），他还想成为好政府的缩影。所以，当被放逐而失去政治身份时，他感到格外痛苦。那时，西塞罗的痛苦掩盖了他对沉思生活的偶然赞颂，并显示出他对塑造了他灵魂的集会广场的完全认同："从来没有人失去过这么多的东西或陷入如此深的苦难之中……我不仅哀悼失去的那些曾属于我的东西和那些我所珍视的人，而且哀悼我的自我的失去。我现在是什么？"（60/3.15）

正如里奥·布劳迪（Leo Braudy）评论道，"对于其公共身份建立在他的话语方式之上的人来说"，名声"就像自己种植的奇物，一种个人的法宝，引导他安全地通过他决心征服的世界"①。这种名声是十分有用的支撑，它能使一个人在艰难争夺别人注意力的演说社会中获胜，会自动

---

① Leo Braudy, *The Frenzy of Renown: Fame and Its History* (New York: Oxford University Press, 1986), pp.77—78.

授予演说者和主题合法性。正如汉娜·阿伦特（Hannah Arendt）指出，它实现了"努力达成的不朽，根本上就是积极生活（vita activa）的源泉和核心"①。无怪乎这种追求在西塞罗职业生涯的每一阶段都非常明显，这最终使他的人生具有一种宏大叙事的感觉。他甚至在晚年还把他的人格用作一种政治资源：如果恺撒希望与共和主义势力协商，"就我本身来考虑，公共形象对于此类工作并非没有帮助"（178A/9.11A）。名声，像共和主义风格的其他因素一样，既是个人发挥影响的一种手段，又是受众参与的一个背景。荣耀的追求与获得甚至可以是政治调解的一种方式，不仅可以激发非凡的行动，还可以把冲突的利益结合在一起。② 用布劳迪的话说，"就西塞罗而言，名声根本上是意义重大的"③。

但我们还需意识到，这种个人展示的修辞可能会产生一种相应的无能，即无法看到政治活动中非人格的决定因

① Hannah Arendt, *The Human Condition* (Chicago：University of Chicago Press，1958)，p. 21.

② 威尔斯在《辛辛那图斯》（*Cincinnatus*）中，对美国宪政时期也说了同样的话："在共和国初期，名声是一种社会黏合剂，一种结构性要素。"（p. 129）现代思想早已远离亚历山大·汉密尔顿（Alexander Hanmilton）的指责，即亚伦·伯尔（Aaron Burr）威胁到了自由是因为他不慕荣耀；参见 Gerald Stourzh, *Alexander Hamilton and the Ideal of Republican Government* (Stanford：Stanford University Press，1970)，pp. 98—102。还可参见 David F. Epstein, *The Political Theory of the Federalist* (Chicago：University of Chicago Press，1984)，pp. 179—85。波科克对荣耀在共和主义传统中的作用进行了的简要讨论，见 *The Machiavellian Moment*，pp. 248—53。

③ Braudy, *The Frenzy of Renown*，p. 75.

素。在书信中，尽管他为阶级和谐（concordia ordinum）担心，但看不到他对结构不稳定的原因的常规关注，比如，在亚里士多德那里则会经常看到。无疑，把安东尼当作共和国最大威胁的代表是他极其盲目的一个例子。鲍尔斯顿（J. P. V. D. Balsdon）指出了这一缺陷："西塞罗常常把自己视为舞台的中心，可他实际上一直处于边缘。"[①] 还可以进一步说：当西塞罗的共和主义风格在舞台上构造事件时，它不能解释那些不能很好上演的政治现实。

也许，这种把政治史视为一个带有流行演员的舞台的倾向，是难以把握西塞罗及其所深爱的共和国的失败不只是情节剧的又一原因。类似地，我们很容易把西塞罗的人格缺陷视为他政治失败的原因。[②] 这种结论错过了更好地理解西塞罗智慧的机会。当共和国化身的修辞成了某种形势中解释和行动的一种积极手段时，它就带有政治心理学的特征。共和主义的创作在一种内部对话和外部表演的辩证法中发生。个体在对弱点的焦虑和通过投身公共活动而战胜这种无能的体验之间来回摆动。当置身于一种相对不

① Balsdon, "Cicero the Man," p. 194.

② 这就是为什么要恢复历史记录的某种平衡的重要性：争论始于注意到将西塞罗的内在生活记录与他对手的公开声明相比较是不公平的，他处于不利地位，他的书信保存了下来，他们的则没有。也许在最大程度上，它重新思考了成功和失败的构成要素，例如，注意到恺撒被暗杀后，西塞罗的共和国的某些要素在重重困难中得以保存。大部分关于西塞罗的文章都是在以某种方式来解决这些问题。目前为西塞罗辩护的作品，参见 Habicht's *Cicero the Politician* and Woods's *Cicero's Social and Political Thought*。

明确但又突出的公共角色，如共和主义统治的典型公共演说者这类角色之中时，这些焦虑是不可避免的。实际上，共和主义表演的一个任务是把这些焦虑掩藏起来或以其他方式控制它们。有时它们渗入共和主义者的公共演说中，甚至还可能是获取某些受众认同的一种手段，在与现实主义者的强硬、廷臣的姿态，或官僚主义者的理性相对抗时，这也会是一个明显的弱点。其他时候，共和主义的风格家可能会创作某种特定的作品以移除焦虑，我敢说，它常常通过将审议性体裁转换为其他体裁的形式得以完成，例如展示性演说或西塞罗更加哲学化、文学化的作品。然而，大多数时候，共和主义的演说家都会以精彩的表演来掩盖对自己作品不安的那种自我怀疑。尽管西塞罗的演说也有焦虑的症候，但它们明显仍是一个相信自身力量的娴熟艺术家的精湛表演。只是，当转向私人记录时，我们看到了勇气的缺乏、羞愧的时刻、长时间的犹豫不定、自怜（大量的自怜）以及许多其他关于个人执念的记述，这让很多读者都感到窘迫（如果他能让我们一直把古典时代看作英雄们的先贤祠那该多好，这样就可以假称政治可能会再次变得意义深远）。

这种极度的主观性也是共和主义风格的一种资源：在评估共和主义政治中的不稳定的联盟的艰难任务时，它给予政治家重思和弥补的空间。因此，私人生活和公共生活不是分开的领域，而是一种智慧的不同方面，它以他人为生活目的，但又不完全同声共气。

> 我闪耀、世俗的友谊也许可以当众呈现一出精彩的表演，但在家里，它们则是贫乏的。早上我的房子就挤满了人，我去到集会广场，被一群群朋友包围着，但在他们之中却找不到一个人，我可以和他毫无顾忌地开玩笑或发出一声私人的叹息。这就是为什么我要写给你并期盼着你，为什么现在不断地要召唤你回家。有太多的事情让我担心和烦恼，可是，一旦有你在这里听我倾诉，我觉得在一场单独的散步和谈话中，就能把它们全都扫除。(18/1.18)

西塞罗书信中的心灵对话显示的不只是一个恰巧在烦恼的个体，也显示了共和主义表演在将特殊需求强加于表演者的同时，还打开了一处沉思的空间。

共和主义风格把当众的技艺和私下的焦虑结合起来。对共和主义政治思想来说，这种烦恼似乎是一种持续不断的、低层次的伴随物，是心灵固有的噪音："但是你会说，是我自己给自己制造了担心。我帮不了你。我倒是希望如此，然而我担忧着各种各样的事情。"(114/5.21)这种烦恼也许特别合乎共和主义的实践。由于心灵的对话尤其通向情感上和态度上的挣扎，这有助于演说者发现劝说的有效手段。这种心理还提供个体成功的背景：通过发现自己的勇气，凭借有效的劝说创造共识，共和主义的行动者就实现了公共的自我，这是个人进步的关键。共和主义的共同体不是把英雄主义理解为征服异族的勇士，而是理解为个体对自身局限的克服以成为公民美德的典范。（回想一下弥尔顿对克伦威尔的赞颂："他首先取得对自身的统治，并在超越自身上取得非常显著的胜利，以致踏入战场抵御外敌的第一天，他武装得就像一个老兵。"①）这出象征剧的完整含义是，当个体成为共和国的化身时，这一个体的最大成功与公共利益完全一致。

共和主义风格把个人体验与公共利益融入个体对自身的创作当中，即把自身创作为一个公众人物。在这样几种意义上，公民化身的修辞是修辞的一种完成：它结束了演说者对权威的诉求；它把共和主义创作的其他因素一并带入一种审美统一体中；它提供给受众关于公民秩序的连贯定义。这种贯穿演说者、文本及受众的审美和政治一致性的实现，揭示了共和主义风格中的几个附加论调，每一个都与化身修辞存在共鸣关系。这些次级修辞中，首先是英雄神话。当英雄个体抓住那样的时刻，即在大事件的顶峰发出不朽的言辞，共和主义的政治家就获得最大的荣耀。这也是公民共和主义对程序自由主义有天然敌意的一个原因，另外，还因为它们是两种正相反对的审美态度：用戏

---

① 弥尔顿：《再为英国人民声辩》，引自 Antonia Fraser, *Cromwell：The Lord Protector*（New York：Dell, 1975），p. 113。

剧性的举止使群众叹服，或用言语使暴徒变成公民，这不大可能发生在政体被理性控制的地方。换句话说，对于将前结构的国家转变为共和国的象征基础和戏剧行为而言，共和主义风格有一种审美上的弱点。（正如共和国自身常常苦于应付将其拉回混乱的偶然事件，这促成构建行为的不断重演，附加的表演则重构了公民生活的各要素。）这种英雄姿态既可以解释西塞罗自己职业生涯的特殊意义，又可以解释现代学术研究为何无法确然地理解公民共和主义。西塞罗始终坚信，他在喀提林危机期间激动人心的表演，不仅是他职业生涯的至高点，也是共和国自身历史的至高点，而包括他的朋友在内的其他人却始终对此感到难以理解。为何这种曲解存在于他对政治史通常所具有的敏锐认识中，某种程度上，只有通过他的自负才能解释，这也是他如何受制于自己的政治风格的一个例子。实际上，由于那一时刻——包括所有以共和国名义进行的非凡演说表演——是一次引人注目的政治行动，所以它一定具有重大的历史意义。由于演出的最后没有其他伟大的表演者还留在舞台上，他就一定会成为重要的历史人物。无疑，对于其他演说者或那些并非很欣赏西塞罗雄辩的人来说，可能存在其他解释。然而，如今的公民共和主义似乎陷入了历史的记录当中，它缺乏一种肯定明确表演的社交文化。不仅漠视演说，而且社交媒体和信息的无处不在使这种英雄主义感变得愚蠢。用现代生活中的俗话来说：转瞬即逝的名誉并不值得花一生时间去准备，那一时的风光会被从四面八方扑面而来的各种信息直接淹没，这样就很难维持一个政体。

共和主义文化中还会产生相反的问题：怎样防止滥用权力，表现出过于霸道的公民正义感，这可能源于领导者太过沉湎于大事件、高尚行为及类似场面。对此的根本抑制不在于现代意义上的理性的自我反思，比如追问自己是否真的如自我感觉的那样重要等。相反，共和主义风格依靠特殊意义的得体来规制政治行动者：礼仪规范。这套规范需要一个人与其对手公开说话，好像他很尊重他们。所以，西塞罗在谈到那个为他的敌人克洛狄乌斯工作的人时说："有一个护民官叫 C．赫伦尼乌斯（C．Herennius）……我在元老院给他以通常那样的热情接待，但他完全就是个厚脸皮的人。"（18/1.18）在共和主义风格中，"公民的"（civic）和"礼仪"（civility）之间的关系是直接的，礼仪是政治生活的一个必要条件，这一点往往被忽视。礼仪是一个健康政体的手段和尺度：它容许立法程序包含争论，它是政治教育的充分完成，而这种教育则是被设计出来以使共和国永存的。此类礼仪包括立法演说、席位等的礼貌规则，同时，它是从禁止暴力、承认社会身份、遵守议会习俗，并在某种程度上，自己和对手的行动至少是为公民美德和公职本分所激发等各方面来定义。显然，从洛克主义的角度来看，这种态度完全是无意义的，是一种精巧却浅薄的面纱，遮盖着不相容利益间为获得优势所进行的残酷斗争。但在共和主义风格中，这是一条现实主义的戒律：如果人们想管理公共事业，那么他们就必须像公众人物那样行动。这不是要在冲突的利益间做区分，共和主义者首先激活的是公共动机与私人动机的区分。共和主义者没有寻求证明公共动机实际上是真实的，而是假定它的表演足以规制行为。西塞罗区别他和他人的公共头衔及职责，这不只是一种身份意识，也是在动乱中建构共和政体的一种手段，他的"阶级和谐"不只是冲突利益间不稳定结合的神秘化，也是他最深层感觉的理想化。①

一般说来，共和主义风格特别重视有关社会的得体规则，尤其是它的立法规定。然而，有意思的是，这些规则和公共辩论的主题之间并无必然关系。就像任何得体形式一样，即使它们创造了可说与不可说的领域，并在意识形态结构中这么做而影响了整个社会，仍不会有任何实质性说明（这是自由主义政治和共和主义政治最切近的联系点）。这种感觉把政治家困于现状（status quo），以创造一个可以争论任何问题的空间。这种争论必须遵循集会的规

---

① 关于美国的宪法争论，福特万格勒提出类似主张。尤其是《联邦党人文集》被创作出来以"发展一种善意的国民精神"，如果新政府想要获胜，就必须"超出因一些恶意投票或微弱优势而获得的胜利"（*Authority*，p. 69）。作者们凭借一种周密发展的人格做到了这一点，这种人格的特征是"在辩论中具有高贵、优越的礼仪从而展现出某种风度和权威"（pp. 94ff.）。

则，只是这些规则是在争论过程中协定的（所以，它们被归于奥秘，并与长辈们的记忆和解释密不可分，有些重要的规则通常是未成文的）。显然，对激进派来说，共和主义文化显得像是代表既定精英们的一场纯粹作弊的游戏，但共和主义者则把它视为一个时常变化，带有争议点、人物，甚至是协商中持续存在的程序规则的舞台。换句话说，礼仪是共和主义统治之后构成的态度，是与共和主义人格一致的调节性规范，旨在超越共和国的源出条件来维持共和国。

在当代政治中，对礼仪的强调明显表现在某些领域。例如它通常活跃在立法机关的日常互动中，不管是对那类适用于"议员"的礼节的坚持中，还是议会活动的那些日常争论和玩笑中，又或者是起草法律时的相互妥协中。礼仪还是保守主义政治评论家钟爱的一种准则。[1] 但没有必

---

① 被大量使用，这里只举一个例子，风格如何构造分析，参见 George F. Will, *Statecraft as Soulcraft；What Government Does*（New York：Touchstone/Simon and Schuster, 1983）。威尔援用西塞罗作为该书的指导精神，聚焦于政府对人格的必然影响和依赖，把美德定义为出于公共目的的自制，某种程度上以这样的训谕结束："为了复兴政治和巩固政府，我们需要讨论言谈。我们需要一种新的、谦恭的修辞——谦恭的，即是我们人类本性的更好一面。它一定是非常西塞罗式的、林肯式的。"（p.159）政体、公共言谈和得体最后的这种融合，再现了一种共和主义的风格感，尽管它既有审美的限制又有意识形态的导向。我同意威尔的倡议，只要意识形态的规范仍在密封的通道中起作用——也就是，只要情感不被明确用于审查自由主义和激进主义的某些言语形式——那么就应该改善公共话语，威尔认为这样做无疑是合适的。还要注意传统的共和主义和保守主义之间有许多不同。虽然二者都认为美德是政体的关键，文化机构是灌输美德的工具，但美德早已发生根本变化（例如，从勇气到虔诚），并且毫不奇怪的是，商业是公民美德的主要威胁这种观念也完全消失。革新主义者可能会很快把对共和主（转下页）

要把共和主义风格当作某种特定政治学说的借口，尽管那样做确实可能。① 在自由主义民主理论的一些张力中，礼仪成了一种诉求，尽管只是偶然带有公民共和主义的意味。② 或许，对这一术语的不同使用表明"礼仪"可以是政

（接上页）义风格的任何肯定视为保守主义的修辞而将其抛弃。这类似于原教旨主义的解释和本土主义的政治抛弃了《圣经》，无疑是一种错误。

① 沃尔特·李普曼（Walter Lippmann）表明我们何以把共和主义的诉求与保守主义的视野结合起来，以欺骗一个自由主义的观众。参见 *Essays in the Public Philosophy*（Boston：Little，Brown，1955），李普曼大量利用保守主义修辞的常识——西方的衰退，部分是由于对自然法的抛弃等——并以提倡"礼仪的保卫"结束，其融合了自由主义的公德心和保守主义的政治学。

② 例如，Michael Walzer，"Civility and Civic Virtue in Contemporary America," *Social Research* 41（1975）：593—611。沃尔泽的文章区分了公民共和主义的礼仪形式和当前自由主义的礼仪形式，他在赞成后者的同时，还坚持一种更加"社会主义的和民主主义的"公民美德形式。这些关联和变化表明"礼仪"和"公民美德"是被激活的观念，以应对自由主义中那些相当严重但有时又不明确的困境。实际上，这成了自由主义的辩护士和治理者的一种常见诉求，尤其是在结束语中。它的运用还跨越了理论家的意识形态领域，尽管时常反映出对权利的偏向。在《德性之后》〔*After Virtue*：*A Study in Moral Theory*，2d ed.（Notre Dame，IN：University of Notre Dame Press，1984）〕中，阿拉斯代尔·麦金泰尔（Alasdair MacIntyre）提出最为著名的断言："现阶段最要紧的是某些新形式的共同体的建设，从而使礼仪以及文明和道德生活能在即将来临的新的黑暗时代中继存下去。"（p. 245）对这种观点的批判很尖锐，但术语的使用却非常谨慎，参见 Benjamin Barber，*The Conquest of Politics*：*Liberal Philosophy in Democratic Times*（Princeton：Princeton University Press，1988），pp. 190ff.。关于礼仪的最系统的案例，Michael Oakeshott，"The Voice of Poetry in the Conversation of Mankind," in *Rationalism in Politics and Other Essays*（New York：Basic Books，1962），and *On Human Conduct*（Oxford：Clarendon Press，1975）。用奥克肖特的一个术语"对话"（conversation）对另一个术语"礼仪"（civility）的简单替换，是理论家们如理查德·罗蒂（Richard Rorty）和理查德·伯恩斯坦（Richard Bernstein）把他的主张转换为自由主义习语的关键。还可参见弗里德·R. 达尔美（Fred R. Dallmyer）的讨论，*Polis and Praxis*：*Exercises in Contemporary Political Theory*（Cambridge：MIT Press，1984），pp. 190ff.。如果将这些不同回应看作是对晚期现代自由主义的合法性危机的一种回应，那么它们就是一致的，并且这与合理性的观念从实证的转为语言的相一致。关于这种转变的具有影响力的讨论包括，Richard J. Bernstein，*Beyond Objectivism and Relativism*：*Science*，*Her-*（转下页）

治委婉语的一种形式，例如，无视非正义并使独裁统治永存，或粉饰自由主义文化霸权的事实。或者，共和主义风格可能会被视为相对反动的：对自由主义者来说，它显得像保守主义；对革新主义者来说，它显得像自由主义等。还有可能是，礼仪看上去很空洞，很容易被怀疑是为了推动某种意识形态的特洛伊木马，特别是当它的运用并非基于那种常见的劝说实践如议会辩论时。相反，当它的那些使用，好像它是嵌刻在表演文化中的时候，这一术语（及其同类，如"老练"和"明智"）将几乎无须解释，也不会使人感到惊慌。我们还应该思考，意识形态领域里的共和主义会有怎样的多样性，特定的政治立场如何可能通过更明确地去发展共和主义情感使自身（对我们来说）更加完善。①

（接上页）*meneutics*，*and Praxis* (Philadelphia: University of Pennsylvania Press, 1985)，and Richard Rorty, *Contingency*, *Irony*, *and Solidarity* (Cambridge: Cambridge University Press, 1989)。关于大学政治中这种转变的讨论，参见 Robert Hariman, "The Liberal Matrix: Pluralism and Professionalism in the American University," *Journal of Higher Education* 62 (1991): 451—66，特别是 459ff.。Robert N. Bellah et al., *Habits of the Heart*: *Individualism and Commitment in American Life* (Berkeley: University of California Press, 1985)，其影响表明，关于共和主义主题的广泛诉求，特别是当它们被转化成现代主义社会理论的行话时（绝非易事）。还算成功的续篇，*The Good Society* (New York: Alfred A. Knopf, 1991) 表明它要解决的基本问题的难处，并在制度主义政治中扩展了那些主题。还存在其他难处，大多涉及作者对劝说的重要性和模仿的作用等因素关注不够。理查德·桑内特（Richard Sennett）极具洞察力地为礼仪做了辩护，包括注意到它的死亡"使个体成为一个被剥夺了艺术的演员"，*The Fall of Public Man*: *On the Social Psychology of Capitalism* (New York: Random House/Vintage, 1978)，p. 264。

① 关于礼仪规范何以可以活跃在无政府主义者的演说中的一个例子，参见 Thomas Rosteck and Michael Leff, "Piety, Propriety, and Perspective: An Interpretation and Application of Key Terms in Kenneth Burke's *Permanence and Change*," *Western Journal of Speech Communication* 53 (1989): 327—41。

关于拥护共和主义的最佳例子，并受到媒体青睐的是自由文人的英雄瓦茨拉夫·哈维尔（Vaclav Havel），过去几年，他的演说、书信、访谈和文章在美国大量出版。哈维尔既是一个杰出的知识分子，又是一个杰出的政治领袖，他强调"礼仪""公共礼节的总体水平"和"好品味"是他的国家民主复兴的基本要素。① 哈维尔对感性的界定读起来就像西塞罗式的修辞大纲：

> 我发觉好品味比政治科学的一个研究生学位更重

---

① Vaclav Havel, "Paradise Lost," translated by Paul Wilson, *New York Review of Books* 39（9 April 1992）：6—8; "Politics, Morality, and Civility," in *Summer Meditations*, translated by Paul Wilson (New York: Alfred A. Knopf, 1992); *Time*, 3 August 1992, pp. 46—48。哈维尔还表达了公民共和主义思想的其他主题：他把国家的转型定义为"礼仪的危机"，一场邪恶与美德之间的斗争，他把理想的政治家定义为一个在欺骗与原则之间拥有"得体行为和好品味"的人，他还强调民主政府有赖全面的文化复兴：
> 　　文化有着语词的最广泛的可能意义，包括从所谓的日常生活的文化——或"礼仪"——到我们所认为的高级文化，如艺术和科学等一切事物……我坚信如果只是基于法规，不会建成一个民主国家，除非同时建立一个——不管这对政治科学家来说是多么不科学——人道的、道德的、理智的、神圣的和文化的国家（*Summer Meditations*，pp. 12, 18）。
> 这些观念的公民共和主义趋向，可以通过留意与莱昂纳多·布鲁尼（Leonardo Bruni）的哲学的极大相似性被突出。正如波科克总结道，布鲁尼的"理想化的佛罗伦萨礼仪"把公民定义为"可以按照尽可能多样的人类美德形式发展的人，并且完全是为了造福城市而发展它们……在布鲁尼看来，所谓的开放社会应该是，一个人的美德只有在与他人的多样的美德共同发展时才可能完善"（*Machiavelli Moment*，p. 88）。还可参见 chapter 5，"Imitation, Rhetoric, and Quattrocento Thought in Bruni's *Laudatio*," in Hans Baron, *From Petrarch to Leonardo Bruni: Studies in Humanistic and Political Literature* (Chicago: University of Chicago Press, 1968)，以及同一卷的 *Laudatio Florentinae Urbis*，pp. 232—63。礼仪的观念也影响哈维尔对它的推广（或通过哈维尔的描述，它得到进一步推广）：西奥多·德雷珀（Theodore Draper）谈到他与阿达梅茨（Adamec）的一次会面，当时"两人的行为举止极度有礼"，如此庄重和平淡，以致变得可笑［"A New History of the Velvet Revolution," *New York Review of Books* 40（14 January 1992）：17］。

— 230 —

要。它根本上是一种形式问题：知道说多长时间、什么时候开始以及什么时候结束，如何礼貌地说那些你的对手可能不想听的事情，如何在特定的时刻说那些通常最为关键的东西，而不说那些无关紧要的和无趣的东西，如何在不引起反感的情况下坚持自己的立场，如何创造一种友好的氛围，使复杂的协商变得更容易，如何保持一场谈话的继续，而没有窥探，或相反，不变得冷淡，如何用更加轻巧、放松的话题来平衡严肃的政治主题，如何明智地安排一个人的行程，如何知道什么时候不去什么地方更合适，什么时候要放开、什么时候要有保留以及做到什么程度。

除此之外，还要对时间、当时的氛围、人们的情绪、他们担心的实质、他们的思维方式有某种特定的直觉——这些可能比社会调查更重要。对每一个政治家来说，政治科学、法律、经济、历史和文化的教育都是非常宝贵的资产，但我仍要反复强调，这些并非最重要的资产。诸如同感、与他人的交谈能力、洞察力、对问题乃至人性的快速把握能力、沟通能力、自制意识等所有这些品质在政治中都起着更巨大的作用。[1]

在这里，许多共和主义风格的规则以现代的方式得到重述，包括对修辞技巧的青睐、达成一致的准则、注意人格

---

① Havel，"Paradise Lost，"pp. 7—8.

的表现与判别、政体与公开说话的等同、得体的建构性规则、自由教育的熏陶等诸如此类的因素（一些次要因素也很明显，比如当哈维尔像西塞罗一样反复地针对专业知识来界定政治艺术时）。有意思的是，哈维尔的道德相对主义和其他西塞罗式的缺陷并没有受到广泛指责。我认为，某种程度上是因为我们的协商意识在道德上被假定为安全的，这同一种可塑性（plasticity）在他人那里则显得可疑。不过，哈维尔之所以能免受怀疑，还在于他灵巧地将启蒙的整套诉求与他的切实忠告结合起来。[①] 就像现今的许多政治人物一样，哈维尔并非总是某一种风格的典型。而且，直接来看他的共和主义不同于西塞罗的模式，也许主要是因为他生活在一种抑制公共演说的文化中，因此要通过其他艺术，特别是戏剧，来分流民主的愿望。

不管是在什么样的意识形态或文化环境中，共和主义的礼仪感都会通过伦理行为意识和审美表现意识的协调得到进一步发展。共和主义者对政治伦理的理解建基于一种自我的叙事观念。这种公民身份的观念对个体的规定，是就某种公民角色及这一角色的正确表演而言的，而这又是就共同体的传统和前景而言的。正如阿拉斯代尔·麦金泰

---

① 哈维尔十足的欧洲现代主义倾向是明显的，例如，"A Dream for Czechoslovakia," translated by Paul Wilson，*New York Review of Books* 39（25 June 1992）。欧洲情境下，对现代性和礼节之间关系的启发性讨论，参见 John Murray Cuddihy，*The Ordeal of Civility*：*Freud*，*Marx*，*Lévi-Strauss*，*and the Jewish Struggle with Modernity*（New York：Basic Books，1974）。

尔指出：

> 我们都是作为某种特殊的社会身份的承担者来接洽我们自己的环境。我是某人的儿子或女儿，另外某人的表亲或叔叔；我是这个或那个城市的公民，这个或那个公会或行会的成员；我属于这个氏族、那个部落、这个民族。因此，对我有益的东西，必定也对那些处于这些角色中的人有益……某种程度上，正是这使我的生活有了它自身的道德特性。①

一个人最强烈的责任意识和个人成就感源于对自身角色的认同，而角色的意义又来自它在共同体的历史中所处的位置。请注意西塞罗在放逐归来后对元老院的评论："你要归还我非常思念的兄弟，并把我归还给最挚爱的同胞。你要归还他们的父母给我的孩子，并把我的孩子归还给我。你要给我过去的地位、身份、财富、一个高尚的共和国以及至高无上的快乐之源、我的国家。总之，你要把我还给我自己。"② 西塞罗的身份由他担当的社会角色所定义，尤

---

① MacIntyre，*After Virtue*，p. 220。麦金泰尔进一步发展了他的观点，例如，见 *Whose Justice? Which Rationality*（Notre Dame：University of Notre Dame Press，1988）。我和其他人一样，相信《德性之后》（*After Virtue*）虽然有缺点，但仍是一部富有挑战性的作品，麦金泰尔的承诺，更有可能通过与他最具刺激性的陈述的结合而变为现实，而不是通过接着走曾经走过的路，即回到之前批判的那些专业的观点和假定。

② Cicero，*Post reditum in Senatu*，translated by D. R. Shackleton Bailey，*Back From Exile：Six Speeches upon His Return*（Atlanta，GA：Scholars' Press，1991），p. 1.

其是他在政治共同体中的成员身份，它们的责任和乐趣给予了他自身意义上的道德特性。这种身份和集体叙事之间的关系在几行之后增强，即当西塞罗宣称达到不朽时。这种从谦虚到自负的迅速转换之所以可能，或许是因为在西塞罗关于自身的意识中，社会分类和修辞艺术具有首要性。他的身份可被他人撤销，但如果他能成功实现自己的诉求，就可以是由此可授予的任何东西。因此，一个人的角色不是源于个人的真实性，而是源于社会能力。在共和主义的叙事中，这种能力一定包括最终使共和国永存的公民表演。当行动代表假定可以维护共和国的公民美德时，或当它们是有关共和国存亡故事中的决定性（英雄）时刻时，就被判定为伦理的。① 然而，它们在特定的情况下或许才能得以判定，西塞罗明白，他的行动需要加入美德及其展示，以便协调他的生活与他的政体故事。

这种伦理表演的观念还包括关于适当性的一般规则和对时机的具体考量，二者都有赖道德和举止的先天结合。因此，在共和主义风格中，伦理道德自然包含关于原则、责任、荣耀等的判断，但这些概念通过在合适的时间做出合适的举止得以体现。亚里士多德把善和盘算结合起来以

① 这种伦理立场也表明他在判决上的错误，他未经审判就下令处死叛乱者。如果共和国的存亡依赖这种迅速的、决定性的行动，那么违反习俗和法律就可以被原谅。如果不是这样，那么这只会是草率的，是对相对的礼仪规范的违反。与其说判决涉及的是不顾或坚持法律规范的问题，不如说涉及的是伦理考量的问题，他的理性化和其他人的不安就共和主义的规则来说都是无可非议的。

产生善行的问题，在西塞罗的感性中变形了，他认为善通过举止的使用产生，这在表演中早已自我限定。正如西塞罗提醒阿提库斯他们的策略，即作为正直的统治者而赢得荣誉，"离容易最远的一件事情就是德行，不论多长时间的模仿都是那么困难！"（124/7.1）当共和主义的行动者通过公共演说的常规表演成为公众人物时，伦理上的限制也会发展成公共生活常规的一种依附，以便促进和维护个人的荣誉。而且，举止意识偏爱隐喻，这是政治行动观念化的一种手段，尤其是当它经由劝说性的言语行为来表现时。在集会广场的耀武扬威包括一个人的昂首阔步，当然也包含一个人的政治行动意识中的其他因素。表演不是伦理的威胁，其伦理意义的确定要先于表象领域，它是伦理存在的一种形式。① 在西塞罗关于伦理的进一步讨论中，他把社会常规置于对身体本能冲动控制的基础之上，他对得体的理解也强调了这一点，例如他注意到它可用于"行

---

① 正如让-克劳德·施密特（Jean-Claude Schmitt）总结道，西塞罗站在一种反思举止的传统的开端，就导向而言，它完全是伦理的［"The Ethics of Gesture," in *Fragments for a History of the Human Body*, edited by Michel Feher, pp. 128—47 (New York: Zone, 1989)］。米歇尔·福柯的作品在此也是有益的，在引述亚里士多德的《修辞学》时，他宣称，古典的性道德不是一种系统规条的衍生物，而是源于"一个人在分派和控制他的行为时的明智、反思和思虑"，即是一种"变化调整"的战略过程，它通过一个人根据需求、时机和身份等因素来表演而实现。正如明智意味着把原始欲望转变为可接受的举止，它充当了一种规训身体以构造意义并生产知识和权威系统以规制社会身体的程序。参见 Michel Foucault, *The Use of Pleasure*, translated by Robert Hurley (New York: Vintage, 1990), p. 54。

为及言语，脸部表情，举止和步态"①。善就是自制，就是控制身体，要做到这一点，不是通过压抑或升华，而是把欲望转变为对举止的有效使用。这既是克服个人欲望的一种方式，也是表面承认一个人对他人负有责任的一种方式。然而，和任何伦理道德的问题一样，这里没有保证。

共和主义风格的审美意识包括对来自建筑和纪念雕塑等公共艺术的形式和功能的青睐。这种审美观促进了公民文化的形象表现及其公共领域的艺术定义，并明显贯穿于它的各种各样的创作模式。不管是通过塑像、编剧还是轶事来创造，共和主义文化都在公共领域树立了可供模仿的模型。当然，对古典共和主义者来说，这种艺术的缩影是公共演说。注意西塞罗如何通过对比描述庞培在演说中的体态变化来哀悼共和国的死亡：

> 是的，我们可怜的朋友，从来没有过不光彩，他整个的生涯都伴随着赞美和荣耀的光芒，现在身体变形、精神搞垮，智穷力竭的他又能做什么……7月25日，当我看见他在一个公共集会上发表关于比布路斯法令的演说时，我情不自禁地哭了出来。过去，他在那个站台上的姿势是多么伟大，被敬慕他的人们包围着，每个人都祝福他。（41/2.21）

---

① Cicero, *Orator* 74. 类似的陈述和进一步讨论，还可参见 *De officiis* 1. 126—41。

西塞罗描述一个演说家精彩的公共表演以纪念他的公民文化，而庞培公共形象的变化使他产生共和国倾颓的鲜明意识。

但是，共和主义的表现不限于演说，还包括雕塑和纪念碑、绘画和壁饰、公民礼节、伟大领袖的故事、自传等。[①] 这些可能会被后人视为乏味的花岗岩或过时的古物，却是那些致力于它们的人的深情对象。所以西塞罗想在雅典建立一个纪念碑（115/6.1），因为他喜爱这座城市，失去女儿后，他困扰于是否要建一个公共祠堂以荣耀她的记忆（254/12.18ff.）。他最私人的感情通过来自公共艺术的审美常规得以表达。更为通常的使用是，共和主义者挪用公共艺术以解决面对共和国时的两个基本问题：聚集以辩论并在争论中实行多数决定原则，以及使共和国在时间中永存。通常这种艺术表现的是在共和国的历史中扮

[①] 这里可以举出的例子是无尽的。一个有趣的案例研究，参见 Lawrence W. Rosenfield, "Central Park and the Celebration of Civic Virtue," in *American Rhetoric : Context and Criticism*, edited by Thomas W. Benson, pp. 221—66（Carbondale: University of Southern Illinois Press, 1989）。亨利·费尔利（Henry Fairlie）对共和主义风格感的推进值得注意：例如，"The Politician's Art," *Harper's*（December 1977）：46，123—24, and "The Decline of Oratory," *The New Republic*（28 May 1984）：15—19。当代文本的最好例子，可以充当共和主义风格的入门书，Paul F. Boller, Jr., *Congressional Anecdotes*（New York: Oxford University Press, 1991）。我指出的每个要素（和其他微妙之处）反复出现，其中一些所起的作用要远优于官僚主义或宫廷主义的要素。还应该思考，如果这本合集，以及《哥伦比亚演说家》和其他此类有关公共话语的合集［现在可能还包括《休伦港宣言》（*Port Huron Statement*）和《红袜宣言》（*Redstocking Manifesto*）等］，被添加为宪法读物（宪法本身越来越多地作为一种文本用于公共话语中，且不具有任何意义上的互文性），那么如今的公民教育会得到怎样的改善。

演过角色的政治领袖及观众，它代表公民美德，并展示就那些美德而言的政治成就和共同福祉，它遵循表征的惯例，刻画完整的、穿着衣服的身体和性别的典型（刻画的男性领袖如加图，抽象化的女性如自由女神）。不管是以非凡的举止还是生平的轶事，这些形象通常突出了修辞的艺术性。

不管意义是什么，这些纪念物都有一种模仿形式的功能：它们与其说是对所发生之事的记录，不如说是针对模仿的设计，为即将到来的事件做好准备。无疑，这是18和19世纪的公民共和主义者特别依赖西塞罗的一个基础，西塞罗风格化了自己，成了他们就自身来理解政治时所需要的那种素材。但另一方面，这种共和主义风格没有存留于罗马共和国崩溃后的那些时代的重要艺术中，包括强劲的文学运动如第二次智者运动、宗教艺术的多种形式或骑士文学。它也不可能存留于摆放在博物馆、公司总部和私人住宅的现代主义的艺术品中，或音乐大厅、私人电子平台对古典音乐的再现中，或针对作者群体的文学创作中——实际上，它不可能存留于20世纪许多高雅的文化产品中。也许更重要的是，随着政治研究从以对伟人的散文进行典型、直接模仿为特点的教育程序中走出来，对特定历史人物的再现都变得不那么受人尊重。然而，在一种重视革新的政治环境中，政治智慧往往是通过一套老式的而非灵活的模式的变化来起作用。①

因此，共和主义风格感依赖文化记忆的具体实践，而这些实践本身在当代政治文化中却无足轻重。崇敬已故的演说家和追忆伟大的公共演说似乎已经过时。然而，公民记忆的持存，不管是通过大众偶像如约翰·肯尼迪（Jack F. Kennedy）、马丁·路德·金（Martin Luther King），还是通过颂词、奖状、谈话，或其他片段化但常见的文本，都会有助于政治共同体的构建。试举一例，是我最近碰巧在邮箱中收到的一些出版物中的一种。芝加哥的马歇尔·S. 夏波（Marshall S. Shapo）在给《新共和》（*The New Republic*）的编辑的信中，就阿拉德·洛温斯坦（Allard Lowenstein）传记的一篇评论发表了看法，他回忆起"洛温斯坦激励观众的神奇能力，这样一段难以磨灭的记忆"：

> 1957 年在密歇根安娜堡举行的全国大会上，我认为洛温斯坦，过去全国学生协会的主席，是一个极有特色的演说者。细节差不多都忘了，但有两件事情特别清晰。一是至少对一个 18 到 22 岁的观众来说，他可能是我见过的最有趣的演说者。
>
> 另一记忆尤为清晰，他那非凡的演说才能和对正义的追求振聋发聩。我在录音和录像带上听过本世纪

① 对当代读者来说，在运用古典模型上最有教益的可能是 Garry Wills, *Lincoln at Gettysburg: The Words that Remade America*（New York: Simon and Schuster, 1992）。

的无数伟大演说，自己也在不同讲台上发表过很多精彩的讲话。但在那个非正式的场合，洛温斯坦是他们中最好的。他声音的强度和激情，他承诺性的推断，都极具震撼力。

与我们这一代的大多数学生相比，90年代的学生吸收了太多关于什么是"正义"的含糊意义。但洛温斯坦的这一形象，来自那一更为简单的时代，提供了一种相当好的对抗手段：对这一理念的公然承诺，社会正义是存在的，值得努力去争取，在很大程度上也是可以实现的。①

夏波先生这一雄辩的信是共和主义创作的一个极佳例子。它激活了文化记忆，以便激发对公民理想的持续渴望。它通过赞颂一个领导者的演说技艺来实现，同时体现了一种公民意识，这种公民意识沉浸于对公共演说艺术及其历史知识的享受（心灵的品质不太可能取决于对美国教育和流行文化的日常参与）。演说既被描述为一场精彩的、有趣的表演，又被描述为一种对政治理想的强烈个人承诺的表达。它的雄辩既通过一种独特的言语品质——"他声音的强度和激情"——又通过能促使观众有原则地行动标示出来。当一代人致力于通过参与公民生活而实现社会公正时，本身就代表了作者的公民共同体的观众被带入一种

---

① Marshall S. Shapo, letter to editors, *The New Republic* (29 November 1993)：7.

鲜明的一致性当中。尤其是,这些理想通过演说者体现出来从而可以被体验。洛温斯坦的演说力量的根源是他的人格——他对正义的明确承诺——和他作为一个演说家的伟大之处,就在于他能把那种理想带入言语的世界,并能在公共生活的紧张时刻,通过自己的语词使它具体展现出来。"洛温斯坦的这一形象"与后一代人更加抽象的"正义"观念形成对照,此时,引号中无实质的、明显充满歧义的正义观念,是来自作为学生所"吸收"的哲学教导,而来自全国学生协会的成员所经历的关于演说和行动的积极生活。这种对照经由作者"更为简单"的感觉进一步放大,这是对美国共和主义的历史意识和青睐措辞的完美表达:一种不需要"细节"的记忆过程,以便聚焦于辉煌的公民时刻,它因使平实演说上升为雄辩的技艺而为人所知,同时又是崇高和重要的。① 总之,这封信通过简洁、连贯地使用共和主义风格的多种常规,制造了政治经验的一种样式,展现了德性政体的具体景象。一种独特的政治意识模式以及对政治参与的呼吁,通过这样一些设计被激活,把政治等同于体现在公共演说中的社会关系,把最佳

---

① 这是嵌于共和主义创作中的文学或词汇上的风格意识。美国共和主义的措辞创造最初是出于对西塞罗宏大风格的赞赏和对平实言语的认同之间的张力,这与君主制的语言形象象征性对照。因此,共和主义的文学创作不得不是某种中间修辞。一种高度简单的语言的艺术潜能在格尼斯堡演说中显示出来;威尔斯在《林肯在格尼斯堡》(*Lincoln at Gettysbury*)中,讨论了林肯在风格上的成就和影响。克米尔在《民主的雄辩》(*Democratic Eloquence*)中,对促成 20 世纪盛行的中间风格的多种因素进行了深入讨论。

的政治等同于伟大演说的艺术，并且把政治理想等同于演说者的人格，他的雄辩使他成为政治共同体的一个合适的标志。这封信及其赞颂的演说实现了同一种雄辩，生动艺术地再现了共和主义政体。然而，这种雄辩也显示了那种潜在的焦虑，那就是它太像一种追忆了，公民美德在传递给下一代时已经衰颓了。尽管演说者和作者是成功的，但共和国仍需要更多的话语、更多公民美德的表演、更多可模仿的例子。

这些例子可能很伟大也可能很微小。同样，共和主义关于形象表现和模仿反应的美学，可以进一步分为两种不同的格调：一种是不朽的，另一种是平凡的。不朽的形象被假定为跨越了整个公共空间和历史时间。它是西塞罗在喀提林危机期间的"伟大表演"，或是对他自己的命运和共和国的命运不可分割的声明。西塞罗以特有的谦虚公开表达了他想在表象领域获得这种成就的渴望：

> 公民们，对于我的这些重大贡献，我不会要求你们奖赏我的英勇，也不会要求你们用勋章标出我的盛名，用纪念碑刻下我的荣耀，只要求这一天永远被铭记。我希望可以把我所有的成功，所有的名誉勋章、声望的纪念碑、赞颂的记号，全都放在你们的心里。没有任何不会说话的东西，没有任何沉默的东西，可以使我愉悦，总之，没有任何东西可与那些不配拥有

的人分享。公民们，你们的记忆会珍藏我的行为，你们的谈话会增强它们，历史的记录会让它们历久弥坚。①

这一段充满共和主义的艺术性：西塞罗在赞美他的公民观众的同时，又把自己联系于他们的共和国；他明确唤起一种不朽的美学以应对使他的荣誉永存的问题（通过对共和国英雄的模仿为共和国的持续再生提供根基）；最后，通过暗示他的主题应有公共雕塑的功能，但要超过公共雕塑的形式，从而强化了他的主题（关于他的伟大行为的文化记忆）。公共演说仍被赞颂为共和主义生活的首要艺术和公民表现的唯一全面形式，然而，它的全部审美效应要通过与公共纪念物的明确的形象表现的隐喻性等同才能呈现出来。

平凡的举止也遵循共和主义的表现美学，但是在很小的范围内，以应对特定情况。这里，人们注意的是一个人的公共形象和即刻的社会场景之间的契合，这样做是为了某个实际的目标。"我认为我最好不要出席安提乌姆的竞赛。当我想避开任何形式的追求享乐的怀疑时，又突然作为一个自娱自乐的度假者出现，这显然有点不合适，而且还是一种非常愚蠢的享乐。"（31/2.10）西塞罗知道，在这

---

① Cicero, *In Catilinam*, translated by C. MacDonald, Loeb Classical Library (Cambridge: Harvard University Press, 1977), 3.26.

种情况下场景会限定行动者，属于节庆场景的动机并不适合他为其他表演创造的人格。这类区分还延伸到某个场景中个人表演的细微调整。在一次演说中，西塞罗仍旧禁不住地谈论他在喀提林危机期间的表演，包括穿着"厚重的铁甲"到公共场所去。① 与他关于得体的一般规则一致，个人表现的任何细节都没有被忽略；与共和主义美学一致，他坚持体现有准备、勇气等美德，并付诸自己的形象中（并且他享受于此——这或许是对现代读者的最大冒犯）。当西塞罗穿过人群时，他和共和国在表面上融合了：对共和国的攻击将最有可能始于对他的攻击，而他武装自己以保卫共和国。他这样做"不是为了保护自己——因为我知道喀提林的做法，通常是刺向脑袋或脖子而不是侧腹或腹部——而是因为所有忠诚的公民都会注意到，会看到他们的执政官处在恐惧和危险当中，从而冲上去帮助他、保护他"。这种举止有助于实现许多即刻的目标——象征当下的危险，促使公民行动，控制拥挤的人群，威胁他的敌人，抬高自己并超过盟友——他的复述还有助于确保他在历史中的地位。或许一个杰出的共和主义政治家会知道，如何通过既平凡又不朽的形象表现来控制一场危机。例如，注意莱赫·瓦文萨（Lech Walesa）如何熟练利用他

① Cicero, *Pro Murena*, translated by C. MacDonald, Loeb Classical Library (Cambridge: Harvard University Press, 1977), 52. 遗憾的是，翻译使效果变得迟钝。

的监禁、释放、游历等，以促进波兰的民主。

然而，在现代主义政治研究领域中，早已没有模仿共和主义美德的余地，并且，在一个崇尚追求个人幸福的自由主义社会中，共和主义的公民表演文化似乎已经过时。不管它对建国者们是多么重要，共和主义似乎已与当今时代格格不入，我们也十分怀疑从西塞罗塑造其共和主义人格中所能学到的任何东西的重要性。最终，这将迫使我们在两种根本不同的政治身份观念之间做出选择。[1] 当这种选择在近来的政治理论中被表达时，就成了这样一种选择，一方面是现代主义的主体，一个拥有绝对权利却要达成相对的善的理性个体[2]，另一方面是一种混合人格，它是集体定界的不同实践的结果，只能是暂时清晰的[3]。正

---

[1] 那些熟悉公民共和主义二次文献的人知道，这种结论性主张与文献中关于洛克主义和公民共和主义学说的历史影响的基本争论相似。罗杰斯评论了这些争论，"Republicanism," pp. 12ff。

[2] 这种立场被约翰·罗尔斯（John Rawls）最为成功地发展了，*A Theory of Justice*（Cambridge：Belknap/Harvard University Press，1971）。在英美政治文化中，罗尔斯的立场被广泛视为主导形式的主要陈述。关于现代主体性的其他辩护，包括 Jürgen Habermas's *The Philosophical Discourse of Modernity: Twelve Lectures*, translated by Frederick Lawrence（Cambridge：MIT Press，1987），and Charles Taylor's *Sources of the Self : The Making of Modern Identity*（Cambridge：Harvard，1989）and *The Ethics of Authenticity*（Cambridge：Harvard University Press，1992）。每一部著作都表明，现代性如何早已超出古典的文献和共和主义风格感，以及现代身份的哲学建构如何在没有考虑社会和政治实践的情况下发生，这些实践既是无处不在的，又是意义重大的，尤其在北美。对罗尔斯的批判，参见 Michael J. Sandel, *Liberalism and the Limits of Justice*（Cambridge：Cambridge University Press，1982）。对强调权利的自由主义的突破，参见 Mary Ann Glendon, *Rights Talk : The Impoverishment of Political Discourse*（New York：Free Press，1991）。

[3] 参见麦金泰尔在《德性之后》中关于这一主张的陈述。

如迈克尔·桑德尔（Michael Sandel）指出，要么自我在"任何时候都独立于其可能具有的欲望和目的"，要么"我们的角色某种程度上决定了我们是谁——如某个国家的公民，某场运动的成员，某项事业的支持者"[1]。这一争论指向现代政治文化中的一个深层困境，即当它不承认个人身份和集体身份的其他重要和丰富的维度时，这种自由主义的政治系统可能运行得最好。在不承认的程度上可能还有很大差别，这取决于是否忽视、否定或压制不被认可的东西，但其中的张力不可避免。即使普通人在心理上也要擅长多重角色间的转换和协调，并且，如果共同体培养了他们的成员以公民美德和共同目标，那么这些实践将很难转化成关于个人权利和客观程序的语言，而二者同样能给所有人提供极重要的保护。更糟糕的是，对集体美德的明确肯定可能是排他的或专横的，是有害于其他东西的，同时，在政治劝说中，未受控制的技巧可能有损公众的判断并使自由陷入危险。因此问题是，何种程度上或何种范围内，共和主义风格可以在一种自由主义的政治文化中发生效用？

典型的答案包括对言语艺术的赞赏。一如往常，如今的共和主义风格家也要以一种能构成共和主义的关于演说者、受众、政体和政治的观念的方式来说话，而且现在不

---

[1] Sandel, *Liberalism and Its Critics*, pp. 5—6.

得不为那些一开始就是自由个人主义者的受众这样做。这种受众认为他们的政治身份要先于任何政治过程，自然也独立于公共辩论的过程，并且，政府应该为不相容的利益提供一个非人格的中介，以保护个人的自由。所以，修辞的任务就是找到一种可以把个人主义的语言转化成公民互存的语言的方式。当这一任务完成的时候，共和主义风格的全部资源可发生效用，以满足演说者的利益，并使受众产生兴趣。

在关于书信本身的散文风格方面，西塞罗再次提供了一种范本。① 我认为它们反映了他的政治的艺术性，这种艺术性在他的公共表演中表现得最为直接，当然，公开文本和私人文本的关系比这要更复杂，有更多价值。不过，

---

① 对西塞罗散文风格的研究很自然地聚焦于他的演说和其他公开作品，对书信的研究则把风格归附于其他关注点，古典研究通常聚焦于古典语言的使用和当时的文学实践。参见 A. D. Leeman, *Orationis Ratio*: *The Stylistic Theories and Practice of the Roman Orators*, *Historians*, *and Philosophers*, 2 vols.（Amsterdam: Adolf J. Hakkert, 1963）; Harold Gotoff, *Cicero's Elegant Style*（Urbana: University of Illinois Press, 1979）; Walter Ralph Johnson, *Luxuriance and Economy*: *Cicero and the Alien Style*（Berkeley: University of California Press, 1971）. 对西塞罗的书信从这一角度做的第一个考察可能是，它们是由平实风格（三种言语风格之一）写成的，从而与其他作品区分开来："这是毫不庸俗的日常语言，上层阶级的交际语言。我们可以在特伦斯（Terence）的喜剧中、贺拉斯（Horace）的说教中、西塞罗的书信中找到。"（Leeman, *Orations ratio*, I: 31）当然，还有很多要说，书信对西塞罗的修辞理论提出一个有趣的问题：如果它们是平实风格的例子，那么就混淆了劝说的三种风格和三种功能的结合（平实/教授、中间/取悦、宏大/煽动）；如果它们被视为这几种风格的纲要，那么就表明了一种可以频繁且流畅地改变个人表达的才能，但这在他的理论中并没有充分说明，尽管他主张演说家应该有能力运用这三种模式。在每种情况下，西塞罗的实践都比理论更具指导意义。

书信独特的散文风格为共和主义的创作提供了另一种资源——并且也适用于当代。这种风格可以用两句话概括：第一，"我必须告诉你，我现在最需要的就是一个知己——一个可以和他分享那些让我焦虑的任何事情的人，一个智慧的、亲切的朋友，我可以毫不虚伪、从不回避，也不会遮遮掩掩地和他交流"。这里，公共生活和私人生活的比照，表现在从一种言语转换到另一种言语——从故意虚报到诚实表达。这一证据表明，书信似乎拒绝了西塞罗的许多其他话语。第二段话指向另一维度："显然如你所说，在政治领域，事情就像你在信中表达的那样不确定；但正是这种多样性的讲话和评论，我发现是如此有趣。当我读你的信时，我觉得我是在罗马，接二连三地听到各种各样的事情，就像面对大事时一样。"尽管西塞罗会转向阿提库斯以缓解公共生活的压力，但他也喜欢他的谈话者对兴奋的公共生活的再现，并享受从混乱的公共讨论中辨别事件意义的挑战。现在，他们写作是为了继续参与到当日的事务并磨砺他们的判断，这是通过再现具有审议性修辞特点的"多样性的讲话"做到的。这些段落的关系可以借由关于书信的解释学框架来理解：通过把公共话语翻译成一种更为清楚和更为明白的措辞，书信创造了公共领域和私人领域的共同基础。政治论坛和亲密交流之间的关系，创造了一种不能被两个领域中的任何一个所完全定义的东西。信件的书写是为了表达私人的关切，却涉及公共的问题；它是为了重现公共事务，却供私人欣赏。这种意义上的私密谈话是多样的、有偏向的和说明性的，这被伽达默尔关于理解的另一补充性隐喻捕捉到：当书信制造了一场读者和作者之间的对话时，它就是一种成功的艺术形式。①

因此，共和主义风格可以在自由主义的环境中发挥作用，只要它可以将公民对话的艺术常规纳入剧目。写到这点时，我有些犹豫，因为"对话"（conversation）显然是过去十年自由主义护教学中最流行的隐喻。在自由主义的文化中，这种术语的反响是明显的，因为对话似乎就是自由主义社会的最佳缩影：个体间非强制的相互关系，不拘礼节的个性化的言语，没有附随的条规。我们可以选择加入关于对话的社会契约中，也可以随时离开，在没有先天规则或造成广泛影响的负担下，可以同等参与到一种共同语言的创制中，并且，在构成一种相互的支配关系的同时，仍保持着可以做出其他安排的自由。这与共和主义的雄辩理想的差别应该是明显的：自由主义的对话产生的是一种关系，而非行动，许诺的是亲密性，而非荣耀。这种交流的理想恰好说明了阿伦特的理论，现代社会经历了一场从公共文化到社会性的深入转型。②

---

① Gadamer, *Truth and Method*, 2d, rev. ed., pp.383—88.
② Arendt, *The Human Condition*。还可参见 Sennett, *Fall of Public Man*。

但是，自由主义社会规则的这种理想化并非唯一可用的对话模式。虽然现在共和主义的风格家不得不按照这种理想言说，但共和主义的对话还有其他维度。回想西塞罗的请求，他的表演要在他的观众的谈话中被铭记，以及哈维尔提到的保持一场谈话继续的技巧。第一个例子表明正式的公共演说和非正式的公共谈话之间的相互作用，第二个例子则把谈话定义为一种协商模式和一门艺术。这两个例子中，对话既不是一种亲近方式，也不是一种政体模型，而是一种支撑公民文化的社会实践，当然要适当地集中并巧妙地引导。通过把对话定义为一门言语艺术和广阔的公共话语领域的一个面向，共和主义的视角就为它的运用增添了额外的因素。即便是像西塞罗和阿提库斯之间的关系那么亲密，朋友间的对话也早已不是完全私人的或公共的：它是一种中间话语。朋友间亲密地交谈，仍会继续扮演他们的公共角色并遵循公共辩论的规范。他们省掉许多公共话语的俗套，但他们相互建议，为成功地公开表演培养适当的美德。就是说，好的谈话实现了友谊的古典理想：它是一种相互的善意关系，在这种情况下，通过一种灌注着共和主义政治美德的话语，帮助各自更具美德。共和主义的对话成了调节公共角色和个人焦虑的一种手段，同时使对话者为应对平等的政治辩论中表演的挑战做好准备。这种对话不仅是一种中间话语，有时还可以是一种中间步骤，即一种使自由主义的个体受众变得能够欣赏演说的手段，这种演说则是共和主义生活全面展现的必要因素。最后，它因自身的艺术性为中介：如果存在一种代表共和国的对话，那么它必将是雄辩的。

在西塞罗的信中，他与阿提库斯的对话达到了这种标准。这种达成首先在于控制了把书信建构为共和主义话语的一种独特形式的张力：书信是介于私下建议与公共讨论这两极的一种话语。它既有日记的随意性和私密性，又有辩论的合理性和艺术性。而且，书信的艺术性源于在书面媒介中成功创造了一种口头形式的强烈意识，即西塞罗在写信与阿提库斯交谈时以及当他乐于去听他人报告中的诸多言论时的那种感觉。相应地，这种口头形式既充当了共和主义风格的一种基调，它迷恋公共演说的标志和方式，又充当了对话者确实获得了一种真实语言的证据。

即便成功地使用一种自由主义的习语实现交流，如今共和主义的风格家仍面临着其他问题。从公民共和主义的立场来看，主要问题一如既往，即是否足以确保共和国生存下去。基于这一视角，似乎共和国实际上是脆弱的——初期倾向于自毁，兴盛时屈从于征服，强力时变异为帝国。不管怎样，一旦损害发生，就无法弥补。① 历史本身

---

① 这种"不可修复点"（locus of the irreparable）是支持波科克所谓的现代共和主义之关键特征——短暂感的修辞手段。他的主张在《马基雅维利时刻》中得到发展，关于手段的讨论参见 Chaim Perelman and L. Olbrechts-Tyteca, *The New Rhetoric*: *A Treatise on Argumentation*, translated by John Wilkinson and Purcell Weaver（Notre Dame: University of Notre Dame Press, 1969），pp. 91—93。

即充满时效性的修辞价值，如果共和主义的艺术没有在危机中获胜，那么它在时间的流逝中将一无所获。在当代，共和主义的实践受到双重的威胁：反动的分裂企图和对自由主义通用性的呼吁。当共同体是由文化同质性的规范定义时，最初的问题就产生了。换句话说，不管是巴尔干，还是奥兰治县，面对本土主义的飞地和种族身份的主张时，共和主义风格不得不撤退。虽然共和主义风格看上去是为小团体量身定做的，但在实践中它则是世界性的。权力与雄辩的等同取代了任何形式的亲切关系，公民身份的优先性囊括了所有形式的组织联系。我们可以幻想它恶毒地注入同质性的共同体中，改变了它们所有的政治实践，但这时现实主义可能会占得优势，或是被现代军备经济扭曲，至多成为一种军事共和主义，以致成了对共和主义理想的一种嘲弄。

当共和主义碰上平等主义气质的民主社会时，它还有可能毁灭。根本问题在于共和主义风格培养了精英主义。严格说来，这只是一种政治精英主义——酬劳和奖励基于代表政体的出色言语和行为——但是，既定的社会规范以及任何精英都倾向于和其他特权形式结合，这与共和主义的密切关系在历史上导致了以公民秩序为名的非正义统治。虽然现在共和主义的实践可以摆脱通常的偏见形式——正如当代的宪法解释不会受缚于杰斐逊（Jefferson）对奴隶制的利用——但在一种自由主义的民主文化中，获得累加影响力和优势的老练的局内人的出现会是一种尴尬。公民领袖会失去他们的正当性——在所有相关的人的心目中——只要简单地被标上精英主义者的标签。讽刺的是，这种民主主义的偏见伤害最大的不是财富和权力的堡垒，而是那些为发表自己意见而斗争的团体。许多草根组织或地方社团很难找到有才干的人以及发起审议、进行有效宣传的时机，当不占有物质资源、高地位也是虚有其表时，也就没有什么资本了。虽然平等主义是现代生活的一条重要原则，但它也可能阻碍民主政治中参与权和领导权的发展。

这种平等主义的态度不利于通过共和主义理想的体现来追求名声。这被一种相关的现象增强，即当前大众媒体把它的作用理解为公共利益的监视人。虽然媒体通过对所有官员实践的积极怀疑履行了这种角色，这一点确实很重要，但是它对官员人格的聚焦点发生了变化。现在媒体报道不是聚集于审查官员公共角色（和公信力）的表现，而是他或她的私人生活的品格。对公职人员的报道成了一项败坏名声的工作，通常是指出公共权威和私人行为的不一致。或许我们不应该回到"《纽约时报》诉沙利文案"之前的时代，当时公职人员比普通公民有更多的隐私权。将政治概念扩大到包括所有的权力关系、将正义概念扩大到包括基本的私人生活关系，这些都还大有可为。不过，从共和主义实践的立场来看，当下对个人道德的强调包含一种有害的做法，即用家庭生活的价值去取代政治领导所需的公民美德。基于这一视角，一个核心美德是一夫一妻制和虔诚、体现了父亲的角色，并宣称只要被他的孙子记住了就满足了的人，选举他是没什么价值的。最终，共和主义的风格家也许会发现，在公共话语中不再有任何术语可以承载公民意识。

对这种问题的一个回应是，重思名声的构建过程，以提高公民品格的地位。西塞罗的信集中体现了古典共和主义者对名声的理解，名声是一个人的原则和欲求的存在方式，是实现个人正直的最佳手段。[①] 是在选举政治不断变换的联盟中将人维系起来的黏合剂。因此，西塞罗在放逐期间哀叹："我能忘记我曾是什么，或无法知道我现在是什么以及我失去了什么——地位、名声、孩子、财产、同胞?"(55/3.10) 注意这一哀叹是如何通过公共领域和私人领域的传统划分来组织的，地位和名声这两个相关概念充当他公共生活的专有标志。他之后的叙述继续强调这些，

---

① 麦克唐纳（McDonald）在 *Ordo Seclorum* 中指出如何"通过激情理论来理解华盛顿、理解为少数人所具备的共和主义美德的类型，必须首先认识到，华盛顿曾（近乎过分地）关心创造、实践他所谓的他的'品格'——这在 20 世纪会被称为他的名声或公共形象"(p. 193)。类似的说明，参见 Wills, *Cincinnatus*, especially chapter 8,"Fame,"and chapter 9,"Role"。还可参见 Fliegelman, *Declaring Independence*, pp. 180ff.。威尔斯和麦克唐纳认为，华盛顿通过大量利用约瑟夫·阿狄森（Joseph Addison）具有广泛影响力的戏剧《加图》来创作自己。不管选择模仿哪个特殊的英雄，共和主义修辞家都是为了再现英雄的劝说胜利，即被视为共和国的化身。通过比较共和国的偶像和其他罗马领袖，可以发现化身如何包含但又超越了一种公民美德的人格。

同时还注意它们的政治价值："就目前我的整体状况来说，最难恢复的就是我曾经得到的那些东西，即我的社会声望、我在元老院的地位以及我在最诚实的人中的影响力，这比我所想的还要难以恢复。但我私人事务的情况也非常不好。"（73/4.1）如果把他的整个计算放入一个公式中，那么这可能会是他对阿提库斯的建议，即注意"我的荣誉、名望和利益"（101/5.8）。其中，名望正好等于伦理原则和自身利益，它的巧妙建构为结合其他通常相反的冲动提供了手段。

也许有人会反对，因为这一步轻率地把我们拉向了"公共关系""媒体事件"以及有关电视时代的恐怖的道路上。这是可能的，但还应该考虑到共和主义政府也许需要那些实践的某些形式。问题不在于我们是否应该，而在于哪种类型、何种方式以及为了什么。共和主义的行动者不得不努力为公民美德、修辞才能、及时行动等创造一种名声，然后继续按照那种名声来行动。毫无疑问这里存在强烈的诱导欺骗的因素，但有时如果这促成了正确的行动，那么表象和现实的差别就不再重要，并且，持续留心自己名声的要求还可以规制行为："离容易最远的一件事情就是德行，不论多长时间的模仿都是那么困难！"西塞罗的例子把我们推向另一个思考，对形象塑造的那种自利性的痴迷越来越成为现代选举政治的特性，这在某种程度上是由一种劣等的名声意识引起的。就是说，西塞罗的名声意识在当代政治文化中没有对应物，因为他同时也是一种羞耻意识。由于他所有的注意力都在权宜上，所以在形势糟糕时，西塞罗对他不光彩的担忧与对他安全的担忧一样多，甚或超过对他安全的担忧。[①] 名声或促动或阻碍主动性，或提供行动的背景，或产生耻辱的风险，但它仍然是理解共和主义政治权威的一个关键因素。

好在我们不需要从头开始。虽然共和主义时代早已远去，但共和主义风格依然活跃有效。它的正当性不需要依赖这种不稳固的前提，即它曾经是突出的和主导的，它的有效性可能更多地取决于和其他风格以及现代规条的相互作用，而非取决于任何新古典主义的纯正性的达成。[②] 如

[①] 一方面由于庞培的举棋不定，另一方面由于恺撒的咄咄逼人，注意他对因此而被剥夺尊严的憎恶：

　　只有一样东西可以填补我们朋友耻辱的奖杯——不去寻求多米提乌斯（Domitus）的帮助。"但没人怀疑他会去。"我不这么认为……好吧，我知道要回避谁，但不知道要追随谁。你赞扬我的言论"令人印象深刻"，我宁愿和庞培一起失败，而不是和其他人一起胜利。哎，我确实这样做了，但是和曾经的那个庞培，或我所认为的那个庞培。然而，这个庞培，在他逃跑之前，他就知道要跑向哪里或要逃离谁，他所抛弃的罗马和正抛弃的意大利等一切，都是我们的——好吧，如果我宁愿和他一起失败，我实现了我的愿望，我被打败了。除此之外，我无法忍受见到那些我从不担心看见的事物，还要加上，我无法忍受见到不仅剥夺了我曾经拥有的，还剥夺了我曾经所是的那个人。(155/8.7)

　　如今，名声通常被认为是外在于个体的——就像一件可被摆布的货物——对西塞罗而言，名声是自己与他人之间关系的实质，是客观的并能强烈地被感受到，是良心的一种形式，是朋友和对手都可拥有的一种政治资源。

[②] 在修辞史研究中，对复合修辞这种观念的支持正不断增加。关于从古典共和主义转换到现代自由主义如何是"无定论的，既非清楚的，又非完成了的，结果也是一种混杂的混合物，即在一种创造性的但又不稳定的组合中将共和主义的主题和自由主义的主题结合起来"，迈克尔·里内什（Michael Lienesch）对此进行了深入讨论，*New Order of the Ages*：*Time, the Constitution, and the Making of Modern American Political Thought*（Princeton：Princeton University Press,（转下页）

果它不能为后现代的政治秩序提供一种完全可靠的政治哲学，那么也不应该仅仅从个人主义或程序主义的角度来判断它。把共和主义政治理解为一种具有自身修辞规范和审美一致性的话语实践，我们就可以把它用作一种提高公共生活的手段，同时意识到它一定包含各种各样的意识形态立场。共和主义风格的美在我们周围显而易见，通常是在有关自治的日常实践中，包括成千上万的教育委员会、教会委员会、工会、政党组织以及其他构成现代民主社会的基本结构的政治团体。而且，共和主义风格甚至有时可以在总统职位那里找到：威廉·杰弗逊·克林顿（William Jefferson Clinton）提供了一个关于它的缺点和优势的案例。在最佳状态下，它赋予我们一种能力，把不同的理念和人群整合进集体决策这一令人兴奋的过程中。但是，要使它良好运转，需要的不只是言语能力，还需要对公共演说艺术的鉴赏。如今，这也许就是它最脆弱的地方。

（接上页）1988），p. 7。关于传统是趋同的或共生的主张，例如，参见 Jeffrey C. Isaac, "Republicanism vs. Liberalism? A Reconsideration," *History of Political Thought* 9 (1988)：349—77, and Dorothy Ross, *The Origins of American Social Science* (Cambridge: Cambridge University Press, 1991)，chapter 2。自由主义准则和公民共和主义准则趋同与结合的可能性很容易理解，只要它们被视为风格的选择。这不会消除它们的冲突，尤其是当自由主义的学说以条文主义的风格来表达时，这是如今常有的情况，但这会有助于说明它们如何令人信服地共同起作用，尽管存在哲学上的矛盾。还可参见 Thomas Gustafson, *Representative Words: Politics, Literature, and the American Language, 1776—1865* (Cambridge: Cambridge University Press, 1992)，遗憾的是我发现太晚而没法整合进这一章。

第五章

自家的寄宿者:
弗兰兹·卡夫卡关于官僚主义
风格的寓言

　　但是我们有卡夫卡的寓言所要说明的以及 K. 的姿势与他的动物举止所要阐明的学说吗？这并不存在，我们只能说存在着对它的暗示……不管怎样，这都是一个关于人类社会如何组织其生活和工作的问题。[1]

　　卡夫卡的《审判》是关于现代生活的伟大寓言。它描述了一个人试图理解和影响一种摧毁他的官僚主义机构，但最终失败的故事。马克斯·韦伯（Max Weber）把这种结构视为"铁笼"，囚禁了所有的价值和志向；于尔根·哈贝马斯把它看作"系统"对"生活世界"的无情占有。[2] 然而，即便预言是正确的，它可能也有误导性。官

---

① Walter Benjamin, "Franz Kafka: On the Tenth Anniversary of His Death," in *Illuminations*, edited by Hannah Arendt (New York: Schocken, 1969), p. 122.

② Max Weber, *The Protestant Ethic and the Spirit of Capitalism*, translated by Talcott Parsons (New York: Scribner, 1958), p. 181; Jürgen Habermas, The *Theory of Communicative Action*, vol. 2, *Lifeworld and System: A Critique of* （转下页）

僚主义征服了更加真实的生活模式，这一观念早已成为现代自我反思的常识，但这并不总是符合一般经验。虽然在现代思想中官僚主义与非人格、异化同义——当我们忍受由冷漠的官员所强加的某种法令时，任何人都能明白——但它也包括这样的场景：无数的人每天都在相互辩论、协商、操控、合作，或以其他方式进行交往。虽然我们不得不直面官僚主义，但我们的任务仍然是解释在这样一种社会秩序中我们的日常经验，这种秩序是由日常习惯组成的基本不会令人不安的复合体，例如付账单、写备忘录、填表格、安排日程等。通过指明政治活动的这种官僚主义风格的基本因素——办公室文化中特有的交往常规——也许就可以知道卡夫卡的 K. 永远无法学到的东西：一门如何在官僚主义世界中幸福生活的知识。①

（接上页） *Functionalist Reason*，translated by Thomas McCarthy（Boston：Beacon，1987），and *The Philosophical Discourse of Modernity*：*Twelve Lectures*，translated by Fredrick Lawrence（Cambridge：MIT Press，1987）.

① 韦伯首先意识到官僚主义在道德上的矛盾，阿尔文·W. 古尔德（Alvin W. Goulder）在美国社会理论形成的关键时期清晰地指出了这一点，"Metaphysical Pathos and the Theory of Bureaucracy," *American Political Science Review* 49（1955）：496—507. 还应该强调，这种矛盾不是基于官僚主义在道德上中立的断言。把某事物视为既不善也不恶和视为既善又恶之间是不同的。我不否认官僚主义是控制工作者和居民的手段，或是一个社会特定的主导机制，例如，使公共生活冷酷且单调；我也不否认它们可以是某些暴力形式，瓦解地方团体，使人类毁灭有理化。这种矛盾源于承认它们还是实现好的生活的富有成效的手段。把官僚主义看作现代性的又一场赌博，这类似于希求技术的进步把我们从匮乏中解放出来，假如资源的消耗在维持这种进步的同时，还不会导致自杀。我的分析不在于总结判断，而是要指出决定了这种生活形式的日常交流实践中的选择。与我的视角相容的分析，参见 Peter Miller, "Accounting and Objectivity：The Invention of Calculating Selves and Calculable Spaces," *Annals of Scholarship* 9（1992）：（转下页）

我的方法首先是替代：把《城堡》放在《审判》之前。通常，我们把《城堡》理解为《审判》的更具神学性的版本，但我把它理解为对日常生活中普通且工巧的（artful）实践的详细考察，这些实践在官僚主义文化中是如此明显，以致不被察觉。[1] 通过借鉴卡夫卡的同时代人马克斯·韦伯的作品，我们可以把卡夫卡的观察植入那类可以使官僚主义实践清楚易懂且富有吸引力的言语和行为的常规之中。（如果这些常规的呈现有些冗长乏味，那么只考虑主题即可。）这种官僚主义风格最终会造就一部系统吞噬生活世界的象征剧，即一部有关现代性的社会结构的同化剧，那里所有个体都承担着一种复合身份，他们既

（接上页）61—86，reprinted in Allan Megill，ed.，*Rethinking Objectivity*（Durham，NC：Duke University Press，1994），pp.239—64。

[1] 本雅明评论道，关于《城堡》的神学阐释"成了卡夫卡批判的共同特征"（*Illuminations*，p.127）。对《城堡》神学意义的精彩讨论，以及对其他批判方法的简要评论，参见 Hans Küng and Walter Jens，*Literature and Religion*，translated by Peter Heinegg（New York：Paragon House，1991），pp.261—96。批判性文献的代表，参见 Peter F. Neumeyer，ed.，*Twentieth Century Interpretations of The Castle*（Englewood Cliffs，NJ：Prentice-Hall，1969）；Kenneth Hughes，ed. and trans.，*Franz Kafka：An Anthology of Marxist Criticism*（Hanover：University Press of New England，1981）；Alan Udoff，ed.，*Kafka and the Contemporary Critical Performance*（Bloomington：Indiana University Press，1987）；Mark Anderson，ed.，*Reading Kafka：Prague，Politics，and the Fin de Siècle*（New York：Schocken，1989）；Ritchie Robertson，*Kafka：Judaism，Politics，and Literature*（Oxford：Clarendon，1985）；Stanley Corngold，*Franz Kafka：The Necessity of Form*（Ithaca，NY：Cornell University Press，1988）；Clayton Koelb，*Kafka's Rhetoric：The Passion of Reading*（Ithaca，NY：Cornell University Press，1989）。关于书目，参见 Flores Angel，*A Kafka Bibliography：1908—1976*（New York：Gordian Press，1976）。

是人又是职员，既是当地文化的居民，又是总体性的交往和支配系统中的参与者。我以解决在《审判》中提出，而在《城堡》中仍未回答的一个问题作为结尾：在一个完全系统化的世界里，一个人如何有能力行动？

任何理解官僚主义的托辞都会探究异化这一主题，卡夫卡也一样。思考他是怎样做的这一点也很重要。如果要模仿卡夫卡的风格，很少有人会比加利福尼亚大学洛杉矶分校的一个本科生做得好，他写道：

> 那个老一点的女人在厨房中徘徊并不停地咕哝着。那个男人洗完手，坐在桌子旁，拾起一份报纸。直到两个女人把食物完全摆上桌子，那个男人才停止读报。他们三人坐下来，无所事事地谈论着白天发生的事件。那个老一点的女人用外语说了些事情，其他人不禁笑了起来。[1]

这一段并非文学课的作业。学生们的任务是"假定自己是家里的寄宿者，花十五分钟到一个小时去观察家里的活动"[2]。其结果就是对家庭中的日常行为进行一种民族方法学的描述。民族方法学是由社会学家哈罗德·加芬克尔（Harold Garfinkel）提出的一种现象学的研究方法，其中，对"人物、关系和活动的描述"，"不涉及当事人本身的经

---

① Harold Garfinkel, *Studies in Ethnomethodology* (Oxford: Polity Press, 1967), p. 45.
② Ibid.

历，或在某套正在发展的生活状况中的场景地点，或作为相关事件结构的场景"①。这种研究的目的是指明建构"日常生活中系统化的、工巧性的实践活动"的那种"常见但被忽视"的背景。② 这种认识通过一种有意的异化行为得以实现，即把知情者关于社会生境（social habitat）的信息悬置起来，使熟悉的显得陌生。"这些描述会被认为与那些窥视内幕的观察者的描述一样……好像作者目睹过那些场景，只是他对社会结构的常识患有一种轻度的遗忘症。"③

加芬克尔的观察者就像《城堡》中的 K.，他对高级官员克拉姆仅有的视野是通过一个很小的窥视孔。④ 作为一个外来者，K. 能看到的只是他所探寻的官僚主义秩序的

---

① Harold Garfinkel，*Studies in Ethnomethodology*（Oxford：Polity Press，1967）。还可参见 Harold Garfinkel，ed.，*Ethnomethodological Studies of Work*（New York：Routledge，1987）。关于民族方法学的基本讨论，参见 John Heritage，*Garfinkel and Ethnomethodology*（Cambridge：Polity Press，1984）；Kenneth Leiter，*A Primer on Ethnomethodology*（New York：Oxford University Press，1980）；Wes Sharrock and Bob Anderson，*The Ethnomethodologists*（New York：Tavistock，1986）；Roy Turner，ed.，*Ethnomethodology*（Harmondsworth：Penguin，1974）。官僚主义运作的民族方法学分析，参见，例如 Donald Zimmerman，"Record Keeping and the Intake Process in a Public Welfare Agency," in *On Record：Files and Dossiers in American life*，edited by Stanton Wheeler，pp. 319—54（New York：Sage，1969），and the essays by Aaron Cicourel，Garfinkel，David Sudnow，and D. L. Wieder in Turner，ed.，*Ethnomethodology*。

② Garfinkel，*Studies in Ethnomethodology*，p. 11.

③ Ibid.，p. 45.

④ Franz Kafka，*The Castle*，translated by Willa and Edwin Muir（New York：Schocken Books，1982），pp. 47—48。随后引文只注明页码。（［译注］中文译文参考了卡夫卡：《城堡》，汤永宽译，上海：上海译文出版社，1997 年版。不注明页码。）

表面。① 他无法充分恢复常识性的理解，而这种理解构成了他试图掌握的社会实践的意义，并使越轨的社会实践合理化，但卡夫卡的读者持相反态度：通过使已知的显得陌生，卡夫卡让我们能更好地理解我们的社会行为。卡夫卡的小说描述的是我们早已非常熟悉的现实——因为太过熟悉以致我们不再反思它是如何由未说明的理解和习得的趣味组成的。尽管很多批评者指出卡夫卡的小说是高度抽象的、精神化的或非现实的，但我认为它所致力的完全是对已知世界的一种探索。

卡夫卡自己在青年时期过的多是寄宿生活，他创作的多数人物也处于这种状态。② 《审判》始于 K. 等待他房东的厨娘来送早点；格雷戈尔在《变形记》（*Metamorphosis*）中同样变成他家里的寄宿者；K. 在《城堡》中的寄宿者身份也被反复强调。他一开始就在旅馆与老板和老板娘进行艰难的谈判，这凸显了他与周围村民的不同，在他面前，村民就像一种固有的、几乎无法被解释的行为场（behavioral field），包围或者可能是限制着他的所有活动。

---

① 更早的批判留意到卡夫卡文学风格的这一特质：比如，"他视一切事物既是可靠的又是含糊不清的；他成功使事物在视觉上越精确，它们也就变得越成问题" [Edwin Muir, "Introductory Note," *America*, translated by Edwin and Willa Muir (London, 1938), p. vii]。

② 关于卡夫卡的传记，例如，参见 Frederick Robert Karl, *Franz Kafka, Representative Man* (New York: Ticknor and Fields, 1991)；Ernst Pawel, *The Nightmare of Reason: A Life of Franz Kafka* (New York: Farrar, Straus, Giroux, 1984)；Ronald Hayman, *Kafka: A Biography* (New York: Oxford University Press, 1992)。

尽管他强烈抗议，但他的助手还是要和他住在同一个房间，甚至当他和弗丽达打算自立门户时也是如此。他和弗丽达的生活经历了一系列越来越屈辱的寄宿安排，从旅馆到繁忙的校舍再到她母亲的一个更加残破的旅馆的住房。这些境遇产生的是一种强烈的异化感，包括对那些没有被异化的人所忽视的事物的意识。这种意识的特点是对"习惯性动作是如何产生"①的一种不自在的关注，同时认识到很多对他人来说可被理解的东西，在客观上是不存在的。

这种感性通过一种特殊技巧产生。正如瓦尔特·本雅明（Walter Benjamin）指出，卡夫卡使已知世界显得陌生的能力源于他对举止的关注。"卡夫卡只会通过某种形体姿势（gestus）的形式来理解事物"，这一术语暗含演说家的举止，使我们的注意力集中到每一个动作本身的行为方式上。②本雅明的洞见是对指明卡夫卡的艺术主题这一难题的回应。任何话语都是关于某种事物的，然而批评的最具挑战性的任务恰恰在于完全确定那种事物是什么。在卡夫卡那里，这种问题更为复杂，他的作品让许多读者觉得

---

① Garfinkel, *Studies in Ethnomethodology*, p. 46.

② Benjamin, *Illuminations*, p. 129. 还可参见 Karl J. Kuepper, "Gesture and Posture as Elemental Symbolism in Kafka's *The Trial*," *Mosaic* 3（1970）: 143—52, reprinted in James Rolleston, ed., *Twentieth Century Interpretations of The Trial*（Englewood Cliffs, NJ: Prentice-Hall, 1976）. 关于卡夫卡如何运用举止意识来规制自己，尤其是他的写作的例子，参见 "Resolutions," in *The Penal Colony: Stories and Short Pieces*, translated by Willa and Edwin Muir（New York: Schocken Books, 1948）, pp. 28—9: "……在这种情况下，典型的动作是用你的小拇指划过你的眉毛。"

既是极端现实主义的，又是高度抽象的（或相当神秘的）。因此，在本雅明看来，对卡夫卡的作品有两种偏离的解释，或者是"自然的"（精神分析的），或者是"超自然的"（神学的）。[①] 不过，每一种方法都言过其实。卡夫卡的作品产生的不同效应源于这样一个事实：虽然他总是指向那些超越自身界限的无形的意义，但"举止依然是决定性的，是事件的中心"[②]。卡夫卡给我们的是这样一个世界：那里人类"很早就在舞台上了"[③]，意义通常由姿势和场景的配合而产生。"只有这样，我们才能确切地认识到，卡夫卡的全部作品构成一套举止的规范，对作者来说，这套规范从一开始就没有明确的象征意义；毋宁说，作者试图在不断变化的语境和试验性组合中为它们引申出某种意义。"[④]

这种对举止的关注融合了表现（representation）的两个要素：身体动作和同时对其唤起或定义场景的能力的诠释。最重要的是，这种解释本身通常具有双重性：它是不稳定的，同时又暗示一种稳定的指称是可能的。注意 K. 在《审判》中与狱吏最初的交流如何突出了他们对其被逮捕的安排，以及 K. 对自己举止是否适当的关注："'如果

---

① Benjamin, *Illuminations*, p. 127.

② Ibid., p. 121.

③ Ibid., p. 124.

④ Ibid., p. 120.

你不说明你是谁，我既不待在这里，也不让你跟我说话。'
'我说得已经够清楚了。'陌生人说。然后，他自作主张，
猛地把门打开。K.走进隔壁房间，脚步慢得出乎自己的意
料；乍一看，房间里所有东西似乎是头天晚上就摆好了
的。"① 注意措辞"K.走进隔壁房间，脚步慢得出乎自己
的意料"如何在动机上定义 K.：他不仅留意自己的举止
表现，而且计算它的效果，尽管如此，行动没有完全按照
他计划的那样进行（当他开始行动时，更多地是像被他的
处境所定义的罪犯那样）。场景的张力集中于这样的对照：
狱吏打开门的强力姿态和 K.主观上强化了对自己通过门
道时动作谨慎的描述。这种对照完美再现了举止的双重特
点：场景由一套稳定的规范构成，即使它的意义持续变换。

K.的感知属于那些完全习惯从寄宿者的角度看世界的
人的感知。他的意识集中于对举止戏剧的焦虑性解释，他
抗争于不断变化的姿势表演，希望发现一个可靠的剧本。
他能看到场景中的其他人忽视的东西，因为缺乏他们那种
关于他们在做什么的常识性理解，他在他们依赖习惯的地
方寻找规则。卡夫卡的小说是现实主义的，它描述了现代
生活的基本姿态，同时也是抽象的，它在描述它们时避开
了历史布景和常规解释。卡夫卡是民族方法论者的先驱：

---

① Franz Kafka, *The Trial*, translated by Willa and Edwin Muir, revised by E. M.
Butler (New York: Schocken Books, 1984), p.2. 随后引文只注明页码。

"他脱去了人类举止的传统支撑，然后提出一个让人无尽反思的问题。"①

这种反思包含其主题的一个深层矛盾。如果卡夫卡的《审判》是一出悲剧，那么《城堡》就是它作为喜剧的回归。②尽管这两个故事有很多相似之处，但它们的不同点突出了这种定位上的重大转变。《审判》中，K.坚信自己的无辜和诚实。在故事的最后，他似乎有机会推翻法庭即将对他做出的判决，他会见了法庭的一个公职人员——神甫，神甫首先呵斥他的无能，然后展开一场关于法的本质的塔木德式的讨论。最终，K."像狗一样"被处决，最后

---

① Benjamin, *Illuminations*，p. 122。与民族方法学的这种比较不需要否定卡夫卡还运用了其他也许更加文学化的方法，来诱导异化。不过，我只强调那些与我的研究对象，即政治风格相关的东西。参见 Richard Sheppard, *On Kafka's Castle：A Study*（New York：Barnes and Noble, 1973），对其他八个异化手段的分析："对应、差异、主要动机、语域变化、反思、间接叙事评论、其他人对 K. 的直接评论、叙事视角的打破。"（p. 35）

② 我不想纠缠于对一般分类的争论。《审判》通常有两种解读方式：要么是对社会政治系统的批判，要么是有关生存条件的说明。每种方式的代表性例子，参见 Hannah Arendt, "Franz Kafka," in Hughes, ed. And trans., *Franz Kafka：An Anthology of Marxist Criticism*, and Ingeborg Henel, "The Legend of the Doorkeeper and Its Significance for Kafka's Trial," translated by James Rolleston, in Rolleston, ed., *Twentieth Century Interpretations of The Trial*。很多读者认为这个故事是"一种现代的悲剧"。它是悲剧，因为它刻画了一个与命运抗争失败的主角，失败也许是因为人物的缺陷；它是现代的，因为它的低模仿性和聚焦于自我意识。我的用语源于 Northrop Frye, *Anatomy of Criticism：Four Essays*（Princeton：Princeton University Press, 1957）。最后，这种对自我意识的聚焦使悲剧成了一部认识论上的戏剧——为知识而斗争，尤其是关于一个人的自我的知识；这一视角明显地表现在 Cleanth Brooks and Robert B. Heilman, *Understanding Drama*（New York：Holt, Rinehart and Winston, 1966）这一具有影响力的文本中，并在赫尼尔细致的批判中展开。"论辩的"思想形式占主导时，悲剧形式才出现，参见 Kenneth Burke, *Attitudes Toward History*, rev. 2d.，（Boston：Beacon Press, 1961），p. 38。

时刻还经历了一场极大的耻辱。《城堡》中，K.是一个易受他人诱惑的大骗子。[①] 故事的最后，也是在他经历漫长的等待申请进入城堡的机会时，目睹了官员们处理文件的实际方式，即一种轻率的、闹剧式的例行公事，全是重重的关门声，文件满天飞，以及成年男人的咆哮声，他们在连着走廊的相似的房间里闪闪躲躲地进进出出。最终，K.的命运悬而未决，他的谎言被揭穿，但没有受到惩罚，他面临一系列令人困惑的选择，要在哪里生活、如何生活以及和谁生活。[②]

因此，《城堡》中，我们面对的现代生活结构不是宿命而是处于荒唐的语境下。正如K.不无讽刺地评论道，"这只会让我感到有趣⋯⋯因为这让我洞悉到在某些情况下，荒唐可笑的纰漏可能决定一个人的命运"（p.82）。这就是肯尼斯·博克所谓的一种"向下的超越"：我们找到了逃离我们处境的方式，但不是通过寻找某种更高的秩序原则，而是通过认同维持这种秩序的社会中窘迫的实践。《城堡》揭示了《审判》中存在但又附属化的东西：不是法律的世界，而是律师的世界；不是杀人的权力，而是让人

---

① 关于K.缺乏可靠性的资料，参见 Erwin R. Steinberg, "K. of The Castle: Ostensible Land-Surveyor," *College English* 32（1965）: 1985—89，reprinted in Neumeyer, ed., *Twentieth Century Interpretations of The Castle*; Walter Sokel, *Franz Kafka*（New York: Columbia University Press, 1966），pp.39—44，reprinted as "K. as Impostor: His Quest for Meaning," in Neumeyer, ed., *Twentieth Century Interpretations of The Castle*。
② 假使同意K.自然死亡并部分被村民接受的这种结局，这一点仍不会改变。

们等待的实践。

　　这种喜剧视角的一个后果是，渗透到村子的官僚主义系统不能恰巧被放在一种善与恶的戏剧中。它规制整个村子，但很多村民对它并无兴趣，也不被它伤害。如果开始它看上去是虚弱无力的或有害的，正如当 K. 遇见穿白衣服的女人，并听说了阿米莉亚家的故事时，那么之后它则显得生气勃勃或是有益的，正如当那个助手失去任命后就苍老了，以及当我们了解到阿米莉亚家如何决定了自己的命运时。城堡不是天堂，但村子也不是；如果克拉姆是可怕的，这不是因为 K. 是可敬的。总之，即使城堡表征现代生活的普遍状况，它也并不代表一种简单的道德选择。

　　《城堡》展现的现代官僚主义，不是一种极权主义的警察国家，而是一部关于行为举止的喜剧。因此，《城堡》的修辞力量主要源于把大权柄不断地赋予显然有缺陷且可能无用的官员。不管官僚主义的秩序原则如何被它的实践所背叛，村民们对它的敬畏从未中止。[①] K. 也是这样。虽然弗丽达可以立即让克拉姆沉默，但 K. 坚持认为官员的权力包含了村子里的一切。他认为城堡更令人印象深刻："只要想想，在城堡这样一个庞大的统治机构里，有着各种错综复杂的关系——在我来这之前，我还以为我对它的本质有一个大致的概念，但这种想法是多么幼稚！"

_____

① 例如村长滑稽地解释了城堡明显杂乱无章的和错讹百出的无错误（pp. 82—97）。

（p. 241）K. 自己的复杂分析和论证也解释了这种敬畏的原因：他需要生活在一个理性的世界。他在《审判》中的悲剧性缺陷，这里成了喜剧性弱点：他想完全通过自己的理性力量掌握整个组织系统。结果，他不得不假定因为它是合理的，所以它是权力的。他是韦伯断言的缩影，"从纯粹技术的观点来看，纯粹的官僚主义管理组织的类型……能够达到最高等的效率，并且就这个意义而言，其在形式上也是已知的对人类行使权力的最理性的手段"①。K. 是一个权谋主义者，但缺乏任何关于外在限制或机会的意识；他是一个启蒙主义者，但缺乏任何关于非理性的记忆。K. 之所以吸引现代的读者，不仅因为他是一个与社会机制抗争的个体，而且因为对理性的信任使他对欲望的顺从合理化，特别是对权力的欲望。

这种情况不得不包含对自身的否定。K. 把自己展现为一个高度怀疑机构权威又显然有能力自己拿主意的人，特别是当他进入村子的时候。但当他假装是自由思考者的时候，他对权威的归属感也最明显："如果他们想用承认他是土地测量员的崇高优越感来威慑他，那么他们就错了；这只会让他的皮肤感到有一丝的刺痛，仅此而已。"（p. 8）这种把神一般的权力归于机构权威，同时声称自己能看清

---

① Max Weber, *Economy and Society: An Outline of Interpretive Sociology*, 3 vols., edited by Guenther Roth and Claus Wittich (New York: Bedminster Press, 1968), vol. 1, p. 223.

它的真面目，两者的结合是连接卡夫卡的作品及其读者的一个关键。故事中的其他人物常常毫无理由地把大权柄归给普通人和普通事件，K.也这样做，还自认为特别擅长。此时，读者会相信大权柄确实存在，并相信他或她能逃脱它的控制，只要掌握K.一直寻找的那套知识，即它如何运作的知识，或许像《城堡》这类书就提供这种知识。在批判的假象下，读者重新设定了官僚主义合法性的条件。如果官员因他们的无能和搪塞显得可笑，这只是因为我们假定合法性的对应标准是效率和精确。我们嘲笑他们，但最终嘲笑的还是我们自己。

卡夫卡的文本显然不仅记录了官僚主义实践，它的许多设计和效用都是为了解决那里实际面对的难题。对《城堡》的读者来说，明显的是官僚主义支配一个村子，而没有提供任何服务，也不控制基本资源或使用武力。我们会奇怪，城堡如何赢得村民的顺从和尊敬？嵌入官僚主义系统中的特有规范、操作模式或劝说诉求是什么？我认为《城堡》中描述的社会秩序，在范围和细节上与韦伯关于官僚主义组织结构的论述相一致，同时卡夫卡对迷茫（disorientation）的精当运用，使普通且工巧的实践凸显出来，激活了官僚主义意识。① 这种对应关系包括从系统控

---

① 有些从事组织研究的读者可能会反对这一点，认为韦伯和卡夫卡属于两个不同的世界，韦伯颂扬官僚主义的合理性和效率性，卡夫卡则描述它们的非理性和无效率。其他人可能会持类似的看法，因为卡夫卡讽刺的是相对前现代的官（转下页）

制生活世界作为故事的深层结构，到卡夫卡用作喜剧效果的标准制度规范，再到机构装饰的次要细节。[①] 我将强调《城堡》如何使这些劝说设计凸显出来，这些设计实际上就是韦伯所谓的理性控制的联合体的基本形式。这些突出官僚主义权威的常规包括管辖权自主、职务等级、官员人格、书写优先。卡夫卡喜剧性地放大了每一个常规，以揭示它们如何作为一种规制现代生活的常见的交流风格而发挥作用。

官僚主义被认为是非人格的，这并不奇怪，因为它以坚持管辖权自主为起点——即坚持认为对任何类型的组织决策来说，某种职位都持有必要且充足的权力。[②] 职位的

（接上页）僚主义，他的批判也许可以作为一种反证法而应用到西方，但不能当作纪实报告。我通过留意韦伯多少有点不明确的地方，把卡夫卡的诚实作品视为现代官僚主义的，突出西方读者如何一致地把他的作品理解为现代文学中对官僚主义秩序的最早批判，还质疑任何让现代世界摆脱这种困境的批判倾向。但事情没那么简单。最终，是否把官僚主义视为高度有效的机器（它们通常是），或视为荒谬的延宕和理性化活动（它们在任何时候都可以是这样）并不重要，因为在任何情况下它们的运作几乎一样。不论好坏，官僚主义思想利用同一套修辞实践，陷入特定的自相矛盾，不管它在做什么，都未经审视地受到同等的尊敬。

① 系统和生活世界的架构最明显地表现在城堡和村子的关系中。卡夫卡的喜剧效果通常源于官员行为和官僚主义规范之间的不一致：例如，"精确、快速、明确、文件知识、连续性、灵活性、统一性、严格的从属关系、摩擦的减少、物力和人力的降低——这些规范在纯然的官僚主义管理中达到了最佳效果，尤其是在它的独断形式中"（Weber, *Economy and Society*，vol. 3，p. 973）。相对应的装饰或代理，比较韦伯对官僚主义依赖现代通信技术的观察（*Economy and Society*，vol. 1，p. 224；vol. 3，p. 973）与 K. 第一次通过电话与城堡交流（p. 5）。K. 认为电话对村子来说是一种令人惊奇的新事物，尽管这在他的意料之中——可以设想，是为了接近城堡。

② 官僚主义机构的首要原则是"官员的管辖权限原则，这种权限一般由规则，即法律或行政规章决定"（Weber, *Economy and Society*，vol. 3，p. 956）。

设定是为了按照标准程序执行一系列的常规活动，这些活动被定义为官员对组织的职责。这些程序则被表达为规则，一律用于决定官员的雇用及其高于他人的权力，这种界定形式还造就了更大的组织单元，如科室或部门，并授权组织对其他机构进行管理。简言之，官僚主义使职务成了权力的基本单位，官僚制就是一种关于职务的政体。职务间的关系是首要的，官员充当了它们的使者，而个人只是一种次要身份。例如，当奥尔加讲述她潜入城堡的计划时，区分了"正式的官方雇员"和"私人的半官方的雇员，他既没有权利也没有责任——最糟糕的是他没有任何责任"（p. 287）。这种社会秩序在 K. 和官员莫姆斯的交谈中得到完美的概括："'你们只考虑自己。我从来不会，将来也不会仅仅因为某个人的职务就接受审查，当时是这样，现在也是这样。'莫姆斯回答道：'那么，我们应该考虑谁？还有谁在这里？'"（p. 314）

K. 倾向于认为自己是一个独立自主的个体，这种个体只应该与同样的个体协商，很多读者可能会把这一对话视为对个人主义的颂扬。[1] 正如 K. 的评论，"我想这里有两

---

① 从 20 世纪 50 年代开始，这成了典型的自由人文主义的理解。例如，Hannah Arendt, "Franz Kafka：A Revaluation," *Partisan Review* 11（1944）："因为他的要求只是作为人的非异化的权利……"（p. 415）从韦伯的视角来看，K. 坚持自己的个体性更多是坚持一种更原始的社会秩序：一个人由他的状况建构而非由职务。所以，K. 认为自己是坚持他作为一个人的权利，其他人则认为他是在要求一种与组织之间的（无根据的）特权关系。

件事必须分清楚：第一，他们在办公室里处理的是什么事情，而且还能以官方形式给予这样或那样的解释；第二，我是个实际存在的人，我自己处于办公室之外，却受到了被他们侵犯的威胁，而这种侵犯又是如此的无意义，以至于我其至还无法相信这种危险的严重性"（p.85）。日常的官僚主义实践反映了辖制规范与个人身份之间的张力。官员之间，或官员与非官员之间关系的合法性由定义职务及其代理的规则决定。任何非管辖的关系（例如官员间的友谊）都是可疑的，它们暗含对理性程序的偏离和颠覆权威的可能性。虽然我们很快会想到许多关于人们在组织中以其他方式工作的例子，但也很容易看到伴随这些安排的玩笑、闲话、游戏和幻想，并把它们标示为反常。个人安排也许是必要的、愉快的，甚至比按照职务规则工作更加理性①，但它们不是规范性的。工作场所中的个性化是存在的，但总是与职务的首要地位存在辩证关系。

这种张力反过来又说明了管辖权定义的另一特征：依赖正式的指定程序。当政治是统辖性的，规则就成了权力的标志。虽然任何文化都可能被描述为是按照某套规则运作的，但在官僚主义文化中，规则被明确视为社会交流的合法手段。K. 和莫姆斯的交流突出了规则在组织中扮演的

---

① 加芬克尔及其他人证明了这一点，偏离理性程序对理性行动是必要的。例如，参见 chapter 6, "'Good' Organizational Reasons For 'Bad' Clinic Records," in Garfinkel, *Studies in Ethnomethodology*。

角色。莫姆斯是克拉姆的村中秘书——实际上，他的职务还有其他管辖上的微妙之处——并由他来与 K. 会谈。再者，K. 的身份是寄宿者：他回到旅馆，在那里他曾偷窥克拉姆并和弗丽达发生关系。当他拒绝会谈而试图以自己的方式行事时，我们发现他犯了一个严重的社会错误。接下来就是老板娘和莫姆斯向 K. 解释，为什么他的行为破坏了他们的社会秩序，他们的解释表明通常未有说明的、对那种秩序的常识性理解。解释的要点是，会谈只能根据其程序来理解而非为了任何其他目的。 K. 则声明如果这能让他见到克拉姆，他就接受会谈，但他被告知，"这根本不可能。这不过是为了在克拉姆的乡村记录簿里，就今天下午发生的事保存一份适当的记录。这份记录已经写好，只差两三处遗漏的地方，由于上级的命令，你必须补充完整；除此以外，就没有什么其他想要达到的目的，也不可能达到什么其他目的"（p.148）。实际上，正如老板娘所说，克拉姆根本不会看那份会谈记录，并且，虽然莫姆斯只是一个小官员，但他应该被视作克拉姆权力的缩影。

这一场景抓住了官僚主义权力的荒谬性，也提炼出它的本质。K. 想要为权力找到另一种先验的、更原始的基础，但他面对的事实是：权力依赖组织本身——即依赖它形式化的、非人格的程序。正如老板娘谈到莫姆斯："我不是把他看作一个独立的个人，而是把他看作已经得到克拉姆的同意——就像现在这样——来谈论他的；因此他是克拉姆手中的一件工具，谁不服从，就让谁难堪。"（p.151）如果我们能看到这如何使克拉姆成了组织精神本身，就不会觉得老板娘的说法很荒谬，克拉姆体现了组织无所不在的能力，它比组织的任何部分都更了解组织。官僚主义的权力源于职务的设置和规约的控制，而非由个人拥有的自主的奖惩手段。所以，当按照官僚主义风格行动时，要考虑的是职务范围、程序的规定和难题、交叠的管辖权的细微差别以及管辖漏洞等。反过来，它们的协调又导向官僚主义诉求的另一种形式：等级制的图像。

K.要搞清他和城堡的关系，仅把城堡想象为一系列由规则所定义的职务是不够的。社会秩序分为多个管辖领域，个体身份分为私人的和官方的，它们进一步被一种支配和责任的金字塔结构组织起来。① 虽然官员在村子里的工作场所的设置完全是随意的，但 K. 和他周围的每个人都在不断探索上属（superordination）关系，以确立官员的权威，定义他们的责任。甚至，很明显，关于社会秩序的这种似乎静止的原则产生了一套复杂的动机。韦伯把官僚主义等级制概述为一种保险装置——一种确定官员责任的

---

① "职务等级原则和上诉渠道（Instanzenzug）原则确定了一种公认的上下等级的系统，那里高级职务监督低级职务。这种系统给被管理者提供了上诉的可能性，即以一种严格规定的方式，低级官员将决定上诉到相应的上级权威。"（Weber, *Economy and Society*，vol. 3，p.957）

监督手段——它成了无限权力的源泉和绝望的条件。①

当 K. 与莫姆斯的交谈临近结束时，有那么一瞬间他陷入冥想，回忆起老板娘曾把克拉姆比作一只老鹰：

> 他想到克拉姆是如此的遥远，想到他坚不可摧的住所，想到他的沉默，恐怕只有 K. 从未听见过的某种叫喊声才能打破这种沉默，想到他那压迫性地向下的凝视，这既无法证实又无法否认，想到他的道路，不管 K. 在下面如何捣乱也无法妨碍他，并且要远高于在深不可测的法律的驱使下他所追踪过的道路，然而，这些道路都不过是昙花一现而已。(p. 151)

K. 沉迷于权力的幻想。这是关于超人（Übermensch）的幻想，独一无二的个人权威形象处于职务等级的顶端，只受终极规则，即凡人看不见的宇宙法则控制。他关于克拉姆的幻想体现了肯尼斯·博克所谓的"实现目的的倾向"（the entelechial tendency），这塑造了所有等级制的图像："把'最高'或'顶峰'一级视为最能表现整个'理念'的'图像'。"② 正如 K. 的幻想表明，它还提供了与权力根源

---

① 我希望诉诸官僚主义风格中的等级制和诉诸宫廷主义风格中的等级制之间的差别是明显的，尽管它们之间的相似性提供了协调二者的基础。即使不考虑实际变动——即实际上是针对谁或什么——所有的等级制并非相同，尽管它们之间相互呼应。

② Kenneth Burke, *A Rhetoric of Motives* (Berkeley: University of California Press, 1969), p. 141.

相连的景象，这种权力根源远离中间代理和官员生活的世俗常规。因此，水泥墙、塑料杯、棕色信封袋等廉价物成了连接权力根源的巨大行政网络的标志。

这种特殊的动机与它运作的世俗环境形成了不可避免的对比，从而得以平衡，但难以消除。"在这些方面克拉姆和老鹰是一样的。但这些显然跟会谈记录毫不相干，这时莫姆斯正在记录文件上把一块撒了盐的面包卷捏碎，就着啤酒一起吃以便吞咽，所以记录文件上撒满了盐和香菜子。"（p. 151）这里对应着向下的超越，重要的会谈记录被当作一次性的餐巾，居高临下的官员表现得像一个普通的懒汉。但正是这种比照对保持等级属性至关重要。通过突出个体的低劣境界，文本重新塑造了一个由职位升迁构成的非人格化结构的图像。正如博克指出，"官僚中人的渺小性荒谬地表明，充斥于他们职位的神秘性无所不在"①。人们认为，最寒酸、妥协的人物身上，都有一种至上权力和理性运作的高阶系统的标志。

日常的官僚主义生活摇摆在两种动机之间，或全然献身于体制结构，或日复一日地将体制规范简化为通常的非正式行为。难怪在对组织管理的实用说明和对组织操控的完全妄想之间，有一条明确的界限。官僚主义组织通过某

---

① Kenneth Burke, *A Rhetoric of Motives* (Berkeley: University of California Press, 1969), p. 237.

种系统产生权力，但我们看不见这种系统，所以 K. 赞赏"自治机构，这种机构正是在我们看不见它存在的地方，能使我们特别精确有效地工作"（p.74）。从克拉姆的空中优势下降到昏暗的旅馆内部，这条弧线说明等级制的图像象征一种集中、分配和调控权力的超验系统，它不会在实际应用中失效。

然而，这种持久感并不一定会转化成一种保证感，因为等级制还代表一种无限延宕的过程。甚至那些能够谋求官方任命的人——这似乎完全超出 K. 所能达到的范围——面对如此多的步骤，也只能徒劳地等待下去，直到死去（pp.287—88）。为了询问第一个处理他案子的官员斯瓦泽尔的职位，K. 问店老板墙上一位官员的照片是不是斯瓦泽尔所说的他的父亲卡斯特兰。"'不，不，'店老板说，然后又把 K. 拉近一点，凑到他耳边低声说道，'斯瓦泽尔昨晚说大话了，他的父亲只是城堡的一个副总管，而且还是职位最低的那个。'"（p.10）官员被置于一种向上展开的职位中，但这并没有降低他的权威："'这个坏蛋！' K. 笑着说道。但店老板并没有笑，而是接着往下说：'甚至是他的父亲也很有权势。''一边儿凉快去吧，'K. 说，'你认为每个人都很有权势，也许就连我也是?''不，'他胆怯而认真地回答道，'我不认为你有权势。'"（p.10）个人和官员的差别因后者是由一种上升的等级制所定义而被放大。这样，就不再是一个自信的个体面对一个说谎的官员，而是一个孤独的人物望向一种高耸的职位序列。因此，K. 的失意通常源于这种窘境：虽然与系统最低部分的联系至少提供了接近他所寻找的至高权力的可能，但他也不断地被告知，系统其实远远高出他可能达到的任何位置。跨越这些障碍之上的巨大拱顶也并无太大意义，因为无限延宕的可能性是由等级制本身的形式设计产生的，即通过增殖其结构而扩大吸引力，就像一种分形设计的枝节，无限地通过分裂成基本形式的更小单位以复制自身。

因此，被合理化为一种责任结构的官僚主义等级制成为一种绝望的状态。K. 了解到等级制中还有等级制：他的案子是"一件非常不重要的案子——也许可以说是不重要之中最不重要的"（p. 90）。并且，他发现甚至旅馆也有等级制，这也是他再次发现自己不重要的证据。每当 K. 试图走向城堡时，他面对的基本问题就会显示出来：在大雪中陷入困境，当他移动时，雪似乎成倍地增加，或者他发现自己越是朝城堡走去，也就离它越远。① 问题在于，一个人如何可能在无尽延伸的组织结构中取得一点进展？这是系统中的任何人都必须具备的更深层保证。答案之一源于官僚主义风格的另一要素：官员的人格。

① 把这视为一种怪圈时，就为官僚主义的延宕提供了另一种视角："当我们经由某种等级制的系统层次而向上（或向下）移动时，这种'怪圈'现象随时都会发生，我们总会意外地发现自己正好回到了原点。"[Douglas R. Hofstadter, *Godel*, *Escher*, *Bach*: *An Eternal Golden Braid* (New York: Basic Books, 1979), p. 10]

尽管我们很喜欢把组织看作有人情味的，但也期望在其中工作的人能全身心地投入，以实现他们的组织功能。为表明系统的不合理，卡夫卡把它的官员描述为无能的、懒惰的、受欲望驱使的，或为自己而活而非为组织而活。通常的结论也不是这些工作者是真实的、有趣的人，因为现代读者早已完全习惯在官僚主义交流活动中塑造的演说者人格。尽管职务代替了人，但官员的人格依然很重要，并且，官僚主义人格不仅通过压制明显的个性标志来彰显，而且通过韦伯所谓的专业化训练、最大化劳力和程序操守等属性来彰显。① 我把韦伯的标准重组为人格的各要素，并利用古典修辞理论，将它们定义为在官僚主义的日常交流中（同时）会遇到的要素。换句话说，被韦伯视为规则的那些要素同样可被视为劝说手段——那些突出的、常用的、形式化的话语模式已被证实有能力在适当的谈话者间影响决策——并且，这些模式可以并入其他修辞手段当中，例如演说者的人格。所以，当这些特性融合为某种人格时，就提供了协调官僚主义风格的其他要素的基础。

① 这里我把韦伯的第四、五、六个标准放入一个范畴内。韦伯注意到，"官职的管理，至少是所有专业化的官职管理——这种管理无疑是现代的——通常都是以某个专业化领域的训练为前提"。而且，"职务活动要求官员付出全部的工作能力"。最后，"官职的管理遵循一般规则"，"关于这些规则的知识代表官员所具有的特殊专业知识"（Weber, *Economy and Society*, vol. 3, p. 958）。我的重点在于从社会学的视角转到修辞学的视角：韦伯指出的是官僚主义运行于组织机制中的各因素，我指出的则是在那些机制中占主导地位的官僚主义话语的各因素（交互性地构成官僚主义实践），但又不限于这些机制。

当它们生效时，就具有了控制他人的行事功能，而且这样做时，或许还只负有很少的个人责任。它们还可用以辩护官员缺乏个性，并宽恕对官僚主义权威的存心滥用。

卡夫卡对城堡官员的描述，通过夸大他们的墨守和违规，以突出官僚主义人格的各要素。村民们赞扬官员高度专业化的能力，无私奉献于他们的工作，对程序细节的热心关注，同时还报告了与这些规范近乎相反的实际行为。任何意义上的矛盾要么是没被注意到，要么被同一套规范合理化。例如，奥尔加声称官员们不可能为她父亲停下马车，因为他们忙于处理塞满他们马车的文件，然后 K. 纠正了她，说他看过一辆马车的里面，除了乘客之外什么都没有。"'那是可能的，'奥尔加说，'但这会更糟，因为这意味着官员的事务是如此重要，以致那些文件太珍贵或太多而不能带上它们，所以那些官员行动飞快。'"（p. 208）

这种由训练、专业知识和工作形成的人格在索蒂尼身上被发挥到极致，他被村长描述为这样一种官员，"他因尽职尽责而出名……虽说我也深知官场三昧，但对我来说，也是不可理解的，像他这样一个有才能的人，为什么会被留在这样低的位置上"（p. 81）[①]。当发现涉及村长的

[①] 这里的讽刺是重要的，但也是不稳定的：首先，他不会升迁，因为组织与它所宣称的实际相反；不过，正如我们了解到他热衷于程序，那么就不得不想到，他不会升迁，因为组织的管理者完全专注于纠正细节，以致组织无效用。正如民族方法论者指出，系统的有效性需要个体管理者的某种无效性。

组织记录中存在不一致时，索蒂尼迅速采取行动。他拒绝相信村长的个人担保，即便村长依然认为这样做是"正确的和合理的，一个官员就必须像那样办事"，从而开始了大量的通信往来。村长找不到可乘之隙，因为"不论何时，只要索蒂尼抓住了任何人的把柄，即使是最微不足道的把柄，他都会获胜，因为这时候他的警觉、力量和机敏实际上都增强了"（p.85）。如果还有一丝希望，那也只能是索蒂尼有太多的事情要做：

> 可是我从来没有见到过他。他不能到下面来，那么多的工作把他给淹没了；我听说他房间的每一面墙上都塞满了一卷卷叠在一起的文件；那些还只是索蒂尼当时在处理的公文，成捆成捆的公文还在源源不断地送进来，发出去，而且都是那么地匆匆忙忙，那些成卷堆着的公文常常掉落到地板上，也正是从这些不断掉到地上的公文所发出的一阵阵的撞击声中，认出索蒂尼的办公室。是的，索蒂尼是一个工作人员，不论事情大小，他都一视同仁并一丝不苟地对待。（pp.85—86）

最后的场景完美捕捉到关于官僚主义人格内部的经济性。索蒂尼办公室的图像是一幅组织功能代替个性的画面。组织控制着他全部的工作能力。我们看不到他的身影，甚至听不到他的声音，只能想象他在一个我们进不去的房间里，从那里我们听到的也只是一捆捆的文件掉落在地板上的撞击声。个人的偏见、喜好或报复心被这样的事实控制：官员的权威不仅源于他在等级制中的位置，而且源于他的训练、规则知识和对组织的全身心奉献。[①] 这意味着即使官员远离甚至危险地隔绝于他们所控制的世界，并免除了通常意义上的公共责任，他们仍完全与组织——尤其是组织对理性程序的运用——绑定在一起，以致他们的行为是可预测的，他们的权力是有节制的。换句话说，在官僚主义文化中，我们假定了官僚主义权威的合法性在于预先对官员的训练。如果我们想象一下索蒂尼最后一幕的举止，他坐在那里全神贯注于他的工作，堆积如山的文件散落四周而未被注意，那么就会看见一个完全通过训练形成的人。他已经被那种他可用以控制他人的专业知识控制了。如果场景本身是离奇的，这不是因为他是不可预测的。这种内部经济手段——同一种组织程序既控制着被统治者又控制着统治者，产生了额外的合法性：当事人赋予组织的权力似乎与组织的工作人员的奉献精神相匹配。

对村民来说大概就是这样。有人可能会追问，城堡是否需要一些其他手段来控制村子，因为很多事情都通过官员的人格来达成或免除。奥尔加可以宽恕他们对她父亲祈求的不理睬，因为"官员们是受过高等教育的，但都是片

---

① Weber, *Economy and Society*, vol. 1, p. 225.

面的；在官员自己的部门里，他可以从一个词中领会整一串的思想，但如果让他从其他部门掌握一些事情，即使向他解释了很久，他除了礼貌地点头之外，不会明白任何东西"（p. 278）。官员布吉尔可以辩护这种对当事人的不理睬，因为"这是真的，我们秘书绝不会在工作上相互猜忌，因为每个人的工作负担都特别的重，压在我们身上的担子从来都没有定量，但与申请人打交道时，我们是绝对不容许有任何对我们职权范围的干扰"（p. 344）。这些证言——颂扬不产出任何东西的官员的能力——中的讽刺意味，不应该引起误解。这些描述表明，定义官僚主义人格的训练、苦干和程序之间的结合是如此紧密一贯，它们在解释官员的行为上也是如此重要。

不过，这并非树立官僚主义权威的唯一手段。索蒂尼的办公室还体现了官僚主义风格最后也是最重要的因素。当索蒂尼的勤勉由他周围堆积如山的文件所定义时，他就成了官僚主义组织的典型人物：生产和管理书面文本的文员。正如韦伯的观察：

> 以书面形式表示和记录的行政活动、决策和规则，甚至在口头讨论时就已经成了规则或具有了强制性。这至少适于初步的讨论和提议、最终的决定以及各种各样的命令和规则。书面文件和官员的持续操作相结合，构成"办公署"（office；Bureau），这是

现代所有类型的组织活动的核心……现代官职的管
理是基于书面文件（"档案"），它们以原初或草稿的
形式被保存起来，同时也是基于一群次级官员和各
类文员。①

不管这种场面是多么荒谬，堆积的文件和在索蒂尼的办公
室不停地匆忙进出的助手，都很好地证明了韦伯对办公署
的定义。同样，卡夫卡对城堡官员及其文件的其他描述，
揭示了官僚主义组织何以是一种围绕着写作这一社会实
践而形成的文化。在官僚主义生活中，知识就是权力，但
知识的核心是书面文件的生产、控制和解释。结果，官僚
主义政治通过一套以书写实践为特征的交流常规进行的
优势谈判。官僚主义风格使关于文件的政治达致最佳
状态。

　　虽然 K. 没有进入城堡，但他的确了解到它是如何运

---

① Weber, *Economy and Society*, vol. 1, p. 219; vol. 3, p. 957。韦伯的断言被人类
学、古典学、传播学等学科的学者充分发展了，他们研究了口语、读写与政体之
间的关系。正如杰克·古迪（Jack Goody）总结道，"书写对官僚主义国家的发展
是决定性的"［*The Logic of Writing and the Organization of Society* (Cambridge:
Cambridge University Press, 1986), p. 91, 还可参见 pp. 89—92, 124—25］。关于
口语和读写研究具有影响力的作品包括 Erik A. Havelock, *The Literate Revolution
in Greece and Its Cultural Consequences* (Princeton: Princeton University Press, 1982)
and *The Muse Learns to Write: Reflections on Orality and Literacy from Antiquity to
the Present* (New Haven: Yale University Press, 1986), and Walter J. Ong, *The
Presence of the Word: Some Prolegomena for Cultural and Religious History* (New
Haven: Yale University Press, 1967) and *Orality and Literacy: The Technologizing
of the Word* (New York: Methuen, 1982)。还可参见 Richard Leo Enos, ed., *Oral
and Written Communication: Historical Approaches* (London: Sage, 1990)。

作的。"通信员"索蒂尼为了寻找一份丢失的文件，从而开始"大量的通信"以矫正组织的记录，使得他办公室里堆积如山的公文越来越多。他的故事由村长讲述，村长自己的办公室也被文件淹没："现在文件堆满了半个屋子。'通过我这儿办了多少事啊，'村长点着头说，'但这还只不过是一小部分。我已经把最重要的一部分放到库房里去了，可大部分都已经散失了。谁能把这些文件都保存起来？可是库房里还放着成堆的文件。'"（p.78）虽然村长不是城堡官僚机构中的一员，但他显然处于城堡和村子的中间位置。学校教师也一样，他处理了很多需要村长完成的书面文件，而他自己的住处也堆满"大堆的文件"（p.91）。在这些及其他情况下，K.看到的官员通常都是通过他们的文件来定义的，代理人是通过阅读和书写文本的代理来定义的。

随着城堡等级秩序的上升，官僚主义权威与文件之间的这种对应关系变得更广泛，其运作也更微妙。注意莫姆斯是如何介绍的：

> 佩比……匆忙地跑来跑去，拿完啤酒，又要去拿笔和墨水，因为官老爷已经在面前展开了文件，正从这张文件到桌子另一头的那张文件对比着上面的日期，准备动笔写了……"土地测量员终于来了。"在K.进来时，那位官老爷说，但他只是抬起头来望了一

眼，然后又埋头去处理他的文件。(pp.140—41)①

莫姆斯演示了众所周知的行政方式，让一个人当着他的面等待一项书写任务的完成，他还体现了一种遍及组织的权力归属的界定方式。K.开始明白了："'这里有大量的文件需要处理。'K.说，并从他站的地方瞥了一眼那些文件。"(p.143)他也注意到，当莫姆斯宣告他是克拉姆的村秘书时，其他人都肃然起敬〔为了强调这一点：莫姆斯"似乎觉得自己说的话超出了应该说的范围，好像决心要逃避他自己的话中的庄严意义所造成的任何后果，从而把头埋在公文堆里开始写了起来，因此，屋子里除了他笔尖的摩擦声，就听不见任何声音"(p.144)〕。然而，K.拒绝会谈，并坚持自己的信念，他应该和克拉姆谈。对他的那些劝诫让情况变得异常清晰：和克拉姆谈是不可能的；组织需要把他的谈话转录为书面文件（"会谈记录"）；这种转录的目的只是完成组织的记录；他在组织中被认识的唯一可能就在于这份文件。莫姆斯的权力是通过他的举止来定义的，这是一种文员的举止，K.和组织的关系是通过书面文件来确保的，否则就根本不可能。

---

① 这一场景也恰好捕捉到城堡和村庄这两种秩序的贯通——每个人都处于等级制的中间位置，这就可能会无限向上延伸到系统，向下延伸到生活世界。莫姆斯被送上啤酒，然后是墨水，这标志着他从一个普通人上升到官员；人由有机生命的需要和日常社交的简单乐趣来定义，官员由组织生活的需要和机构权威的并不简单的乐趣来定义。在这一幕的最后，文件被放下，他拿起食物和酒；从墨水到啤酒的变化是一种下降，是从城堡回到乡村生活。

这种将书面交流等同于组织的联系及控制的做法，在城堡里也一样。那里可以看到，在一条条长长的"办公桌"后面，官员们一字排开，桌子上"有很多敞开的书，一排接着一排，大多数官员站在旁边阅读它们。他们并不总是盯着同一本书，当然也不是换着书读，而是换着地方读"(p.233)。甚至高级官员的活动也是围绕书面文本展开：书本是组织活动的焦点，官方提案的参照物，组织言语的所指。而且，房间设计也突出了书面文本和官员权力的等同：办公桌后面的空间是狭窄的，官员挤在里面，反之，办公桌前面的空间是宽敞的，以备官员行动，这表明他们与文本的距离。将画面补充完整，文员坐在靠近办公桌前面的桌子上，以便随时准备写下官员的备忘录，它将充当组织及其当事人之间的唯一联系。那些等待和观看的人也是如此：

> 尽管如此，巴纳巴斯告诉我，他还是认为他能清楚地看到，即使是那些准许他进入屋子的十分可疑的官员都是大权在握且博学多闻的。他们口授指令时是如此迅速，半闭着眼睛，做着简单的手势，只要竖起一根手指，就能使那些自命不凡的雇员服服帖帖，即使是受到了责骂，他们也都是笑眯眯的；或者这些官员在一本书里发现了一处重要的段落，便会全神贯注地看，这时，其他一些官员也都会聚拢过来挤在狭小

的空间里伸长他们的脖子一起看。(p. 294)

这里的举止全部集中于官员与文件的接近程度以及对文件的使用，权力归属（无论是人物或读者）的根据在于，把文件等同于官僚主义的控制权。甚至伟大的克拉姆也是这样被定义的：在城堡里，我们看见他正在一本书中查找些什么，或坐下来阅读，或擦他的眼镜。

这些举止表明了官僚主义权威的本质和基调：组织由书写文化构成，权力不是通过口头命令，而是通过书写和阅读贯通整个文化。书面文本的优先性，在与官僚主义组织的其他原则的密切关系中进一步凸显。通过强调官员固执于他们的文件，卡夫卡不仅表明文件如何因刻上非人格和等级制等官僚主义原则而受到重视，还表明官僚主义政治的这些基本原则何以是书写实践的结果。

尽管 K. 想和克拉姆面对面地谈，但他又不能从克拉姆给他的信中获得太多东西。他甚至还把信钉在他屋子里的墙上（p. 33）。这封信本身就是官僚主义常规的一个纲要。

> 亲爱的先生，如您所知，您已受聘为伯爵大人效劳。您的直属上司是本村的村长，有关您的工作和雇用条款等一切事项，将由他安排，您应对他负责。而我本人也将尽可能予以关注。本函递送人巴纳巴斯，将不时前往您处了解您有何需求，以便向我转达。您

将发现，只要是我可能办到的，我无不乐于效劳。我
一向愿意使我的工作人员都感到满意。（p.30）

如 K. 所知，这封信呈现出一种政治关系的结构。他从一
个人变成一个由等级制定义的某人，这种等级制，而非信
的作者，成了信中的支配性权力。而且，这种等级制还在
积极地与 K. 作对：它扩大了他和克拉姆之间的距离，先
是村长，然后是信使，同时暗含许多其他中间人和障碍
（他们可能会导致克拉姆看不见他）。当信把 K. 置于一种
等级秩序中时，也就改变了他的身份：从信的开场"亲爱
的先生"到他成了克拉姆的一个工作人员，这之间存在很
大的落差。信把他从值得克拉姆亲自写信给他的一个人变
为一个低级官员。这种从人到官员，从独立自主到等级的
转变，在克拉姆自己的签名上也是明显的："下面的签名
无法辨认，但是在签名旁边盖了一个图章：'X 部部长'。"
（p.30）此外，当这些官僚主义权威的要素被视为责任的
要素时，它们会变得更有力量、更令人不安。这种结构是
一种监管的结构，是在评估生产率时匹配权力和责任的一
种手段；同时它是一种焦虑的结构，因为意义最不明确的
陈述恰好就是对责任的界定。克拉姆允许做得好却可能不
被注意，以及 K. 可能会被赋予责任，而不被赋予完成它
们的手段。最后，克拉姆简单的一句"不时"是不祥预兆，
预示着 K. 将开始故事中的经历。在这封短信的最后，官

僚主义运作的普遍问题成了 K. 的探索的主导语境。

信函并不了解 K. 的境况的任何细节，只是指明了组织的结构，没有说明任何实质性的工作。它具有社会的形式，而没有形式之中的内容，它的特征包括书写本身的非人格、抽象和时间开放。简言之，它揭示了官僚主义的秩序与印刷文字的常规的等值。同样，在卡夫卡的故事中，所有的书面文件都表明，书写在组织政治中扮演着重要角色。在村子里，使生活合理化的其他信件、会谈记录、文件和书籍，都是人们非常感兴趣和尊崇的对象，是权力的标志和规制社会生活的手段，它们是官僚主义政体自身的生产原则的典型形式。完全控制文本是组织政治的支点，文本的设计则提供了组织行为的可理解性。

官僚主义权威依赖书写实践，所以官僚主义控制的当务之急就是，在其控制领域内把书写当作交流的主导模式。因此，官僚主义风格包含另一种等级制：交流模式的等级制，即言语从属于书写，举止语言处于中间位置。两种主要模式（言语和书写）之间的基本对立通过 K. 和克拉姆之间的关系得以表达。K. 从不书写，他寻求的聚焦点是能谒见克拉姆，从而可以相互对话。克拉姆则像是阅读和书写的工艺品，他通过信函回应 K.，强调 K. 的从属地位。虽然克拉姆首先是被听到，他的权力通过一种"深沉的、命令式的声音"体现出来，这种声音同样是"非人格的"。言语仍然是权力的一个代理，但它也早已刻有书写的特征。最终，克拉姆取得书写本身的特征：他越来越远离并超越组织，不再有具体的时间和地点，他成了权力本身的一个文本或原则，而不是受制于权力。

甚至，言语对书写的从属远远超出它们本身的关系。村长把电话比作一个音乐盒，并告诉 K.，他高估了他和城堡在电话中的谈话。事实上，不管在哪儿，电话系统和城堡之间都没有一种固定的关系，成千上万的电话不停地嗡嗡作响，然而大多数都被办事员果断地挂掉（pp. 93—94）。城堡中的实际工作就是处理文件，那时工作被描述为在一个充满低语和沉默的环境下，大量的书面文本被生产出来。巴纳巴斯承认他不敢在那里说话（p. 292），同时报告了官员们的口传命令通常以某种特定方式完成：

> 官员们从不明确地发布命令，也不大声地口传命令，你很难知道这位官员在说些什么，因为他似乎就像原先那样继续看着文件，只不过就他所看的东西低声说着什么，但办事员却听得清这种悄声低语。有时声音实在太低，办事员坐在自己的座位上怎样也听不清，那时他就得跳起来，听清了口授的内容以后，又马上坐下去写下来，然后又跳起来听，再坐下去写，就这样跳起来坐下忙个不停。这是多么奇怪的工作！几乎无法理解。（p. 233）

文本的书写与之前文本的阅读紧密联系，言语只是从一个文件到另一个文件的临时传输手段。这种言语几乎是听不见的，完全是转瞬即逝的，纯粹是一种传输过程。意义依赖印刷文字，言语只是作为媒介而暂时充当意义的承担者。言语是受限制的，是被压抑的，处于阅读和书写的严密控制之下，或许，因为它有能力把文字传播给那些在它们前面等待着的当事人，从而缓和了官僚主义对文本及其解释的控制。

办事员在口传命令的强制下反复地跳起坐下，这种举止表现了铭刻在官僚主义实践中的政治关系。组织规则不是某种独裁，而是由口传命令控制，同时，组织的工作人员被这样一种创作过程支配，即以打印文件开始又以打印文件结束，只是附带地与那些等在外面的人产生联系。办事员的举止还激活了这种权威模式，正如言语附属于书写，官僚主义政体还把举止提升为组织中的一种特殊的交流形式。巴纳巴斯了然于胸，他总是试图厘清城堡官员的举止特点——"例如，一种特殊的点头方式，甚或一件没有扣上的背心"（p. 232）。关于在办公桌上工作的官员们的每一个记述，都是按照这套描述公式来展现的，把他们等同于阅读和书写，减少任何形式的口头语言，并强调他们首选的做法是举止表现："他们口授指令时是如此迅速，半闭着眼睛，做着简单的手势，只要竖起一根手指，就能使那些自命不凡的雇员服服帖帖，即使是受到了责骂，他们也都是笑眯眯的。"这些举止的重要意义，K. 在旅馆的院子里遇到一个官员时的记述如此总结："'跟我来。'那位官老爷说，这不是一种命令，因为命令不会用语词说出来，而是一种伴随着他们的、轻微的、刻意冷淡的手势。"（p.137）言语缺乏下命令的权力，举止姿势成了权力的标志。官员对自己身体的控制体现了他从个人变为官员，当文件不可达时，他们就通过对举止的运用以保持言语的从属地位，赋予这种即时表演上位关系，但这种上位关系只有当一个人在实际阅读文件时，才能完全展现出来。因此，那些有意进入城堡的人锤炼自己掌握这种姿势语言，这是理解官员意向的媒介。由于在实际的创作过程中——即决策过程中——举止最为显著，它们就提供了进入组织权力的临时孔隙，不管多么狭小，也可能是我们用以提出建议的一个关节，这样，就有可能改变机构权威的动向而占得优势。

对局外人来说，可能会是这样。但在组织内部，不同交流模式之间的这种协调还有另一面向。这种情况下，争取控制文件是关键，在持续争抢战胜对手的过程中，言语行为或举止行为都不过是临时的手段和粗鲁的标记。卡夫卡用令人捧腹的文件分配滑稽剧捕捉到了这种内部竞争。工作日的一天刚刚开始，K.在旅馆徘徊，并在布满房门的走廊上看到"一个侍从推着辆装满文件的小车，另一个侍从走在小车旁边，手里拿着一份名单，显然是在对照文件上注明的房间号码。小车在大多数房门口停下来，这时，房门通常也会打开，对应的文件马上被递了进去，可是，有时只是一张小纸片"（p. 356）。有时房间里的官员没有回应，文件就被堆放在他们门口；有时官员会抱怨送错了文件，而有些已经被分发给了其他官员。"越到最后，分发文件也就越不顺，要么是名单不正确，要么是侍从没能把文件清楚地区分开来，要么就是官老爷因其他原因提出抗议；不管怎样，有些送出的文件不得不收回来。"（pp. 357—58）但是官员们不会轻易放弃他们的文件，所以侍从们不得不来回地跑动，恳求这边安慰那边，甚至用其他文件来欺骗他们的上级，很快文件被扔得到处都是，盖满整个走廊，被小车来回碾压。官员们自己也平静不下来了，都去争夺文件，这时所有伪饰的官员礼节都消失不见了：

> 那位不耐烦的官员往往越试图安抚他，他就越不耐烦，再也不能忍受侍从的空话，他想要的不是安慰，而是文件；曾经有这样一位官老爷在高处的空隙，把一脸盆水泼到侍从的身上。（p. 358）

官僚主义活动的缩影——书面文件的合理有序分配——被表现为一场混乱的吵闹，客观冷静的官员人格被展示为对政治征服这种原始动机的掩饰。对组织内部运作的这种戏仿之所以有效，是因为我们假定有条理地、安静地分配文件是运转良好的组织的标志。

对文件的这种竞争进一步突出了组织中言语和书写之间的关系。虽然组织生活充满口头协商，但协商的进行总是遵从于文件活动。书面文本是缺席的指称物，它主导所有的谈话，言语的盛衰与书写的出现与否相一致。当官员们醒来的时候，走廊上充满吵闹声，像孩子们野餐时一样，或者像黎明时的鸡棚，这些都是生活世界的标志。当文件出现的时候，官员们变得安静。最开始与侍从们的协商是悄声低语的，伴随着某些举止，这清楚地表明书写的优先性：

> 如果官老爷肯屈尊来进行交涉，就会有一番实事求是的讨论，在侍从查看他的名单时，那位官老爷就查看他的笔记，再仔细查看那些要他退回的文件，但是，暂时他还会把文件紧紧地捏在手里，弄得侍从连文件的一个边角都看不到。(p. 358)

当这种程序遭到破坏时，它就变成刺耳的声音：官员们砰地关上门，愤怒地吼叫，大声叫嚷着文件编号，哇哇哭个不停，最后有个官员不断地按着电子铃。官僚主义秩序的崩溃遵循从安静地查看名单，到乱哄哄的言语，再到持续的噪音的衰变。这一场景显露出处于危险中的秩序原则：正如言语衔接并取代声音来组织共同体的生活，书写衔接并替换言语而以官僚主义的形式来组织它。但是，书面文本不能为自己说话，所以官僚主义的协商包含一种不可避免的无序。

即使书写被确立为交流的主导模式，但官员并非自动就成了书写大师。虽然官员懂得用书面文本的符号来标示他或她的陈述以控制决策，但书写本身仍包含各种协商，如哪种书写是权威的，以及谁是书面文本的权威解释者等。这本身是一个巧妙平衡的问题：如果每个人都以同等的权威去写、去读，组织会丧失它的优势；如果没人去写、去读，就限制了它的范围。组织要成功渗入其他所有社会关系，就需要一个普遍的读写领域，而官员通过精通标准的解释策略，以控制他人，并相互竞争。所以，每一种官僚主义文化统合着文本解释的多个主题（topoi）。制定解读的常规是为了进行充分的控制，改编书面材料是为了在相当长一段时间内或在变化的环境中用以控制他人。虽然这些常规通常是针对组织的运作及其历史而制定的，但它们也作为标准的模型，处理着任一主题用语。

书写文化的一些常规早已非常明显：莫姆斯的言语从属于书写，也同样坚持遵从正确（书写）形式。官僚主义阅读的全部含义和本质特性，可以通过克拉姆给 K. 的第一封信的几种解释得以简要总结。那封信被给予三种解读，在文本中它是最重要的解释对象。第一种解读是 K. 自己的。他强调这封信把他置于一种从属结构之中，并认为从写信者的暗示来看，信中的"矛盾"一定出于作者的理性选择，而非出于作者的犹豫不决（p.31）。此外，他还比照信中的微妙之处和自己处境的微妙之处，认为那些提供给他的选择反映了他对自己意图的密切关注。K.把信视为那种直接的交流，就像发生在面对面的相遇中，他还假定信的内容与印刷文字本身一样固定在文本中，代表作者意图的稳定性。然而，他不是一个熟练的官员。

第二种解读是村长给出的。村长首先通过区分官方的和私人的这两种信件类型来鉴别这封信。信是私人的，但也"全是关于公务的一般差事"，并且"官方明确"让K.当村长的一个下属。因此，它既是官方的又不是官方的来信；"凡是懂得怎样阅读公函，进而更懂得怎样阅读非官方的私人信件的人，这是再清楚不过的事情"（p.92）。村长指出这种不同性质间的矛盾：他建议如何从字里行间进行阅读。官僚主义的阅读依赖对文件的官方决意程度的辨析，也依赖书面文本的固定意义和对它的解释的可协商意义的协调。后来的所有解释（除K.以外）都包含这些交织的主题，即在官方的和非官方的、字面意义和解释意义之间进行辨析。（想想这些主题如何轻易地就被我们的日常短语"不作记录地"激活。）K.有点气恼地说道："你解释得好极了，现在这封信就成了一张签上名字的白纸了。"（p.92）村长对此表示反对：他的解读尊重信的原意，并重申认清这是一封什么样的信的重要性。

这些解释的特性在奥尔加的第三种解读中被放大和增

强（在如今的学术领域她肯定能做得很好）。就像村长一样，奥尔加强调这封信到底是官方文件还是私人信件的模糊性，同时她进一步贬低对 K. 的情况的任何考虑。信函仅有的真正意义，首先在于它是来自城堡的一封信，其次在于将 K. 介绍给村长。除此之外，她还注意到信的意义是有语境的。这封信对巴纳巴斯来说意味着某事，对奥尔加则意味着另一件事，对写信人和收信人也有着不同含义。K. 最初单独去阅读那封信，认为自己弄懂了信的含义，奥尔加则认为它的含义不断取决于读者间根据上下文的协商。信函没有说明一系列的情况——K. 在村里的身份——或传达某种意图——任命 K. 为土地测量员——尽管它构建了一套协商这些问题的常规。换句话说，这封信函是关于它自身的：它传达了它的解释技巧。这些解释的手段包括区分正确的和不正确的书写形式、官方的和非官方的根据、字面的和解释的意义、文本和语境。在任何特定时刻，这些常规的成功应用可以在解释上控制文件，但除此之外皆无保证。"那么，采取折中的态度，而不夸大任何一面——就是说，正确地估计那些信件的价值——然而这也是不可能的，因为它们自身的价值是不断变化的，它们引起的反应，也是无穷无尽的，而偶然的机遇又往往决定一个人的反应，所以连我们对这些信件的估价也只是一种偶然的东西。"（p. 297）

奥尔加认为书面文本的解释很大程度上是开放的，但仍然是可敬的，同时，她把城堡看作一个不断重新解释自己文件的地方。书写实践创造了解释的必要性，以及解释活动从交流文本中独立出来的自主性。[①] 因此，官僚主义文化成了一种解释的空间，还是非常特殊的一种。因为它是书写实践的实例化，以满足日常生活中持续要求为导向[②]，官僚主义就存在于书面文本的固定性与对其解读的多样性之间的持续张力中，二者不断被重申。对文件的解释是官僚主义生活的必需品，也是其控制的核心，无疑，它还是诸多持续性焦虑的源头。组织在持续的解构中运转，同时宣称其规则的固定性及其解释的合法性、文件的首要性及其字面意义的有限价值、其形式结构的无所不在以及把它建构成一系列无尽的替补，总是许诺并延宕原初意义、直接意图和清晰指令。

也许这就是为什么批评家们会激烈地争论卡夫卡究竟主要是一个现代政治境况的评论家，还是一个彻底的创造

---

① 正如杰克·古迪指出："通过创造一种'外在的'文本……书面语词可成为一种新的批判主题。这不仅因为它是'外在的'，还因为就像柏拉图注意到的，我们不能提出文本自身就可以回答的问题，它和可与之谈话的人是不一样的。而且，当文本缺乏言语语境时，通常就很难被理解，可能会被简略化、神秘化及概括化，可能完全不是首先关系到现在，……在这些情况下，文本就需要被说明、解释，甚至翻译。再者，法律文本的创造包含一种形式化（例如法律条文的编码）、一种普适化（例如通过排除特殊性而扩展它们的适用范围）和持续进行的合理化。后者不能被理解为一种反对口语共同体的思维模式的过程，而是要重新排定和重新归类（有时是以并无必要澄清的方式）文本所涉及的单词、词组、句子、事项以及文本所导致的进一步评论，这要么是最初就写下来的，要么是对学者们关于原作的口头阐述的概括。"（*The Logic of Writing*，p. 129）

② Weber, *Economy and Society*, vol. 3, p. 1111.

自反性（self-reflexive）文学文本的现代主义艺术家。① 实际上，卡夫卡是一个写作关于书写的作家和一个具有政治感的作家，这种感觉包括他对书写如何构建政体的艺术性描述。城堡与村子之间的关系取决于这一点：一个人们一起说话的有机共同体如何通过融入书写文化而被改变和控制。当卡夫卡把官僚主义统治归结为书写和整理文件的姿态时，他揭示了这一问题：在一种理性结构中，意义如何被创造和控制。这一问题相应地引发另一问题：官僚主义风格如何作为一种同化过程起作用。

任何风格都可通过几个层面的分析来理解。它包含在特定环境中的创作技巧和规则的一套纲要，同时承载着那套技艺的历史及对其完美实现的构想，并激活一部关于人类奋斗的戏剧。例如，现代主义的建筑风格排斥对其他风格的模仿，强调形式与功能的渐进式综合，并象征现代工业社会的优势。后现代主义的建筑风格包含对其他风格的

① 罗伯逊（Robertson）的 *Kafka* 和科尔布的（Koelb）*Kafka's Rhetoric* 例示了这种僵局。虽然科尔布对卡夫卡"修辞性"的分析与我对《城堡》如何映照着（mirror）其他话语的理解，在某些点上是一致的，但一般而言，我认为他的研究，就像现代晚期的批判方案一样，顺应了罗伯逊的这种批判，即那些满足于认为卡夫卡的作品"不管多么的间接，其整个世界都毫无真实性可言，而是设计出以挫伤读者对意义的渴望，迫使他们反思自己思维活动的不可靠"——罗伯逊总结道，这一观点"与把卡夫卡誉为一个伟大的作家是不相容的"（p. ix）。同样，虽然卡夫卡擅长阐释是众所周知的，但批评者们却忽略了它在组织生活中的重要意义。对卡夫卡作品的另一种（非常深奥的）说明，我认为与我的主张有些类似，参见 Gilles Deleuze and Felix Guattari，*Kafka：Toward a Minor Literature*，translated by Dana Polan（Minneapolis：University of Minnesota Press，1986）。

反讽性挪用，强调建筑及其环境的折中性综合，象征社会同时发生进步与退步。政治风格赋予自身以类似的复杂延伸。它们为有效地参与到某种特定的政治场所中提供"诀窍知识"，为它们特有的政制理想的优越性提供论据，也为人类境况提供了戏剧性。例如，官僚主义风格刻画官员的人格、理性（而非任性）治理的逐步实现以及在程序理性的文化中把个人身份的观念刻画为一部同化剧。

这也是 K. 的一个困境，他持有城堡所授予的暂时合法身份而生活在村民中间，承受着一种痛苦的异化感以及对这种感觉持续存在的焦虑。[①] K. 希望自己能够融入村民，他们"就会开始和他说话，一旦他成了他们村子里的一员，即使还算不上是他们的朋友"，但他又担心"尽管当局是那么和蔼可亲，他又是多么谨慎小心地完成那一切给人说得那么轻松平常的任务，但是迟早他可能——被他

[①] 感谢罗伯逊关于犹太人同化问题对卡夫卡的重要性的讨论。就像 20 世纪早期的许多犹太知识分子一样，卡夫卡面临着在矛盾的世界之间的选择。一方面，他生活在基督教化了的和具有自我意识的现代、自由的欧洲文化中。这种选择提供了很多：国家保护免受迫害并进入中产阶级的权力阶层。卡夫卡的堂兄布鲁诺·亚历山大·卡夫卡（Bruno Alexander Kafka）体现了这样一个人可以走多远。他是布拉格德国大学的法学教授和校长，还是捷克斯洛伐克最早的德语报纸的编辑，德国自由民主党的建立者和捷克议会的议员——以及天主教的皈依者（q. v., *Encyclopedia Judaica*）。然而，这时忠于自由主义"注定失败"（Robertson, *Kafka*, p. 4），已经变得很清楚，并且不管怎样，同化最终需要为一小部分的好处而付出全价。另一方面，许多有机的、正统的东欧犹太团体面对犹太人的现代化时都有所损失。起初，选择犹太人身份似乎更可取：它承诺了接受、支持、历史的连续性、政体。但它对东方来说太过遥远，并附带着前现代村庄文化的所有限制，极易招致周期性的迫害。对于像卡夫卡这样的人来说，身份的清晰确定显得像是在两种羞愧形式之间做出选择。结果则是别的东西：一个人是自家的寄宿者的感觉。

们向他表示的表面好感所迷惑——做出不明智的行为以致栽了大跟头"（p.75）。实际上，他已经被灌输了太多组织的雄心和合理性，而不想成为一个村民，但他在组织中的角色又几乎得不到任何回报和安全感。他的身份不是由这种或那种文化定义的，而是处于它们之间数以千计的、每日的协商中——选择通常是无意识的，也总是间接的。

一旦开始，这种同化剧就构成了日常生活的意识。一个人的身份成了混合的，即由两种似乎不相容的文化构成的一种不断变换的混合物。一般说来，这种过程不仅影响着个体，还影响着社会。当现代官僚主义需要并奖励个体同化于它的非人格、理性化的工作文化中时，是在促进人们纳入更广阔的现代性文化中。官僚主义的正常运转（首要准则），使一切相关人员习惯于这样的转化，把过去有历史的、适应某种文化的、有限范围的习俗生活转化为当下非人格的、理性的程序常规。由于这种身份构成机制像例行程序一样无所不在地运转，它为那些想要压制他们"原初"关系的人提供了有效的替代物，也为那些希望在主导文化中工作并获益的同时，还要保留私人生活而不受公共监督的人提供了充分保障。普通的办公室职员是这种混合人格的模型，他同时是一个人和一种角色：一个文员坐在灰色的金属办公桌前，桌子上面贴着一张彩色的全家福。官僚主义是同化进入现代性的媒介，也是它变得可能、可取和不可避免的一个原因。

这也是官僚主义政治不只是办公室糟糕的一天的原因之一。官僚主义系统扩展到现代生活的各个方面，把每个人纳入它的同化剧中。每个人都变成一种混合的人格，由这些因素构成：来自生活世界的遗产——可能包括从对地掷球的热爱到虐待儿童的经历等一切事物——和组织化的身份——可能会授予从丰厚奖励的工作到腕管综合征等一切事物。日常生活成了家庭、邻里、教会或社区的习俗与办公室、组织或政府的程序之间的协商。官僚主义生活的常规建构这些协商，然后激活此类活动，比如在言语和书写之间选择，要么就专业知识、纪律、贡献来定位自己，要么就其他人格形式来定位自己，崇敬或无视组织的等级制，要么承认管辖权及其规则，要么承认人及其关系。

官僚主义的这些诱导性的和操控性的同化模式从来都是未完成的、未结束的，也几乎不可能在两种条件完全分开的情况下进行选择。组织角色与个体人格一体化的发生虽然非常流畅，但也是暂时的。我们的行动更多是出于官僚主义的律令，还是日常生活物质需求的激发，通常是不清楚的，也是不重要的，二者早已巧妙地交织在一起。组织文化与其所吸收的文化之间的关系深度通过这样的事实表明：《审判》和《城堡》中的 K. 永远不会找到一个世界的终点和另一个世界的起点。当他越深入贫民区的法庭前厅，或旅馆内的组织的走廊，他只会越发现两种文化之间是如此密切。"K. 还从来没有看到过职业和生活像此处一样交织在一起，以致有时候让人觉得它们已经调换了位置。"(p. 75)① 最终，不得不得出这样的结论：这里没有"真正的"结合点，也没有单纯的内部和外部，只有人类在两面之间不断转换的复杂过程。人的与非人的、物质的与形式的、自然的与人为的、言语的与书面文字的，都是同一状况下的象征行为的要素。

这种状况成了现代生活的特色。现代意识是自知的、理性的和普遍化的，但没有任何生活经验可以只由这些特性构成。结果，现代人常常会过一种移除了他或她的有机共同体的生活。不是说他们希望如此，人们通常会存在一种要与前现代的状况再次结合的深层渴望，或是在个人幻想中或是在集体理想中表达出来。但问题在于，我们不能返回。现代意识的结果可以改善，但不能丢弃（这就是为

---

① 两种秩序间的相互贯通一开始就很明显：K. 进入村子以求接近城堡；他马上变得痴迷于会见对村子来说最高的官员克拉姆；为了能见到克拉姆，他向克拉姆的情妇弗丽达求爱，最后在克拉姆门外的酒吧间洒满啤酒的地板上，和弗丽达发生关系长达三小时。当他正要完全屈服于这种充满喜悦的亲密关系时，却被打断。"从克拉姆的房间传来了，叫唤弗丽达的深沉的、有权势的、非人格的声音。'弗丽达。'K. 在弗丽达的耳边小声说道，传达这种召唤。弗丽达随着机械般的顺从本能，似乎要跳起来了。"(p. 54)这一情景完美地捕捉到了现代组织充满一种关于权力的戏剧。一个不能被看见、非人格的官员发布了一条命令，一种不可见却很强势的系统打断了生活世界，这时我们必须在两种存在秩序间做出选择。对选择的反应揭示出系统早已在其中运作。弗丽达开始的举止表明她倾向机械地反应，尽管她仍有能力做出与命令相反的行动。K. 的反应也一样，虽然有能力做出选择，却倾向服从，不过他是出于其他考量。这种声音让他感到的与其说是震惊，不如说是舒适，而且他匆忙帮弗丽达重新固定好"失序"的罩衫，把她送到她的主人那里。他的反应表明他想完全与官僚主义秩序一致的野心，也预示着他对弗丽达及其代表的生活世界的抛弃。

什么有时把官僚主义定义为完全的恶是无效的）。因此，现代身份需要一种双重视角：我们既生活在一个私密的、个人的、亲密的、有机的空间，又生活在一个公共的、非人格的、功能性的、制度化的空间，二者各有利弊，但没有一个可以定义我们是谁。我们活得既像村子里的城堡官僚，又像城堡里的村民。大量技术的和商业的事业有助于减轻这两种生存方式的摩擦，但这种事业本身也因这种分界才是可能的。不管我们在哪里，不管有多么舒适，我们都活得像自家的寄宿者。

这种戏剧的深层结构可以通过一种语法得到清晰表达，该语法以两种方式运作：第一，它提供一套调换社会实践的等式；第二，它使那些调换成为一系列的替补。等式源于官僚主义组织的基本公理：职务＝程序＝规则＝专业知识＝文件……多数情况下，它们之间的关系是可调换的。同化可以从等式中的任何一点开始，然后沿着它的轴线移动：求职人员通过入职考试（程序的正确使用），然后导向培训计划（学习规则），最终获得一个职位（在某个办公室）等。或一个市民去政府部门拿到一张表格，按照规则填写，并受到服务等。根据这些等式，我们的经验就通过官僚主义的范畴建构起来，并假定这种混合身份是现代生活的典型。

这些等式还有其他意义，它们通过被置于其他术语之上而获得。正如佩雷尔曼（Chaim Perelman）指出，某种程度上来说，通过构建术语的"哲学对子"，话语就能论辩式地运作，这些术语（辩证地）定义了作为话语主题的现实结构。[①] 所以，我们可能会把"文化"置于"自然"之上，或把"人类"置于"动物"之上，或把"理性"置于"想象"之上，等等。在官僚主义文化持续上演的同化剧中，这种运算产生成对的等式，相应地确立了一种秩序比另一种秩序更真实、更持久：例如，等式"组织＝规则＝书写……"被置于"个体＝欲望＝言语……"之上。毫不奇怪，其中一些配对直接通向现代性的建构，也构造了关于现代组织的研究：例如，韦伯的工作明显是基于"官僚主义＝现代＝书写＝有效率"优先于"传统＝前现代＝言语＝无效率"。同样，我们习惯把"官僚主义＝理性＝国家＝法律规章"置于"政治＝情感＝伦理共同体＝习俗规范"之上，因此使官僚主义文化排除出政治评论中，或假定制度主义政治是理性程序的暂时恶化。

这些等式还通过另一种机制运作。官僚主义秩序根据语法上的替补性操作得以表达。这里我利用了德里达（Jacques Derrida）对卢梭（Jean-Jacques Rousseau）关于书写的作品的考察。德里达批评这种观点：书面文本传达原初言语活动的在场。相反，他认为意义寓于替补：言语的

---

① Chaim Perelman and L. Olbrechts-Tyteca, *The New Rhetoric: A Treatise on Argumentation*, translated by John Wilkinson and Purcell Weaver (Notre Dame: University of Notre Dame Press, 1969), pp. 411—59.

在场不是先在的，而是暗含在延缓它的书写活动中。这种状况是无法逃避的：如果以言语出场，它就成为思想的替补，成为关于世界的直接、无中介知识的替补等。简言之，"直接性是衍生的"[①]。

德里达还在卢梭那里发现了书写与爱欲生活之间的联系。这种对爱欲的考察似乎与《城堡》具有一种清晰的关系，因为 K. 和女人之间的关系是一种互补的行为。他使弗丽达成为他的爱人，因为她是克拉姆的情人；他和奥尔加同住，因为她的弟弟是委派的信使。他和弗丽达的关系尤为深刻，因为它显示出 K. 寻求与城堡联系的无果和代价。[②]弗丽达展现并延宕了城堡的本质，因为弗丽达替补了克拉姆，克拉姆替补了更高权威，这种权威替补了等级制本身，等级制替补了"宇宙法则"……这时，很容易看出为什么《城堡》常常被解读为神学性的：替补的链条直接导向上帝。但神学性解读是一种"在场的形而上学"，上帝也是通过递延出场，留给我们的只是替补的链条和官僚主义生活的痕迹。[③]

---

① Jacques Derrida, *Of Grammatology*, translated by Gayatri Chakravorty Spivak (Baltimore: John Hopkins University Press, 1976), p. 157.

② 这还表明甚至连弗丽达对 K. 的爱，也是因为他和外在于城堡封闭系统的另一可能世界的替补性关系。请注意，她渴求逃到法国过一种无须依附高官（pp. 180, 328），也没有德国意义上的城堡的充满爱的生活。当然，K. 拒绝了。

③ 其他解读也不能免于清除这一链条的诱惑：民族方法学也导致同样的结果，这意味着我们确实可以描述社会意识的现实时刻和社会结构的直接在场。本雅明修正了这一方法，他认识到卡夫卡的举止姿态只会导致无休止的解释。这种修正有可能导向对解释学本质的揭示，但本雅明很明智地没有这样做。

任何官僚主义都显得像德里达所区分的两种意义的替补：它提升、扩展、增加了世界上在场事物的丰富性；它也妨碍、干预、阻挡、延宕它许诺的完满性。[①] 官僚权威的合法性和对官僚权威的批判依赖这种关系的两面。当官僚主义被视为提升先前形成的共同体并满足物质需求时，则被辩护；当它被视为推迟了重要的社会资源时，则被指责。甚至系统和生活世界的辩证法也是一种替补形式：生活世界代表被延缓的直接性，有机的、真实的共同体的存在一定会被官僚组织取代。在一种局部环境中，官僚主义运转的成败可能取决于对其所提供的这种替补关系的接受程度。例如，K. 成功地被偶然收到的克拉姆的信引入歧途：每一封都激活了它所延宕的在场，并使 K. 不断朝向几乎对他漠不关心的组织。

不应该低估这些常规的力量。一旦找到立足点，这种官僚主义风格就能吸收其他所有事物。[②] 它可以把其他形式的政体转化——（再）书写——成自己的形式。这种帝

---

① Derrida, *Grammatology*, pp. 144—45.

② 思考一下，广泛的学术实践如何按照官僚主义风格的常规构成：学术工作在一种由学科的管辖权自主和特定机构的组织等级制所支配的有关认证和文件的政治中进行。教授职位由他们的专业人格授权和控制，学术政治往往激活了对文本解释的修辞的熟练运用。学术研究本身从属于它的规则、研究协议和专业语言的不断具体化，这成了不断推迟他们的研究目的的话语。托勒丹·丹勃伦（Thorstein Veblen）蔑视这种智性文化长期以来被一种自然主义态度所替换的转变，因为这种态度忽视伴随着生产力和机构权威的巨大发展所付出的任何代价。参见 Thorstein Veblen, *The Higher Learning in America: A Memorandum on the Conduct of Universities by Business Men* (New York: Hill and Wang, 1967)。

国主义的倾向产生这样的问题：如何生活在一种官僚主义秩序中（本章不讨论最优化的管理科学的标准能产生什么，例如效率①）。我认为好的官僚主义政体的关键在于四种东西。第一，正如其他政治系统一样，好的政府需要反思性地掌握其修辞常规，我对官僚主义风格的说明意在达到这种目的。第二，好的官僚主义政体能激活对替补的两面的理解。提升集体生活的尝试同样会推迟它的某些益处，对推迟的现实的再现又会成为维持推迟系统的一种手段。但是，官僚主义活动的这种矛盾状况包含它自身的伦理：一种游戏伦理（ethic of play）。通过玩弄组织所定义的术语，行动者为修改系统创造了狭小的机会，以满足真实的需要并承认差异，这对维护身份和尊严很重要。官僚们自己早已明了：注意办公室是如何被一些关于组织生活的讽刺点缀——尽管总是以张贴的书面形式——例如，两个人物笑得前仰后合，当标语上说："你说你什么时候要?!"这类笑话不只是对官僚主义统治特有的严肃性的解药，而且突出和解释了替补的特有问题。

第三，如果官僚主义政体能融入一种民主气质，情况会更好。别的不说，这将平衡官僚主义风格在构建身份时

---

① 我也不希望这意味着在系统管理和更具反思性或批判性的解释之间没有中间立场。参见，例如 Donald A. Schon, *The Reflective Practitioner*: *How Professionals Think in Action* (New York: Basic Books, 1983)。关于管理理论的知识史，参见 Stephen P. Waring, *Taylorism Transformed*: *Scientific Management Theory since 1945* (Chapel Hill: University of North Carolina Press, 1991)。

不涉及公共领域的倾向。一旦被官僚主义文化同化，人们如果善于在私人生活和职务工作间转换，就会体验到一种相对令人满意的身份意识。在我们既不是由自己决定，也不是根据专业知识和机构权威被认可的地方，几乎没有空间或并不需要参与到公共领域当中。[①] 虽然官僚主义和民主主义都不会允许对方获得一种纯粹的形式，但这样也许更好，每一方都可受益于和另一方的结合。韦伯深有体会：

> 就正直、教育、责任心和智力而言，德国继续维持着一种优于世界上其他国家的军事和民政官僚主义……缺少的是政治家对国家的引导——而非几个世纪才指望出现一个的政治天才，甚至不是一个伟大的政治人才，而仅仅是政治家。[②]

韦伯的论述摆脱了超凡魅力型领导及其常规化的辩证法，从而吸收了具有民主特征的政府实践。他的"政治家"有能力做出判断，而不屈从等级制，会更多地倾向于重视集

---

① 其他理论家早已看到公共意义在官僚主义秩序中的萎缩。汉娜·阿伦特把官僚主义描述为"社会"精神的缩影，这与她关于真正的政治组织的（古典的、近乎共和主义的）模型相对，参见 *The Human Condition* (Chicago: University of Chicago Press, 1958)。虽然无法忽略查尔斯·泰勒（Charles Taylor）对工具主义在现代身份中的作用所怀有的一种矛盾心理，但他同样意识到官僚主义的秩序及对它的批判——不管是理性主义的（特别是哈贝马斯，"某程度上受韦伯启迪"），还是浪漫主义的——都"在一种古典意义上的可公然评估的现实中"替换了"那种'客观的'秩序"［Charles Taylor, *Sources of the Self: The Making of Modern Identity* (Cambridge: Harvard University Press, 1989), p. 510］。

② Weber, *Economy and Society*, vol. 3, pp. 1404—5.

体经验，而不是把事实等同于文件，敢于公开冒险，并能通过诉诸广泛的基本需要和愿望以激励公众，还能在不同利益间进行协商以达成共识。[1] 当然，他对普通例子所具有的这些品质的强调，并没有使它们不那么理想化，但对于纠正将权力等同专业知识的做法来说，或许是一种必要的理想。

最后，官僚主义权力的无所不在显示了另一问题及其荒谬的解决方式。当系统占据主导，这样一个问题便产生了：在一个完全组织化的世界中行动如何可能。似乎，唯一可理解的行动就是那些使组织文化延续并扩展的行动，而关于利益的所有分配会变得可预测。难道这不会使试图改变系统的个体受阻吗？为了找到卡夫卡对这一问题的回答，必须回到《审判》及其关于命运的语境。接近书的结尾，K. 和神甫进行了一场谈话。[2] 起初，谈话像是一个法庭如何人道地工作的典范。

谈话以神甫找 K. 握手开始——与 K. 之前明显有意握手而最终未遂相反（pp.14—15，20）——随后进行了一场关于守门人的寓言故事的讨论。寓言讲述一个乡下人来到法庭，但守门人告诉他，现在不能让他进去。他不断地

---

[1] 这种描述还对应着我对共和主义风格的说明。与其考虑官僚主义风格和共和主义风格的一致性和互动，也许更应该强调每一种风格都可以为另一种风格提供改善之法。如果是这样，最好的结果通常在于两种风格的要素可以相互交替或相互结合以完成手头的任务。

[2] Kafka，*The Trial*，pp. 213ff.。这一情节还作为寓言"法律门前"单独发表。

尝试说服这位官员，始终没能成功，甚至还求助于他衣领上的跳蚤。最终，他耗到死都没有被准许进入法庭。这是关于法的故事，具有法的本质特征——它是"不可改变的"（p. 217）——但它也是一个具有多种解释且都富含争论性的话题。神甫和 K. 的谈话既是高度理性的话语，又是书中最具人情味的地方。更重要的是，这使 K. 对自己的道德生活积极地甚至辩驳式地探究成为可能——这是他以前拒绝做的事情。所以，这种塔木德式的谈话体现了本雅明的洞见，卡夫卡"由于坚持真理的可传达性而牺牲了真理本身"①，这也是卡夫卡理性言语的模型。不过，我们有诸多理由来进一步思考，哪怕只因为他强调神甫是法庭的所有物，从道德的角度来看，他是不自由的，从政治的角度来看，他是不可靠的。

我认为卡夫卡提供的是另一种理想，它典型地充满荒谬，其未成形的性质通过仅有的一种不成熟的姿态得以表明。卡夫卡暗示，行动需要一种更高形式的无知。K. 承认他对法的无知，他经常面对自己所监督的法庭的无知，但 K. 不是一个榜样。他是他可能会成为的一个次级版本，正如他看到的法庭是试图纠正他的法庭的一个次级版本一样。类似地，修辞艺术的典型特征是演说者和受众的无知，但精巧的劝说往往是基于一种更具选择性的无知，但

---

① Benjamin, "Some Reflections on Kafka," in *Illuminations*, p. 144.

对细节的故意忽视会妨碍走向正确生活的步伐。有时无视知识或规则的决定性行动，可能是鼓起勇气以改变由机构权威构成、由专业知识使之合理化的社会的关键因素。程序理性通常会导致判断的不灵活性和非人格性，这可能是K.和法庭最糟糕的情况，因此政治自由只有通过拒绝受制于自己的知识来达成。如果这种更高的无知带有某种姿态，那它可能就像走路那样简单。对于乡下人而言，他唯一真正的选择是穿过那道门，但这一举止在故事中并没有实现。对于K.而言则很难说，但卡夫卡暗示过几次，他可能会从法庭安然脱身过上另一种生活。那种既会妨碍法庭又会妨碍被告人的能够挑战权威的行动，只可能发生在这种情况下：一个人不知道即将发生什么却仍愿意行动。K.羞愧的一个根源是，他满足于获得一种琐碎的知识，而这种知识通常还不足以打开一扇开着的门。所以，任何对官僚主义生活的说明不应该只限于改善个人职责的正常履行。如果我们打算在官僚主义风格中创作自己，那就应该以朝向一种更美好的生活为目标。

第六章

结　论

　　本着"政治是一门艺术"的常识,我已经介绍了政治实践的四种主要风格。这四种风格寓于四个"镜子文本"——即某种特定类型的托辞——当中。这些文本提供的不是自然之镜,而是更加接近廊中之镜,它反映、定格、创造了一个时刻,可以批判性地评估站在它面前的形象,要在她晚上出门之前审视一下自己。每一文本都很少超出它要阐释的对象,即一种关于创作技巧的连贯体系,这些技巧活跃在许多场所,可应用于许多不同任务,并通过即兴表演而改变。

　　因为我的方法可能过多地使它显得和焦点文本等同,所以最后一章将对我所理解的暗含在修辞研究中的这种社会理论进行一般性的陈述。这种陈述回顾古典修辞,尤其是得体的观念,以表明传统艺术与现代解释性的社会科学之间的几种密切关系。这些迟来的主张也许会让一些读者觉得多余,但它们至少非常精要。这一理论背景借着对其他相关研究课题的评论得以扩展，其中一些研究多多少少已经运用到前面几章，每一个都可以为政治风格分析的展开提供更加宽泛的语境和更加多样的路向。最后，我将回到我所介绍的四个文本，看着它们何以继续激发和引导解释。

这类课题的最高典范是肯尼斯·博克，他建议"不管诗歌可能是什么，批评最好是喜剧性的"[1]。这种阐释态度包含对新奇性——即处于当下审美秩序的观念之外——的宽容，并认识到如果接受人类的可笑之处，就能更好地理解象征行为并避免不幸。[2] 博克的工作为广义上的戏剧主义象征行为理论奠定基础，该理论可用下面的几个原则来概括。[3] 所有行为都是根据戏剧的基本要素构成的。意义

① Kenneth Burke, *Attitudes Toward History*, rev. 2d ed. (Boston: Beacon, 1959), p. 107.

② Ibid., pp. 39—44, 166—75.

③ 博克的主要作品: *A Grammar of Motives* (Berkeley: University of California Press, 1969); *A Rhetoric of Motives* (Berkeley: University of California Press, 1969); *Language as Symbolic Action: Essays On Life, Literature, and Method* (Berkeley: University of California, Press, 1966); *The Rhetoric of Religion: Studies in Logology* (Berkeley: University of California Press, 1970)。先前回应博克作品的优秀文集，参见 William H. Reuckert, ed., *Critical Responses to Kenneth Burke* (Minneapolis: University of Minnesota Press, 1969)。把博克的作品广泛应用于社会理论的包括 Hugh Dalziel Duncan, *Communication and Social Order* (New York: Bedminster Press, 1962), *Symbols in Society* (New York: Oxford University Press, 1968), *Symbols and Social Theory* (New York: Oxford University Press, 1969)。还可参见 James E. Combs and Michael W. Mansfield, *Drama in Life: The Uses of Communication in Society* (New York: Hastings House, 1976); Dennis Brissett and Charles Edgley, eds., *Life as Theater: A Dramaturgical Sourcebook*, 2d ed. (New York: Aldine de Gruyter, 1990)。克利福德·格尔茨既批判又促进了这 （转下页）

通过在观众面前进行冲突及其解决的舞台表演来创造。权力是在变化的环境中，通过对秩序原则的劝说交流形成的。劝说是动机在话语中的策略性运用，以促成合作。话语既建构我们的感知，又在应用自身的情境中被建构。修辞批评试图指明话语如何促进思想和行动，同时聚焦塑造具体文本的设计，以发现可以运行于整个社会的动机形式，通常是在各种各样的媒介、体裁和实践中。因此，在欣赏个体文本的技艺时，批评家还是将目光投向"一般群体的认同，这就把它们的说服力更多地归于日常的重复和与日俱增的迟钝，而非归于独特的修辞技巧"[1]。这一批评任务因这样的事实变得复杂，文本（甚至社会文本）通常是零碎的，它们的重要设计通常是隐性的。[2]

博克的"社会学批评"表明，政治事件何以激发艺术创作和审美感知的问题。正如人们策略性地使用话语来打造"生存手段"，他们也会被自己的设计所塑造，把世界

（接上页）一视角，见 "Blurred Genres: The Refiguration of Social Thought," *American Scholar* 49（1980）：165—79。

[1] Burke, *A Rhetoric of Motives*, p. 26.

[2] 关于文本碎片化和意识形态结构之间关系的讨论，参见 Michael Calvin McGee, "Text, Context, and the Fragmentation of Contemporary Culture," *Western Journal of Speech Communication* 54（1990）：274—89；Raymie E. McKerrow, "Critical Rhetoric: Theory and Praxis," *Communication Monographs* 56（1989）：91—111。甚至在传统的风格论中，"关于风格的知识通常是'默会的'：是一种适当养成（内在化）并恰当发挥的习惯问题……它是音乐理论家和风格分析家说明创作者、表演者和听者在这种默会中知道什么的目标"［Leonard B. Meyer, "Toward a Theory of Style," in *The Concept of Style*, revised and expanded edition, edited by Berel Lang（Ithaca, NY: Cornell University Press, 1987），p. 31］。

视为他们要创作的世界，并根据他们作品的形式压力作出反应。① 这些特性可能会起反作用，但如果找不到另一种足够吸引人的设计，他们就无法逃避。不管怎样，个体行动者在没有使用或被使用在社会中形成的讲话和解释常规的情况下，即由他人使用或与他人一起使用或涉及他人而没有优先顾及讲话者的个人情况，就无法行动。因此，基本的解释任务是"最大限度地了解累积在复杂社会结构中的复杂论辩材料"②。

这一视角也无法避开众所周知的人文科学中的分析问题。一方面，当勾勒认同的一般形式时，它从属于对结构主义的批判，尤其是反对分析与具体经验无关。另一方面，当揭示特定文本的动机动力时，分析有可能被降低为纯粹关于某个特殊事件的特定描述（不管多么深厚，并具有民族志的感觉，或写得很好）。就结构主义和后结构主义的理论主张而言，我们不应该如此之快地去单独评估任何形式的修辞批评。虽然如今很多社会理论家对博克所强调的话语的抽象、结构和统一等特点表示怀疑，但他们不应该忽视他试图去解释动机如何既是常规的又是特殊的，这不仅源于意义的深层形式在话语上的激活，而且源于这

① Kenneth Burke, "Literature as Equipment for Living," in *The Philosophy of Literary Form: Studies in Symbolic Action*, 3rd ed. (Berkeley: University of California Press, 1973), pp. 293—304.
② Burke, *Attitudes Toward History*, p. 107.

些形式在情境上的转换、合成或瓦解。^① 同样，对政治风格的分析，既要把它的主题看成一种嵌刻于具体社会实践中的相对稳定和广泛的动机形式，又要看成一种根本上不稳定和不确定的动态过程，因为它产生于诗学和政治学的交接面。这也许可以用几种方式来概括——例如"结构化"^②——但一般术语（和理论联系）并不重要。真正重要的是，认识到任何政治秩序的支撑是多么少，但对人类活动的权力构成来说，这又往往非常充足了。

不管怎样，结构主义和后结构主义的课题最终会遇到令人苦恼的经验问题，认识社会现实就需要考察那些由于太明显而不被注意的事物。某种程度上，政治生活风格化了，这是一种生活在事物表面的生活。因此，风格分析应有助于理解那些特定表面如何能被看见或完全不被看见，这通常有赖指出尽收眼底的是什么。虽然这一问题在启蒙阶段之后不再一致，但古代思想家早已想出解决办法。阿伦·梅吉尔（Allan Megill）认为，后现代理论也许可以通过关注"前现代的"文本和传统而得以改进，尤其是修辞传统^③，我们应该本着这一精神思考一下，这种传统如何

① 博克关于象征结构和感知之间关系的看法总结在他关于"术语屏"（terministic screens）的文章中，载于 *Language as Symbolic Action*，pp. 44—62。

② Anthony Giddens, *The Constitution of Society: Outline of a Theory of Structuration* (Berkeley: University of California Press, 1984).

③ Allan Megill, "What Does the Term 'Postmodern' Mean?" *Annals of Scholarship* 6 (1989): 142ff.

为理解政治风格提供一个周详且成形的背景。当然，还可以在其他方面进行后现代的研究，而且，我的方法也没有假定仅凭古典文本就能理解和参与当前世界。然而，如果后现代的理论想在自己的领域内取得成功，那么它就不得不推动一种令人信服的关于美学、修辞学和政治学的重组。古典修辞为这一任务的完成提供了一种模式，不管这种模式是多么有限。

我想强调的古典修辞的感性最明显地表现在它的得体（to prepon，decorum，quid deceat）观念中。得体明确规定了根据自己的主题或情境选择措辞的规则。① 这种稳定的话语规范指明，例如戏剧人物如果是乡下人，就不应该彬彬有礼地说话，对于英雄主题，诗人不应该使用平淡无奇的语词，演说家不应该以随便的态度讨论重大问题。这一

① 关于古典观念的讨论，参见 Michael Leff，"Decorum and Rhetorical Interpretation：The Latin Humanistic Tradition and Contemporary Critical Theory," *Vichiana* 3a series，1（1990）：107—26；Robert Kaster，"Decorum," Paper presented at the annual meeting of the American Philological Association，Philadelphia，29 December 1982。关于它在文艺复兴时期被重新阐释的讨论，参见 Nancy Struever，*The Language of History in the Renaissance：Rhetoric and Historical Consciousness in Florentine Humanism* （Princeton：Princeton University Press，1970）："所有修辞规则中，得体原则可能是至关重要的，它意谓其他措辞标准的综合……由于人文主义者的批判工具是修辞分析，得体观念成了他们意图在其文本中建立内在一致性的架构。"（pp. 67—68）也可参见 Victoria Kahn，*Rhetoric，Prudence，and Skepticism in the Renaissance*（Ithaca，NY：Cornell University Press，1985）；Daniel Javitch，*Poetry and Courtliness in Renaissance England*（Princeton：Princeton University Press，1978）。还可参见 Eric C. White，*Kaironomia：On the Will to Invent*（Ithaca，NY：Cornell University Press，1987）；James Kinneavy，"Kairos：A Neglected Concept in Classical Rhetoric," in *Rhetoric and Praxis*，edited by J. Dietz Moss（Washington，DC：Catholic University Press，1986）。

观念的概貌展现在古代手册中，提出了这一观念的两个维度，对应所有定义清晰的社会规范中的替代性视角：一种相对统一的、常识性的、普遍的系统说明，和另一种更复杂的认识，即不断变换的社会关系领域中多少有些随意的标记。得体在两个层面运转，或作为一套常规，或作为关于这些常规的一种理论。在任一情况下，这类常规把修辞实践、社会意识和政治结构的重要方面融合进一种审美感性中，可一律用于文学文本、修辞表演和官员行为。

很多时候，系统随时都能被那些社会行动者以修辞式推论的方式利用，在社会秩序中占得优势。基于这一背景，我们不得不思考西塞罗的陈述，"在演说中，就像在生活中，没有什么比决定什么是适当的更难了"[1]。如果得体规则构成"一个封闭的系统"[2]，就会包含内在的张力，为关于交流的新思想开启各种可能性。首先是表现的问题，迹象可以伪造，一个人可以模仿某个阶层和假装顺从——而在进行指导时，人们通常期待可以超出预料——但其中的艺术性可能会被发现。[3] 第二是功能的问题，某些体裁（例如展示性演说、喜剧和悲剧）的特定效果是通过违反得体规则达到的，尽管观众赞赏某些违反并拒绝其

---

① Cicero, *Orator* 70，translated by G. L. Hendrickson and H. M. Hubbll，Loeb Classical Library（Cambridge：Harvard University Press，1971）.
② Kaster，"Decorum，" p. 5.
③ Cicero，*De Oratore* 3. 215.

他违反。① 最后是实践（praxis）的问题，例如昆体良注意到苏格拉底如何在审判中对他的不敬神做了低效的辩护，这种辩护适于他的人格而不适于他的处境。② 总之，"得体"表达的与其说是一套规则，不如说是一种发明的过程。这一过程包括言语创作的主要风格规范和政治成功所需的社会知识，使得古代思想家能够察觉、评估、利用贯穿于广泛人类活动中的艺术性因素。

把关于得体的古典说明视为当代政治风格理论的典范还有另一理由：这一典范本身即是对人文科学中那些继续挑战现代研究的基本问题的一种回应。如今我们依然可以从古典模式中获得很多东西，与其说这是重新启用它，不如说是通过运用它以突出当代学术研究中的相关资源。有几个研究项目已经围绕日常交流的艺术性展开工作，尽管人文科学一般都不太关心这一主题。这些研究中最全面的是，从马克斯·韦伯和格奥尔格·西美尔的工作开始的关于社会理论的谱系，之后受到阿尔弗雷德·舒茨（Alfred Schutz）具有重要意义的重述，并被乔治·赫伯特·米德（George Herbert Mead）扩展，这又影响了肯尼斯·博克，并预示着几个当代的研究项目。虽然这一思想学派是现代课题的重要部分——特别是它的理论好奇和雄心——但它

---

① Aristotle, *Rhetoric* 3. 18. 7.

② Quintilian, *Institutio oratoria* 11. 1. 9.

在某种程度上仍是一种反向运动，不过，假使它达到全速运动，社会科学的整个系统将会迅速扩大。通过简单思考古典修辞如何与现代解释性社会理论的分析兴趣相一致，可以表明任何政治风格的理论如何可能处理社会经验的主观和客观定义之间的关系、社会实践的可理解性和合理性、社会理论的分析性特点等这些具体问题。

一般而言，得体的古典观念极易与言语风格（lexis，elocutio）的讨论以及修辞研究的专门词汇结合。这在两个方面很重要。第一，它为大量的实践和理论问题指出一种全面的方法，包括赢得一次案件或一次选举或一次文学竞赛，说明更好和更坏的论证或不同话语体裁、专业用语的差别以及希腊城邦的不同政治集团的协商等任务。在某种程度上，这些问题可以通过言语技巧的分析得到回答。简言之，修辞艺术发挥着"文化解释学"的功能，这是一种可用于指出不同文本、行动和行动者如何由它们的创作和解释过程所决定的理论术语（尽管不完整）。①

第二，研究得体是为了在某种社会情境中去理解并采取行动以获得优势，这样一种想法，就像一般的修辞研究一样，根本上是以实用主义的方法来回答智者提出的主要

---

① 伽达默尔极为详尽地讨论了作为一种解释学事业的古典修辞，*Truth and Method*，2d, revised edition, translated by Joel Weinsheimer and Donald G. Marshall（New York: Continuum, 1993）。保罗·利科（Paul Ricoeur）仔细讨论了造就现代解释科学的方法论问题，"The Model of the Text: Meaningful Action Considered as a Text," *Social Research* 38（1971）: 529—62。

哲学问题，正如他们还把修辞设定为卓越的教育事业。如今这些问题被视为 20 世纪社会理论的主要问题：人文科学的研究对象是什么？它如何被认识？如何根据那种知识来行动？[①]

可以毫不夸张地说，人文科学始于普罗泰戈拉的陈述"人是万物的尺度"[②]。随着这声呐喊，他宣告人文科学从物理世界的研究中分离出来，这是通过聚焦于人类本身对世界的解释来实现的。世界独立于我们存在——这并非哲学的唯心主义——但它只对我们而存在，我们也只能在它之中来行动，例如解释它。而且，每一种经验都是独一无二的，由每一主体的必然单一的立场决定。不过，让此断言变得特别有意思的是它与理解人类交流这一课题的关

① 关于修辞和社会理论之间关系的其他讨论，参见 David Zarefsky, "How Rhetoric and Sociology Rediscovered Each Other," in *The Rhetoric of Social Research*: *Understood and Believed*, edited by Albert Hunter, pp. 158—70 (New Brunswick, NJ: Rutgers University Press, 1990); Richard Harvey Brown, "Rhetoric, Textuality, and the Postmodern Turn in Sociology," *Sociological Theory* 8 (1990): 189—97。

② Protagoras, Fr. B 1, Herman Diels and Walther Kranz, *Die Fragmente Der Vorsokratiker*, 10th ed., 3 vols. (Berlin: Weidmann, 1960); Rosamond Kent Sprague, ed., *The Older Sophists: A Complete Translation by several Hands of the Fragments in Die Fragmente Der Vorsokratiker*, Edited by Diels-Kranz with a New Edition of Antiphon and of Euthydemus (Columbia: University of South Carolina Press, 1972)。这段话的讨论参见 W. K. C. Guthrie, *The Sophists* (Cambridge: Cambridge University Press, 1971), pp. 188—92; G. B. Kerferd, *The Sophistic Movement* (Cambridge: Cambridge University Press, 1981), pp. 85ff.; Edward Schiappi, *Protagoras and Logos: A Study in Greek Philosophy and Rhetoric* (Columbia: University of South Carolina Press, 1991), 117—33。还可参见 A. Thomas Cole, "The Relativism of Protagoras," in Allan Parry, ed., *Yale Classical Studies*, vol. 22 (Cambridge: Cambridge University Press, 1972), pp. 19—45。

系。这就产生了一种悖论：普罗泰戈拉激进的主观主义似乎排斥他对修辞艺术的重视。无疑，交流不可能是个人意义的精确传递，因为交流者从来无法避开立场的差异，例如说者和听者的不同立场。这一问题的解决，不在于构想出一套在逻辑上一致的有关意识和交流的定义。反倒是修辞艺术成了对常识［意见（doxa）］、实践推理形式［修辞式推论（enthumêmata）、主题（topoi）等］、社会和言语表现的形式［得体（to prepon）、言语风格（lexis）］等的研究。用解释性社会理论的术语来说，修辞研究聚焦于一般主体间的过程和普遍适用的解释结构。①

关于生成意义的话语手段的这种说明，要与普通行动者对他们自己的交流实践的理解相称。交流的研究并非对意识状态的现象学考察，例如在说、在听或在做决定，毋

---

① 这章的讨论利用了 Max Weber, *Economy and Society: An Outline of Interpretive Sociology*, edited by Guenther Roth and Claus Wittich, 3 vols. (New York: Bedminster Press, 1968); Georg Simmel, *The Sociology of Georg Simmel*, translated and edited by Kurt Wolf (Glencoe, IL: The Free Press, 1957); Alfred Schutz, *The Phenomenology of the Social World*, translated by George Walsh and Frederick Lehnert (Evanston: Northwestern University Press, 1967); Alfred Schutz and Thomas Luckmann, *The Structures of the Lifeworld*, translated by Richard M. Zaner and H. Tristram Engelhardt, Jr., 2 vols. (Evanston: Northwestern University Press, 1973—89); Peter L. Berger and Thomas Luckman, *The Social Construction of Reality: A Treatise in the Sociology of Knowledge* (New York: Doubleday, 1966). 我特别受惠于约翰·赫里蒂奇（John Heritage）关于舒茨对解释性社会理论的贡献的简要讨论, *Garfinkel and Ethnomethodology* (Cambridge: Polity Press, 1984). 关于现象学课题的广泛讨论，参见 Herbert Spiegelberg, *The Phenomenological Movement: A Historical Introduction*, 2d ed., 2 vols (The Hague: Martinus Nijhoff, 1976).

宁说，它是关于日常交流实践诸形式的细目，它的实践者可以认识并控制它们。不是要把个人经验和社会实践之间的差距看作一种哲学问题，修辞艺术在一种实际的、持续的、偶然的、开放的基础上，通过话语为个体行动者提供从自我走向他人的手段。

在两个意义上，这一方法对解决主体间性问题来说也是实用的：它指向实际问题的解决（或使个体有利地或可靠地行动），同时它包含对工具（agency）的专注。[①] 修辞作为一门实践艺术的定位众所周知，尽管这一定位和它特别强调工具之间的关系可能并不明显。再次，我们从独特的个体间达成一致这一悖论开始。有效的劝说需要了解他人会如何行动，即使他们的行动是源于对世界独特的和不可知的解释。要解决这一问题，就要把对行动的理解置于社会交流实践的知识的基础之上，这相应地需要对它的形式、技巧、规则等进行分析。正如亚里士多德指出，修辞产生的不只是说服，而是要说明特定的劝说手段如何根据事件的情况而有效或无效（《修辞学》1355b10）。我们无法确切地知道信息如何形成或被接受，或者也不想知道，除非在那之后有兴趣去了解。虽然劝说性话语可用以获得优势或对某人说话，但个体演说者和受众很快被悬搁，把注意力集中到可用的劝说手段和设计的可选择性上，它们可

---

① Burke, *Grammar*, pp. 281ff. 把实用主义定义为一种工具意识的哲学表达。

以是常识。这是其客观性的根源：正如任何科学一样，修辞的理论化不是关于个体的，而是关于标准技巧和典型反应之间关系的（《修辞学》1356b30）。总之，修辞学家对涉及基本社会情境的论证、常识和修辞（tropes）进行归类，是一种试图解释间接的社会经验结构以某种方式与一般认识相一致的尝试。这使得古典理论家仍与个人兴趣和回应的动力联系在一起，为行动提供一种客观说明——一种关于意义产生的解释，在不涉及个体主观经验的情况下依然有效。[①]

因此，我们可以看到古典修辞产生了一种特殊的理解形式，对应着由马克斯·韦伯提出，阿尔弗雷德·舒茨、卡尔·曼海姆（Karl Mannheim）等完善的对理想类型的分析。这种理解模式的关键在于，它假定不具名的形式的具体性。说年轻人轻率（《修辞学》1389a）与说波鲁斯轻率一样正确。实际上，第一个断言比第二个断言更可靠：第一个表明一种客观化的理解结构，任何正常的交流者都能认识到。正如舒茨所说，"个人理想类型越是不具名……

[①] 我不打算把这一讨论变成从解释学上建构的对理想类型的复杂讨论。例如，参见 Schutz, *Phenomenology*, pp. 176—201。关于类型和个体意识之间关系的简要陈述，参见 Karl Mannheim, *Ideology and Utopia: An Introduction to the Sociology of Knowledge*, translated by Louis Wirth and Edward Shils（New York: Harcourt, Brace & World, 1936），p. 210。需要特别强调的是，解释性社会理论和普罗泰戈拉的修辞艺术始于同一点：主体意识"根本上是不可及的"（Schutz, *Phenomenology*, p. 99）。

客观的意义语境而非主观的意义语境的效用就越大"①。"年轻人轻率"是思考的一种方式，至少在某种程度上独立于一个人的立场。"波鲁斯轻率"是一种陈述，必然包含关于波鲁斯的自我理解的说明，在某种程度上是无可争辩的。同样，"宏大风格适用于达官显贵或重大主题"这一陈述，可以为说明某个官员的演说的意义提供客观基础，但是，"宏大风格适用于伯里克利"这一陈述则用处不大（尽管是确切的，特别是当它被理解为一种预先给定的个人类型时）。② 因此，对劝说性信息的分析需要对其使用的典型社会形式进行初步盘点（initial inventory）。就一个文本的典型形式来识别一个文本而言，是要把该文本典型化，把它从纯粹的特殊性中带到公共意义的领域。通过指出一个文本的风格设置，便可以就常见的交流实践来指出它的意义，指出那些设置也是解释那一文本，即思考它作为一种文本类型的例子如何能或不能按照特定的动机、思想等发挥作用。

此外，古典修辞假定一种双重的解释学：在确定类型（即文本的典型化）之后，仍需根据特殊交流活动的情况进行解释。正如以前，古典模型的第二阶段与生活世界的一般解释活动紧密地结合在一起。对演说者、主题、场

---

① Schutz, *Phenomenology*, p. 194.
② Ibid.

合、受众和风格的认识均涉及交流者对自身的解释结构的运用（尽管还可采用其他分类和分析）。即便如此，关于类型的知识并不足以直接解释它们的运用。（曼海姆的表述——理想类型分析包含两个层面的解释：类型的认定和它们实际运用的历史。[1]）劝说的技巧之所以有效，是因为未被察觉，或不在乎被察觉，或是被察觉到并被欣赏。言语的形式在任何特定的共同体中都有其使用的历史和符合语言习惯的变化。策略的效果可能源于对熟悉事物的可靠运用或源于创新……正如伊索克拉底的总结："我感到惊奇的是，我注意到这些人把自己当作青年的导师，他们看不见自己把一门具有不容更改的规则的艺术，类比性地应用到一种创造过程之中。"[2] 现代社会理论仍需克服这种问题，这被帕森斯理论的行动者的著名图像就体现了这一点，所有人排列在舞台上，但都纹丝不动。[3]

应该要说明一下艺术性威胁到修辞研究的基本合法性这一问题（至少不能逃脱这种怀疑）。古典手册的功能是使各种劝说技巧的易用性和易懂性最大化，但它们的

---

① Mannheim, *Ideology and Utopia*, pp. 307—8。显然这种区分与索绪尔（Ferdinand Saussere）对共时性和历时性说明的区分类似，*Course in General Linguistics*, translated by Wade Baskin（New York: McGraw-Hill, 1966）。

② Isocrates, *Against the Sophists*, in *Isocrates II*, translated by George Norlin, Loeb Library（Cambridge: Harvard University Press, 1932），12.

③ 引自 Heritage, *Garfinkel and Ethnomethodology*, p.73。注意赫里蒂奇的评论，舒茨的人物行动起来就像"奶奶的脚步"中的游戏者，只要你转过身去他就移动，然后静止不动。也许目前进行理论化和研究的尝试可以理解为是解决这一问题的尝试。

最有效使用不太可能由手册细目单独决定。形式的列表也不太可能被"使用规则"的编目所增补，因为这些规则必然是不确定的、偶然的、使用中可修改的、通常是默会的。（考虑一下：一旦被指定为规则，决策过程就集中化、具体化了，因此就不太能自主地或灵活地工作了。）对这一问题最重要的古典回应是，把修辞研究放在人文科学的解释限度内。亚里士多德的构想众所周知，但经常被忽视：在人文科学中，合理性的首要条件包括指明评估某种特殊主张的适当标准；因此，不应该从修辞学家那里期待无可置疑的证据。[①] 伊索克拉底的构想如今鲜为人知，它提出一种更加悲观的限制："因为人的本性并不在于通过掌握一门科学而确切地知道我们应该做什么或我们应该说什么，所以退而求其次，我认为人可以是智慧的，因为他通常能够借着他的推测能力而找到最佳途径。"[②] 正如汉斯·布鲁门伯格近来的表述，因为人类的认知缺陷，所以我们"需要作为表象艺术的修辞"。因为无能力知道真相，人类靠着发展它与现实的特殊关系而存活，这种关系是"间接的、依情况而定的、延宕的、选择性的，尤其是'隐喻的'"[③]。

---

① Aristotle, *Nicomachean Ethics* 1094b20—5，1098a30，1104a1—10.

② Isocrates, *Antidosis 271*，in *Isocrates II*.

③ Hans Blumenberg, "An Anthropological Approach to the Contemporary Significance of Rhetoric," in *After Philosophy*：*End or Transformation*，edited by Kenneth Baynes, James Bohman, and Thomas McCarthy (Cambridge：MIT Press, 1987)，p. 439.

因此，关于修辞的古典说明，尤其是关于风格和得体的说明，也许可被视为对那些长期问题的临时解决办法。当把这些说明置于人文科学的基本困境中时，它们的局限是不可免除的，但它们的分析力度则值得赞赏。手册实际上是前科学的常识观察的纲要，但也是广泛的文化解释学的因素，这种文化解释学可用于理解社会实践和公民话语。风格被颂扬为娴熟演说家的最高成就，这是因为他们精通自己的话语，即语言使用的基本条件：他们利用默会的符号规则，以有效组织某种可能无限且难以言喻的经验领域。演说者的技艺包含同样的解释学操作，例如那些用以解释劝说效果的操作：普遍形式应用于特殊情况，激活一套可能的解释而非另一套，以便就行动的可理解性达成一致。

　　总之，虽然古典修辞和现代解释性社会理论确实是两个分隔的世界，但它们还具有很大的相似性。二者都试图说明人类世界的内在生活，并假定主观经验的不可达；二者都试图说明普通行动者所使用的解释手段，并规定解释要与其对象相称；二者都刻画理解的不具名、典型、形式化的特征，以便推进对更加具体、局部、动态的状况的理解；二者都强调行动的充分合理性，这些行动对其他解释来说则是暂时的、间接的、缩略的、开放的等。这些相似性可以为说明政治行动者如何在我们的世界中风格化他们的行为指明具体方向。一方面，未受现代的艺术（政治）

自主观念的限制，古典模式引导我们注意机巧在日常政治经验创作中的作用。另一方面，未受古典主义对演说家教育痴迷的妨碍，当我们发展出适当的分析结构时，现代的语境会促进关于社会现实的更全面解释。通过指明不同的政治风格，我试着提供一些初步的类型，以便用来更好地理解政治事件如何是意味深长的、包含技艺的、具有决定性的。

古典修辞和现代解释性社会理论的一致性，在下面关于政治风格的扩展定义中应该是明显的：（1）一套指引符号与情境或文本与行动或举止与场合相一致的言行规则；（2）为交流和表现的实践提供信息；（3）通过一套依于审美反应的修辞常规运转；（4）决定个体身份、提供社会凝聚力和分配权力。就像政治生活的其他要素一样，特定规则及其对政治结果的决定程度，在特定的文化和事件中会有所不同。

令人鼓舞的是，在20世纪的社会和政治理论中，这种扩展了的风格概念早已长期被当作一个次级主题。韦伯对这一术语的使用即是代表，他认为，在某种程度上，一种全面的社会理论需要包含对日常生活如何形成不同风格的说明。他的使用抓住了审美和社会规范的融合，可由当代术语"生活方式"（lifestyle）表明，同时他的讨论暗示，关于风格的探究需要超出经济和制度的矩阵，这种矩阵占据他自己工作的大部分。① 审美的和社会的规范（或在亚里士多德的框架中，生产的和实践的技艺）相互贯通，这种初生的认识贯穿随后的理论。有时，它还以关于艺术作用的讨论为基础，例如在格奥尔格·西美尔、约翰·杜威（John Dewey）或乔治·赫伯特·米德那里。西美尔认识到，艺术是所有交流形式的主体间特性的范例。② 杜威强调个人经验和公共实践之间的关系，被概括为"所有的交流都像艺术"这一断言。③ 米德抓住了他们所感兴趣的（民主主义的）审美情感和带有"态度是审美的"政治家形象的政治理想的交汇点：他"停下平常的工作与努力，以感受同僚的可靠、拥护者的忠诚、公众的回应，去享受家庭，或同业，或聚会，或教会，或乡村等生活共同体，以惠特曼式的方式去体味存在的平常性"④。

① 例如，参见 Weber, *Economy and Society*, pp. 1104ff. 。对这一点的深入讨论，参见 Duncan, *Symbols and Social Theory*。邓肯还表明，抵制社会—审美现象研究如何成了美国社会学的持久特征。把当代生活方式的观念置于古典社会理论中的尝试，参见 Bryan S. Turner, *Status* (Minneapolis: University of Minnesota Press, 1988)。对地位的诉求在话语理论中如何运作的讨论，参见 Robert Hariman, "Status, Marginality, and Rhetorical Theory," *Quarterly Journal of Speech* 72 (1986): 38—54。

② Simmel, *Sociology of Georg Simmel*, pp. 42—43。西美尔还强调来自其他实践的艺术（及其他高度发展了的文化形式）的自主性，这种现代主义的强调显然与我感兴趣的实践活动的审美维度相对立。关于这方面的敏锐评论，参见他关于"首饰"（adornment）的说明（pp. 338—44），其中思考了审美对象如何综合社会力量。

③ John Dewey, *Democracy and Education: An Introduction to the Philosophy of Education* (New York: Macmillan, 1961), p. 6.

④ George Herbert Mead, "The Nature of Aesthetic Experience," in *Selected Writings*, edited by Andrew J. Reck (Chicago: University of Chicago Press), pp. 297—98。这种审美态度既是目的也是手段，它"伴随着、激励着和致力于共同行动"（p. 298）。

这些看法在新近的社会理论中再次出现。虽然前面几章已经表明关于每一种政治风格的分析何以利用并可能有益于具体的研究项目，但有几个项目在这里值得特别指出，因为从整体上来说，它们为此课题提供了特别丰富的背景。哈罗德·加芬克尔的民族方法学提供了很强的理论背景，也是创新性的方法论上的工作，恰好表明风格的分析可以如此富有洞见。虽然加芬克尔的术语是以认知和道德意识为特点，而非以政治或审美的变动性为特点，但他关于日常生活"组织化的、工巧的实践"的分析，是分析行为如何风格化了的一个模型。[①] 同样，欧文·戈夫曼（Erving Goffman）提供了关于面对面互动的形式、作用和场合的极其详细的考察。[②] 戈夫曼从一粒沙中看到整个世界，因为日常互动被证明是关于社会结构和行事技巧的错综复杂的系统化和动态化模式。不同形式的实践理论提供同样的焦点，即集中于活动、意识和局部性的决定，这构成日常生活的纹理，同时特别注意平常决策的政治特性和

① Harold Garfinkel, *Studies in Ethnomethodology* (Oxford: Polity Press, 1967), pp. 35ff.; Heritage, *Garfinkel and Ethnomethodology*; Kenneth Leiter, *A Primer on Ethnomothodology* (New York: Oxford University Press, 1980); Wes Sharrock and Bob Anderson, *The Ethnomethodologists* (New York: Tavistock, 1986); Roy Turner, ed., *Ethnomethodology* (Harmondsworth: Penguin, 1974).

② Erving Goffman, *Presentation of Self in Everyday Life* (New York: Anchor Books, 1959), *Interaction Ritual* (New York: Pantheon, 1967), *Strategic Interaction* (Philadelphia: University of Pennsylvania Press, 1969), *Relations in Public* (New York: Harper and Row, 1971), *Frame Analysis* (New York: Harper and Row, 1974), *Forms of Talk* (Philadelphia: University of Pennsylvania Press, 1981).

充斥于附属地位的人的行动中的策略感。① 米歇尔·德·
塞托（Michel de Certeau）简要陈述了这种视角的基本直
觉，他激活智者对修辞学的发现，将其作为理论化日常实
践的最初尝试，并提出，每一种"行动风格"的运转就像
"走路方式"一样穿过社会领域。②

对行动的审美属性和政治属性之间关系的兴趣，在当
前对社会戏剧和社会文本的系统说明中愈加明显。虽然它
包含对日常互动的考察，但戏剧主义分析的复苏，特别是
在人类学中，突出了主要象征和仪式作为集体生活的决定

---

① Pierre Bourdieu, *Outline of a Theory of Practice* (Cambridge: Cambridge University Press, 1977); Michel de Certeau, *The Practice of Everyday Life* (Berkeley: University of California Press, 1984); "Everyday Life," special issue of *Yale French Studies* 73 (New Haven: Yale University Press, 1987), 这是继续亨利·列斐伏尔 (Henri Lefebvre) 的工作，例如，*Everyday Life in the Modern World*, translated by Sacha Rabinovitch (New York: Harper and Row, 1971)。美国社会学中的相关作品，参见 Dorothy Smith, *The Everyday World as Problematic: A Feminist Sociology* (Boston: Northeastern University Press, 1987), *The Conceptual Practices of Power: A Feminist Sociology of Knowledge* (Boston: Northeastern University Press, 1990), and *Texts, Facts, and Femininity: Exploring the Relations of Ruling* (New York: Routledge, 1990)。关于史密斯作品的讨论，参见 *Sociological Theory* 10, no. 1 (1992); 早先就这些主题发起的讨论，参见 Charles Lemert, "Subjectivity's Limit: The Unsolved Riddle of the Standpoint," pp. 63—72。关于阐释日常生活的问题的其他女性主义的讨论，参见 Nancy Fraser, *Unruly Practices: Power, Discourse, and Gender in Contemporary Social Theory* (Minneapolis: University of Minnesota Press, 1989)。

② Michel de Certeau, *The Practice of Everyday Life*, pp. 30, 47, 24。注意与肯尼斯·博克类似，德·塞托断言，语言的功能在于为生活提供工具，甚至他把格言用作典型事例 (pp. 18—24); 参见 Kenneth Burke, "Literature as Equipment for Living"。博克的读者习惯把他的洞见复制到关于实践、微观政治学、文化符号学等的当代社会理论中。这种关系的讨论，参见 Frank Lentricchia, *Criticism and Social Change* (Chicago: University of Chicago Press, 1983)。

因素的重要意义。① 这一视角的丰富性是明显的，从克利
福德·格尔茨对巴厘岛社会审美取向的说明中可见一斑，
他表明政治权力是如何可能通过集中体现在社会仪式中的
集体创作和解释过程产生的。② 把社会理解为文本的尝试
提供了一种相关视角，它在理查德·哈维·布朗（Richard
Harvey Brown）的作品中得到充分发展。③ 从这一视角来
看，社会通过创作活动得以维持和改变。因为我们通过话
语行动并受话语限制，所以对社会的理解需要熟练解释我

① 维克多·特纳的影响很大：*The Forest of Symbols*：*Aspects of Ndembu Ritual*
（Ithaca, NY：Cornell University Press, 1967），*Dramas*，*Fields*，*and Metaphors*：
Symbolic Action in Human Society（Ithaca, NY：Cornell University Press, 1974）。
② Clifford Geertz, *Negara*：*The Theatre State in Nineteenth-Century Bali*（Princeton：
Princeton University Press, 1980）；还可参见 *The Interpretation of Cultures*（New
York：Basic Books, 1873），*Local Knowledge*：*Further Essays in Interpretive
Anthropology*（New York：Basic Books, 1983）。格尔茨在准确性上和对其进行干涉
上受到强烈批判。例如，参见 Vincent Crapanzano, "Hermes' Dilemma：The
Masking of Subversion in Ethnographic Description," in James Clifford and George E.
Marcus, *Writing Culture*：*The Poetics and Politics of Ethnography*（Berkeley：
University of California Press, 1986），pp. 51—76。格尔茨多少有点轻视的回应，
参见 *Works and Lives*：*The Anthropologist as Author*（Stanford：Stanford University
Press, 1988），尤其是最后一章，"Being Here"。幸运的是，这些争论不会限制对
人类学洞见的运用，尤其是对我们这些不从事民族志研究的。还可参见 David
Cannadine and Simon Price, *Rituals of Royalty*：*Power and Ceremonial in Traditional
Societies*（Cambridge：Cambridge University Press, 1987）；Sean Wilentz, ed., *Rites
of Power*：*Symbolism*，*Ritual*，*and Politics since the Middle Ages*（Philadelphia：
University of Pennsylvania Press, 1985）；Eric Hobsbawm and Terence Ranger, eds.,
The Invention of Tradition（Cambridge：Cambridge University Press, 1983）。
③ Richard Harvey Brown, *A Poetic for Sociology*：*Toward a Logic of Discovery for the
Human Sciences*（New York：Cambridge University Press, 1977），*Society as a Text*：
Essays on Rhetoric，*Reason*，*and Reality*（Chicago：University of Chicago Press,
1987），*Social Science as Civic Discourse*：*On the Invention*，*Legitimation*，*and Uses
of Social Theory*（Chicago：University of Chicago Press, 1989）。关于这一视角的更
早的重要陈述，参见 Paul Ricouer, "The Model of the Text"。

们如何相应地说、写和行动。布朗的概念"自我的政治符号学"可以充当政治风格的一种定义，他的作品强调为社会分析和政治判断而恢复"文学"感性的重要性。①

别的不说，这些社会文本、戏剧和实践的研究已经证明，关于权力的常规的、现代的说明至多只是对重要现象的局部解释。这些替代性的解释并没有把权力定义为可以有效使用武力或控制某种强制性机构的个体占有物，而是证明权力如何是由象征行为构成的社会关系的一种属性，并服从解释的变化。S．R．F．普莱斯简要表达了这一问题："'高效的'和'高贵的'一样是一种建构；'高贵的'和'高效的'一样是权力的一种表现。"②

但这种视角并非政治科学的常识。在英美政治理论中有过一些尝试，试图理解政体、品味和实践智慧之间的联系，尽管它们涵盖非常广泛的意识形态领域，但通常被视为怪异的。汉娜·阿伦特的积极生活理论，是通过将政治事务的成败及政治制度的特点与导向形象塑造的个人行为的动力学联系起来，以重构政治研究的一次重要尝试。③ 迈

---

① Brown, *Society as a Text*, pp. 57—58.

② S. R. F. Price, *Rituals and Power: The Roman Imperial Cult in Asia Minor* (Cambridge: Cambridge University Press, 1987), pp. 240—41.

③ Hannah Arendt, *The Human Condition* (Chicago: University of Chicago Press, 1958)。还可参见她的美化（doing beauty）概念，见"Thinking and Moral Considerations: A Lecture," *Social Research* 38（1971）：437。对这种观念的同情性讨论，参见 J. Glen Grey, "The Winds of Thought," *Social Research* 44（1977）：53ff.。

克尔·奥克肖特（Michael Oakeshott）对技术知识和实践知识的区分，同样为政治风格的分析提供了一个潜在的出发点，其他英国作者如伯纳德·克里克（Bernard Crick）和亨利·费尔利由此来赞颂民主政治情感。[1] 近来，罗纳德·拜纳（Ronald Beiner）强调品味和政治智慧之间的关系[2]，彼得·埃本（Peter Euben）强调古代城邦和当代文学中政治与悲剧之间深切的相互关系[3]。

更具影响力的政治理论来自法兰克福学派对艺术和政治之间关系的重思，特里·伊格尔顿（Terry Eagleton）近来的作品为该学派注入新的动力。[4] 这种路向明确抨击非政治的审美领域的观念，主张政治能介入艺术。然而，尽管它还倾向挑战既定的关于实践经验的诸假设，但一种完全现代主义的审美自主观念仍然存在。其判断的标准源于艺术，但又反对广告等流行艺术的影响，最终得出的结论是，只有通过增强艺术品的自主性而达成否定性的行为，艺术才能促进解放。[5] 这一断言依赖艺术生产和政治实践

① Michael Oakeshott, *Rationalism in Politics* (New York: Basic Books, 1962); Bernard Crick, *In Defense of Politics*, 2d ed. (London: Pelican, 1982); Henry Fairlie, "The Politician's Art," *Harper's* (December 1977): 33—46, 123—24 and "The Decline of Oratory," *The New Republic* (28 May 1984): 15—19.

② Ronald Beiner, *Political Judgment* (Chicago: University of Chicago Press, 1983).

③ J. Peter Euben, *The Tragedy of Political Theory: The Road Not Taken* (Princeton: Princeton University Press, 1990).

④ Terry Eagleton, *Ideology of the Aesthetic* (Cambridge: Basil Blackwell, 1990).

⑤ 对这一立场的简要陈述，参见 Herbert Marcuse, *The Aesthetic Dimension: Toward a Critique of Marxist Aesthetics* (Boston: Beacon, 1978)。［发达的资本（转下页）

的根本分离，因此，批判理论不能理解那些既是实践性的又是生产性的事件。

此外，其他几个研究项目也表明，风格在政治决策的不同领域中的作用。伯明翰学派的文化研究中，最具代表性的是迪克·赫伯迪格（Dick Hebdige）关于风格与亚文化结合的研究，促进了大量关于流行文化中——更确切地说，是关于支配性的大众媒体、销售公司和许多构成流行文化的有关消费的亚文化之间的关系中——风格制定的政治意义的分析。[①] 特别是在美国，政治交流的研究包含对政治符号使用的着重强调，并且常常依赖戏剧主义的理论框架。这类工作表明，政治的语言、意象、设置在决定个体成功的机会和集体决策的限度中所扮演的角色，尤其是在竞选活动等法定实践中。[②] 然而，这些项目受制于对大

（接上页）主义中］流行文化批判的基本要素，由居美期间的马克斯·霍克海默（Max Horkheimer）和西奥多·W. 阿多诺（Theodore W. Adorno）所表达，*Dialectic of Enlightenment*，Translated by John Cumming（New York：Continuum，1972）。批判理论致力于对艺术的经济决定和政治功能的分析，但一方面专注于流行文化的分析，一方面没有意识到或不感兴趣于日常政治实践的审美维度。至于伊格尔顿，他关于"后期法兰克福学派，要先于哈贝马斯对其衣钵的继承"（p.407）的批判，不应该被过高评价。他的社会批判很大程度上依赖审美自主观念和一种相应的严肃态度；特别参见 chapter 14，"From the *Polis* to Postmodernism"。

① Dick Hebdige，*Subculture：The Meaning of Style*（New York：Methuen，1979）。考察对《亚文化》的引用会显示大量文化研究中的相关工作。对后现代主义文化中美学和政治结合的描述，参见 Hebdige 的 *Hiding in the Light*（New York：Routledge，1988）。

② 这类文本的数量增加迅速。代表性的作品，例如，参见 Dan Nimmo and Keith R. Sanders，*Handbook of Political Communication*（Beverly Hills：Sage，1981）；Dan Nimmo and James E. Combs，*Mediated Political Realities*，2d ed.（New（转下页）

众媒体的力量的痴迷，以致要么忽视了日常人际间的经历，要么忽视了并非由大众交流实践所促成的细致的书面文本。

美国政治研究中的其他项目，同样揭示了政治风格的重要意义，以及把它整合进有关政治行为的全面说明中的困难。关于总统的研究经常指出，修辞实践和审美判断的意识是行政活动与管理中的常态，但这些研究本身很难把这些因素表述为对个人性格的特别描述之外的东西。[1] 国会政治的研究同样包含对其重要意义的清晰证明，例如竞选关系中的"家庭风格"、委员会审议中的适当性规则等。[2] 不幸的是，这些研究因与特定机构论坛密切相合而

（接上页）York：Longman，1990）；Robert E. Denton，Jr.，and Gary C. Woodward，*Political Communication in America*（New York：Praeger，1985），许多主题可见于丹顿编的普雷格政治交流系列丛书。许多关于政治象征主义的作品受默里·艾德尔曼的启发，*The Symbolic Uses of Politics*（Urbana：University of Illinois Press，1964），*Politics as Symbolic Action：Mass Arousal and Quiescence*（New York：Academic Press，1971），*Constructing the Political Spectacle*（Chicago：University of Chicago Press，1988）。

[1] 这类文献增长迅速。例如，参见 Robert E. Denton，Jr.，and Dan F. Hahn，*Presidential Communication：Description and Analysis*（New York：Praeger，1986）；Roderick P. Hart，*The Sound of Leadership：Presidential Communication in the Modern Age*（Chicago：University of Chicago Press，1987）；Jeffrey Tulis，*The Rhetorical Presidency*（Princeton：Princeton University Press，1987）；Mary E. Stuckey，*The President as Interpreter-in-Chief*（Chatham，NJ：Chatham House，1991）。与我的方法接近的一种独特分析，参见 Barry Brummett，"Gastronomic Reference，Synecdoche，and Political Images，" *Quarterly Journal of Speech* 67（1981）：138—45。

[2] Richard F. Fenno，Jr.，*Home Style：House Members in Their Districts*（Boston：Little，Brown，1978）；Morris P. Fiorina and David W. Rohde，eds.，*Home Style and Washington Work：Studies in Congressional Politics*（Ann Arbor：University of Michigan Press，1989）；G. Robert Boynton，"When Senators and Publics （转下页）

受到限制。最后，社会舆论研究表明，一般公众更关心风格因素而非政策，更关心社会认同的一般形式而非个体人格。[①] 这些都是重要的发现，但它们同样受到其方法论的限制，因为确定具体风格的偏好及功能，必须包含对公共文本及其他社会实践的深入分析。

然而，每一种分析都受其方法论所限，也受时间和机遇的限制。本书的四个章节表明了关于政治活动的四种主要风格，每一种风格作为一种理想类型，通过修辞研究的批判词汇得以表达，还指出它何以应用于当代的现象。当然，还有很多需要去做。我希望这些及对其他风格的分析，可以引导对特定事件的解释。这种解释需要在寻找一般模式的同时，进行局部的修改，还应该考虑特定的风格间如何可能相互竞争、相互补充或相互融合。要充分发挥这种方法的全部价值，就要指出这些设计如何与其他争论和赞同的形式结合在一起，证明它们与其他动机和限制结构之间的相互作用。这类方法论的标准可能是让人气馁

（接上页）Meet at the Environmental Protection Subcommittee," *Discourse and Society* 2 （1991）：131—56，"The Expertise of the Senate Foreign Relations Committee," in *Artificial Intelligence and International Relations*, edited by Valerie Hudson （Boulder, CO: Westview, 1991）; with C. L. Kim, "Political Representation as Information Processing and Problem Solving," *Journal of Theoretical Politics* 3 （1991）：437—61.

① Arthur B. Sanders, *Making Sense of Politics* （Ames: Iowa State University Press, 1990）。这些结果最终都出现了，尽管学术调查研究被高度现代主义的（理性主义的和制度主义的）关于政治和公民身份的本质的假定严格控制。关于标准模式和变化迹象，参见 Richard R. Lau and David O. Sears, eds., *Political Cognition* （Hillsdale, NJ: Lawrence Erlbaum, 1986）。

的，特别是讨论风格问题时，因为风格的解释通常是附带的、简要的，与其说是表述（telling）形式，不如说是展示（showing）形式，并且是高度情境化的。可能还需要指明，人们移入和移出审美意识的情况：政治成功的关键也许是知道（不管多大程度上是直觉的）什么时候对审美敏感的，什么时候相对麻木，知道什么时候要激活一种政治风格，什么时候要限制它的激活。也许对风格的解释本身需要把握好时机，如果持续太久，它的价值就会迅速降低。无疑，有时对风格的解释从一开始就不适当，因为当下的事件很大程度上是政治过程受到其他影响的结果。不过，有时它为理解那些参与到重大事件中的人的行动、顾虑和乐趣提供了最佳手段。

我对四个文本的解读基于一种单一的批判词汇，主要是为了区分不同风格，而不是提出一套比较它们的纲要。例如，我注意到每一种风格如何创造一种不同的交流模式的等级制，但我不考虑这些等级制如何可能说明不同风格间的共鸣与排斥。同样，我聚焦于人格、举止及其他相关事物，而忽略沿着这些方向的直接比较。我相信，思考这些及其他风格间的相容的或不相容的基础，对于特定事件的解释很重要。我还忽略每一种风格在哲学上和制度上的补充，以及在传统和现代都是修辞学研究重心的论辩设计，尽管这些因素在很多特殊情况下非常重要。我承认我所突出的东西可以进一步扩展，只是，作为一种处理文本及其所映照的风格的方法，还可能会受到挑战。

有很好的理由要回到我所分析的文本。虽然这四个文本没有覆盖所有对象，但每一个也不只是风格在起作用的一个实例。每一文本根本上不是一种政治话语，而是对政治话语的一种解释——试图抓住它所描述的事物的本质，不管是教导君主、记录濒死的文化、和朋友交谈，还是把生活变成艺术。无论定位如何，每一文本都是对特殊政治实践风格的有力浓缩。每一文本所揭示的不仅是一系列的技巧，这对权力的创作来说是已被证明有效的设计，还揭示了创作而成的政治动机、经验和成效中的深层的复杂性、含糊性和矛盾性。与其将每一文本与我所提供的解释融为一体，不如使它们对其他反思同样保持开放。

例如，马基雅维利呈现的现实主义风格可以导致其他解构性时刻，每一个都会揭示这种风格诉求的另一维度。通过考察现实主义风格和帝国主义国家之间的密切关系，很容易触及这一具有讽刺意义的事实：现实主义者实际上可以借着权势而畅通无阻地使不明智的行动合理化。通过认识到这种风格极易获得深层的实质性发展——或者是在国际关系的原则中，或者是"我们在这里的行事方式"中，且不管"这里"是哪里——我们会看到这一讽刺，马基雅维利对创新的强调成了保守主义政治的设计。这一问题包含两个相关推论，它们在政治理论和历史哲学中多多少少早有发展：第一，当现实主义风格如它所描述的那样建构世界时，就将我们困在较小的自我之中。通过指出伦理德性并非必需，现实主义者使它变得基本不可能。第二，布鲁门伯格关于重新占据的主张可能具有更深的意涵，即使不接受那种历史变化的模式：现实主义风格也许是一种有瑕疵的现代性。当再次思考《君主论》的贫乏世界时，这种意见变得似乎更加合理。一旦变换到地形学的场景和自制的人格，在小事情上就毫无乐趣可言。虽然马基雅维利激起的对纯粹权力的兴趣可能是一种审美上的发现，但代价实在太大。

《皇帝》，尤其是把它放入埃塞俄比亚随后的苦难语境中时，就能提出一个让人不舒服的问题：那种宫廷虽然腐朽，或许正是因为它的腐朽，才比其后更加现代的政府要好。这一论点也可以转置其他领域。与其说宫廷礼仪要取消公共领域或从理性政府退化到君主意志，不如说它也许为理解继续存在的复杂的社会经验提供一种"现实主义的"词汇，且不管现代生活的程式化。虽然看上去很可笑，但它或许提供了可靠的社会形式，并为某种魅力的展现提供了可能性，这在高度现代化的世界中会是一种受欢迎的破坏。同时，卡普钦斯基的文本还揭示了这种风格实际上很危险的方面。在大众媒体中，它培养一种个人的权力概念，可以使有关政策问题的实践理性变得无能，而且在特定环境中，它可能会变为一种实际封闭的系统，从而导致病态的崇拜，更容易引发革命而非改革。

西塞罗书信所展现的共和主义特性的各方面比我所彰显的要多得多。不得不承认西塞罗自诩为巨大优势的地方——他的丰富性和多才多艺——如今可能是一种缺陷。他的许多不同才能——如律师、诗人、翻译家、行政官等——在专家文化中充满弱点。书信还揭示了共和主义风格的另一问题：它使其实践者精疲力竭。西塞罗偶然渴望从公共事务中退回到学术研究，无疑招致了怀疑，但这也是一种久居公共生活后的疲劳症状。共和主义生活没有介入其他风格和制度，那么留给它自身的可能就是孤独的结局，脱离公共生活既是最大的惩罚，也是唯一的休息机会，成功和失败结果都一样。最后，还要思考这一根本的讽刺，那就是共和主义风格的衰败正是因为它不像其他风格那样广泛传播且具有说服力。就西塞罗以他所了解的政治艺术为乐而言，这仍旧是一种业内人士的游戏。对共和主义政治的享受完全在于参与其中，任何扩大其吸引力的尝试可能只是一张空头支票。

卡夫卡的文本反抗全面的解释，这是卡夫卡研究的不争事实。当然，关于他笔下的官僚主义秩序形象，还有很多可说。也许对我的分析的第一个修正就是要更彻底地恢复命运的语境。官僚主义风格可以产生合作，因为它在修补程序细节的同时，总会延宕更加系统性的变化。从长远来看，所有偏狭的选择都会因与维持和扩展系统的原则一致而得以平衡。卡夫卡的天才部分源于他坚定地将地方喜剧和宇宙命运、自由的可能性和自然对人类的绝对冷淡结合起来。官僚主义风格对我们现代人来说最为熟悉，也最危险，它将自己与那些合理性形式结合起来，而不给其他价值留有余地。在这种情况下，就像在其他情况下一样，没有简单的选择。

尽管这些文本的对象不同，但它们都提供了一种共同的经验。它们表明与权力一起生活是不可避免的，甚至是可取的，但通常是有限度的。我们无法避开权力，它弥漫于所有的互动中，然而，权力之下并无拯救，因为权力通常早已支离破碎。正如不只存在一种风格，也不只存在一种权力的形式。而且，政治不只是一种在世界中行动的方式，它还是一种思考世界的方式，它导致的不是确定性，而是不确定性、困惑和焦虑。因此，权力通常是不完整的、自我挫伤的，关于权力的研究既是一种关于日常经验的丰富性的研究，也是一种关于非凡成就的局限性的研究。这种主张的完全展开很简单：就普遍存在的人类政治活动是一门艺术而言，不存在做人的单一方式。

这样，我们兜了一大圈回到智者的发现：人性是易变的，因为它是人为的，这是理解政治行为的唯一标准。所以毫不奇怪，他们专注于风格。我希望前面几章也忠实于这种专注。通过理解风格问题对政治实践来说如何至关重要，我们发现的不是欺骗，而是设计，不是装饰，而是一个意义的世界。

人名术语对照表

A

约翰尼斯·阿贝特　Abate, Yohannis

阿克顿勋爵　Acton, Lord

道格拉斯·阿代尔　Adair, Douglass

帕尔文·亚当斯　Adams, Parveen

约瑟夫·阿狄森　Addison, Joseph

西奥多·W. 阿多诺　Adorno, Theodore W.

政治审美化批判　aestheticized politics, criticism of

异化　alienation

异化手段　alienation techniques

鲍勃·安德森　Anderson, Bob

弗洛里斯·安杰尔　Angel, Flores

乔伊斯·阿普尔比　Appleby, Joyce

汉娜·阿伦特　Arendt, Hannah

亚里士多德　Aristotle

同化　assimilation

　　还可参见弗兰兹·卡夫卡和犹太人同化

　　See also Kafka, Franz, and Jewish assimilation

希洛姆·阿维纳瑞　Avineri, Shlomo

B

D. R. 沙克尔顿·贝利　Bailey, D. R. Shackleton

伯纳德·贝林　Bailyn, Bernard

J. P. V. D. 鲍尔斯顿　Balsdon, J. P. V. D.

本杰明·巴伯　Barber, Benjamin

汉斯·巴伦　Baron, Hans

戴安·巴塞尔　Barthel, Diane

罗兰·巴特　Barthes, Roland

让·鲍德里亚　Baudrillard, Jean

C. C. 贝利　Bayley, C. C.

乔治·比姆　Beam, George

还可参见西塞罗；古代的得体 See also Cicero; decorum in antiquity

肯尼斯·克米尔 Cmiel, Kenneth

埃里克·W. 科克伦 Cochrane, Eric W.

A. 托马斯·科尔 Cole, A. Thomas

玛西亚·L. 科利什 Colish, Marcia L.

詹姆斯·E. 库姆斯 Combs, James E.

国会研究 congressional studies

托马斯·M. 康利 Conley, Thomas M.

威廉·E. 康诺利 Connolly, William E.

保守主义 conservatism

遏制政策和现实主义 containment doctrine and realism

大卫·库克 Cook, David

爱德华·P. J. 科贝特 Corbett, Edward P. J.

斯坦利·康葛德 Corngold, Stanley

宫廷主义风格 courtly style

宫廷主义风格的审美感 aesthetic sensibility of

身体 body

得体规则 decorum, rules of

伦理 ethics

性别建构 gender construction

举止 gesture

等级制 hierarchy

身份 identity

静止 immobility

转喻 metonymy

交流模式 modes of communication

表演 performance

权力 power

沉默 silence

王室宫廷的宫廷主义风格 sites of, in royal courts

中国 in China

法国 in France

日本 in Japan

西班牙 in Spain

王室宫廷外的宫廷主义风格 sites of, outside of the royal court

广告 in advertising

美国总统职位 in the America presidency

名人文化 in celebrity culture

王室宫廷外的宫廷主义风格的发现 discovery of

还可参见麦当娜、奥普拉·温弗瑞 See also Madonna; Winfrey, Oprah

爱丽丝·E. 考特妮 Courtney, Alice E.

温森特·克拉潘扎诺 Crapanzano, Vincent

约翰·库迪希 Cuddihy, John

D

弗雷德·R. 达尔美 Dallmyer, Fred R.

爱德华·戴斯克雷 Dascres, Edward

古代的得体 decorum in antiquity

357

公共演说　public address

情景感　sense of scene

战略思维　strategic thinking

文本性附属化　textuality, subordinated

地形学　topography

技巧　virtú

美德　virtue

安德鲁·J. 雷克　Reck, Andrew J.

卢·里德　Reed, Lou

蒂莫西·赖斯　Reiss, Timothy

文艺复兴时期的修辞　Renaissance rhetoric

　　还可参见文艺复兴时期的得体　See also
　　decorum in Renaissance

重新占据　reoccupation

共和主义风格　republic style

　　审美意识　aesthetic sense

　　应用问题　application, problems of

　　礼仪　civility

　　达成一致　consensus

　　当代案例　contemporary examples

　　对话　conversation

　　得体　decorum

　　化身　embodiment

　　伦理　ethics

　　人格　ethos

　　名声　fame

　　举止　gesture

　　演说作为主导艺术　oratory as master art

表演　performance

散文体风格　prose style

与其他艺术的关系　in relation to other
　　arts

主观性　subjectivity

共和主义风格中的自负　vanity in

威廉·雷切克特　Reuckert, William H.

复合修辞　rhetorics, composite

戴维·里奇　Ricci, David

保罗·利科　Ricoeur, Paul

威廉·瑞克　Riker, William

里奇·罗伯逊　Robertson, Ritchie

丹尼尔·T. 罗杰斯　Rodgers, Daniel T.

迈克尔·保罗·罗金　Rogin, Michael Paul

理查德·罗蒂　Rorty, Richard

劳伦斯·W. 罗森菲尔德　Rosenfield,
　　Lawrence W.

乔尔·H. 罗森塔尔　Rosenthal, Joel H.

多萝西·罗斯　Ross, Dorothy

托马斯·罗斯特克　Rosteck, Thomas

王室宫廷研究　royal courts, study of

戴安·鲁本斯坦　Rubenstein, Diane

S

迈克尔·J. 桑德尔　Sandel, Michael J.

亚瑟·B. 桑德斯　Sanders, Arthur B.

基斯·R. 桑德斯　Sanders, Keith R.

伊莱恩·斯凯瑞　Scarry, Elaine

363

爱德华·夏帕 Schiappa, Edward

斯蒂芬·希弗 Schiffer, Stephen

保罗·希尔德 Schilder, Paul

让-克劳德·施密特 Schmitt, Jean-Claude

唐纳德·A. 舍恩 Schon, Donald A.

阿尔弗雷德·舒茨 Schutz, Alfred

路德维希·施瓦布 Schwabe, Ludwig

凯西·施维希滕伯格 Schwichtenberg, Cathy

罗伯特·L. 斯科特 Scott, Robert L.

杰罗德·西格尔 Seigel, Jerrold

海勒·塞拉西皇帝 Selassie, Emperor Haile

路易斯·S. 赛尔夫 Self, Lois S.

理查德·桑内特 Sennett, Richard

艾维纳·德·夏里特 Shalit, Avner de

玛丽安·夏皮罗 Shapiro, Marianne

马歇尔·S. 夏波 Shapo, Marshall S.

韦斯·沙罗克 Sharrock, Wes

理查德·谢帕德 Sheppard, Richard

苏珊娜·谢里 Sherry, Suzanne

清少纳言 Shōnagan, Sei

E. B. 西勒尔 Sihler, E. B.

戴博拉·希佛曼 Silverman, Debora

格奥尔格·西美尔 Simmel, George

迪克·辛普森 Simpson, Dick

昆廷·斯金纳 Skinner, Quentin

布鲁斯·詹姆斯·史密斯 Smith, Bruce James

多萝西·史密斯 Smith, Dorothy

R. E. 史密斯 Smith，R. E.

与古典修辞相关的社会理论 social theory, correspondence with clasical rhetoric

沃尔特·索克尔 Sokel, Walter

智者 Sophists

拉里·斯皮克斯 Speakes, Larry

镜喻 speculum metaphor

约翰·H. 斯宾塞 Spencer, John H.

赫伯特·施皮格尔伯格 Spiegelberg, Herbert

国家 state, the

安德斯·斯蒂芬森 Stephanson, Anders

埃德温·斯滕伯格 Sternberg, Edwin R.

大卫·L. 斯托克顿 Stockton, David L.

杰拉德·斯托茨 Stourzh, Gerald

罗伊·斯特朗 Strong, Roy

南茜·S. 施特吕弗 Struever, Nancy S.

玛丽·E. 斯塔基 Stuckey, Mary E.

风格概念 style, conceptions of

大卫·沙德诺 Sudnow, David

威廉·M. 沙利文 Sullivan, William M.

T

默会知识 tacit knowledge

塔西佗 Tacitus

艾伦·泰特 Tate, Allen

查尔斯·泰勒　Taylor, Charles

亚历西斯·德·托克维尔　Tocqueville,
　　Alexis de

茨维坦·托多罗夫　Todorov, Tzvetan

马里·博尔·托恩　Tönn, Mari Boor

史蒂芬·图尔敏　Toulmin, Stephen

巴巴拉·塔奇曼　Tuchman, Barbara

杰弗里·图里斯　Tulis, Jeffrey

布莱恩·S. 特纳　Turner, Bryan S.

罗伊·特纳　Turner, Roy

维克多·特纳　Turner, Victor

马克·V. 图什内特　Tushnet, Mark V.

V

约翰·A. 瓦斯克斯　Vasquez, John A.

托斯丹·凡勃伦　Veblen, Thorstein

布莱恩·维克斯　Vickers, Brian

技巧、力量　virtú

W

莱赫·瓦文萨　Walesa, Lech

迈克尔·沃尔泽　Walzer, Michael

菲利普·万德　Wander, Philip

史蒂芬·P. 沃林　Waring, Stephen P.

马克斯·韦伯　Weber, Max

威廉·维特霍夫　Weithoff, William

大卫·E. 威尔贝里　Wellbery, David E.

阿尔布莱希特·威尔默　Wellmer,
　　Albrecht

弗兰克·惠格姆　Whigham, Frank

托马斯·W. 惠普尔　Whipple, Thomas W.

E. B. 怀特　White, E. B.

埃里克·C. 怀特　White, Eric C.

詹姆斯·博伊德·怀特　White, James
　　Boyd

赫伯特·A. 威切恩斯　WicheIns, Herbert
　　A.

D. L. 维德　Wieder, D. L.

乔治·F. 威尔　Will, George F.

约瑟夫·M. 威廉姆斯　Williams, Joseph
　　M.

加里·威尔斯　Wills, Garry

奥普拉·温弗瑞　Winfrey, Oprah

W. 罗斯·温特诺德　Winterowd, W. Ross

马格努斯·维斯特兰德　Wistrand, Magnus

莫妮卡·威蒂格　Wittig, Monique

谢尔顿·S. 沃林　Wolin, Sheldon S.

戈登·S. 伍德　Wood, Gordon S.

尼尔·伍德　Wood, Neal

盖瑞·C. 伍德沃德　Woodward, Gary C.

穆拉图·乌伯里　Wubneh, Mulatu

Z

大卫·扎雷夫斯基　Zarefsky, David

巴鲁·祖德　Zewde, Bahru

唐纳德·齐默曼　Zimmerman, Donald